rowohlt
BERLIN

ALEXANDER VON SCHÖNBURG

SMALLTALK

DIE KUNST DES STILVOLLEN MITREDENS

ROWOHLT · BERLIN

1. Auflage Januar 2015

Satz aus der Garamond Postscript
bei Dörlemann Satz, Lemförde
Druck und Bindung
CPI books GmbH, Leck, Germany
ISBN 978 3 87134 787 0

INHALT

The fool doth think he is wise,
but the wise man knows
himself to be a fool.

William Shakespeare, «As You Like It»

Es ist eben nicht mehr möglich,
eine Meinung zu haben.

Christian Kracht, «Tristesse Royal»

DIE ELEGANZ DER IGNORANZ

Was man alles nicht wissen muss, um mitreden zu können

Sie haben dieses Buch gekauft, um in Gesellschaft den richtigen Ton zu treffen? Sie wollen wissen, wie man miteinander ins Gespräch kommt? Das ist schnell gesagt. Fragen Sie nie «Waren Sie schon im Urlaub?» oder «Was machen Sie beruflich?». Das ist an Spießigkeit nicht zu übertreffen. «Wo leben Sie?» geht eigentlich nur in Berlin. Hier unterhalten sich manche fast ausschließlich über diese Frage. Es hat immer noch ein wenig mit Weltanschauung zu tun, ob man im Osten, Norden oder Westen der Stadt wohnt (die aus dem Süden sieht man nie).

Unbedingt zu meidende erste Sätze sind außerdem:

1. «Welches Sternzeichen sind Sie?»
2. «Wann kommt denn Ihr Baby?»
3. «Entschuldigen Sie, hatten wir schon einmal Geschlechtsverkehr?»
4. «Kann man eine Geschlechtsumwandlung rückgängig machen?»
5. «Haben Sie Kokain?»

Sonst ist fast alles erlaubt. Es kommt nur auf die Haltung an.

So. Nachdem nun der Ratgeberteil des Buches abgehakt ist, kann ich mich endlich seinem wahren Zweck widmen. In akademischen Kreisen kursiert ein Witz, der mir zu denken gibt: Erwischt ein String-Forscher seine Frau mit einem Professorenkollegen im Bett. Darauf der Kollege: «Ich kann alles erklären!»

Das Problem ist: Wir leben in einer Zeit, in der alles ständig erklärt wird und wir dennoch zunehmend ahnungslos sind. Sie wollen den Durchblick behalten? Geben Sie es auf! Mehr als das, was auf den folgenden dreihundert Seiten steht, müssen Sie nicht wissen. Dieses Buch ist ein im Zeitalter vollkommener Unübersichtlichkeit längst überfälliges Kondensat all der Themen, bei denen man heute mitreden können muss.

Wir sind wissdumm geworden. Überinformiert und doch ahnungslos. Es ist nicht nur die Menge der Informationen, es ist das Ausmaß von *fundiertem* Wissen, das langsam lästig wird. Vor ein paar Jahren war es noch etwas Besonderes, am Bahnhof oder Flughafen eine halbwegs aktuelle Ausgabe des «Economist» in die Hand zu bekommen. Heute schicken uns Apps die besten Hintergrundanalysen der Welt aus den seriösesten Quellen im Minutentakt aufs Handy. Und dann all die klugen Podcasts und Blogbeiträge. Und all die doofen Tweets, die man aber trotzdem immer wieder lesen will. Gerade läuft im Radio ein phantastisches Feature über Karl den Großen. Jede Woche erscheinen mindestens fünf Bücher, die man unbedingt haben will. Man kann sie per Mausklick bestellen, aber wann wird man sie lesen? Wir wissen, wann unsere Sonne zu scheinen begann und wann sie verglühen wird, wir kennen die Geschichte unseres Universums, die Beschaffenheit der Botenstoffe im Gehirn, wir wissen Bescheid über die Details der Politik in der Levante oder der Südukraine. Aber wir sind doch komplett ahnungslos. Es kommt ein

Punkt, an dem man einsehen muss, dass man nicht unendlich viel Wissen anhäufen kann, dass man nicht alles, was interessant ist, erfahren wird.

«Wie der Körper nur eine bestimmte Menge von Nahrung verdauen kann, so kann unser Kopf nur eine bestimmte Menge von Wissen in sich aufnehmen.» So in etwa hat mir einmal Paris Hilton erklärt, warum das Informationszeitalter sie frustriert. Der Gedanke stammt aber nicht von ihr, sondern von einem anderen bedeutenden Denker – von Friedrich Nietzsche. Er (oder war es Paris Hilton?) sagte auch folgende Worte: «Um das Leben zu begreifen, muss man die Last des Allzuvielwissens abwerfen.»

Interessanterweise deckt sich das mit den neuesten Erkenntnissen der Hirnforschung. Ein Neugeborenes hat etwa doppelt so viele vernetzte Gehirnzellen wie ein Erwachsener. Lange haben Wissenschaftler gerätselt, warum uns die Natur in diesem Frühstadium des Lebens mit so einem Übermaß von Synapsen beschenkt – und sie ungefähr ab dem dritten Lebensjahr systematisch wieder kappt. Heute weiß man: Dadurch können Kinder in den ersten Lebensjahren besonders viel und schnell lernen. Spätestens ab dem vierten oder fünften Lebensjahr würden allzu viele Informationswege aber zur Belastung werden. Erst wenn sie unterbrochen werden, begreifen wir die Zusammenhänge und ordnen die Dinge ein. Erst die Priorisierung, die Beschränkung, befähigt uns zum Denken.

Wir sollten also endlich von dem zwanghaften Gedanken ablassen, immer Neues erfahren zu müssen. Die Sorge, irgendetwas Wichtiges zu verpassen, stammt noch aus einer Zeit, als Informationen rar und wertvoll waren. Heute muss unser Ziel sein, Informationswege stillzulegen, *weniger* zu wissen. Stattdessen sollte man versuchen, *mehr* zu verstehen. Christian Kracht hat recht, wenn er sagt, dass die Welt zu komplex geworden ist, um noch zu irgendetwas eine fundierte Meinung haben zu können. Paradoxerweise folgt daraus aber, dass wir wohl zu allem eine Meinung haben müssen – nur eben mit einer Demut, die uns jede Rechthaberei verbietet. Eine Haltung, die exakt der eines guten Smalltalkers entspricht. Nie recht behalten wollen, aber doch halbwegs originelle Thesen vertreten, um damit spielerisch Widerspruch herauszufordern, darum geht es beim Smalltalk, der, im amüsantesten Fall, von der Lust an der Zuspitzung lebt. Die Vereinfachung ist das einzig probate Mittel, mit den Ungereimtheiten unseres Daseins umzugehen.

Muss man gebildet sein, um gut parlieren zu können? Im Gegenteil, es ist eher hinderlich. In England ist «clever» so etwa das Unfreundlichste, was man über einen Menschen sagen kann. Wir auf dem Festland sind nicht ganz so streng, aber im Grunde gilt auch hier: Leute, die einen mit ihrer Klugheit und Bildung quälen, sind lästig.

Trotzdem: Smalltalk, Chit-Chat, le petit conversation du table, das zweckfreie Plaudern, hat in Deutschland einen schlechten Ruf. Aber nur, weil man nicht einsehen will, dass es einen Unterschied zwischen Podiumsdiskussionen und gesellschaftlichem Geplauder gibt. Hier erstickt man sich entweder gegenseitig mit geisttötender Banalität, oder man ist versessen darauf, alles bis ins letzte Detail zu erörtern. Bei einer gelungenen Unterhaltung in gesellschaftlichem Kontext – bei einem Abendessen, auf einer Cocktailparty, einem Empfang – darf man jedoch getrost kühne Thesen aufstellen und damit andere zum Widerspruch auffordern. In anderen

Situationen wiederum ist es angebracht, über nichts zu reden – und das mit großer Emphase, ganz im Sinne von Lord Goring in Oscar Wildes «Ein idealer Gatte»: «Ich liebe es, über nichts zu reden. Das ist das Einzige, wovon ich etwas verstehe.» Das Reden über nichts wird zu Unrecht geringgeschätzt. Dabei ist es eine lebenswichtige Fähigkeit. Ohnehin neigen wir dazu, die Bedeutung des gesprochenen Wortes in der menschlichen Kommunikation zu überschätzen. Das hat mir eine bereits erwähnte Person beigebracht, einer der gescheitesten Menschen, die mir je begegnet sind, Paris Hilton.

***

Es war jener Tag, an dem ich vielleicht mein schlimmstes Smalltalk-Desaster erleben musste. Als Gesellschaftsjournalist war ich zum ersten Mal in Hollywood. Die deutsche «Vanity Fair» hatte mich beauftragt, über die Oscar-Verleihung zu berichten. Ich kannte niemanden in der Stadt, landete aber – was ich zunächst als unfassbares Glück betrachtete – auf der legendären Pre-Oscar-Gartenparty der Modekönigin Diane von Furstenberg. Ich hatte meinen schönsten Sommeranzug an, trug meine Lieblingskrawatte, die Schuhe blitzten – und ich kannte keine Sau.

Je mehr ich mich bemühte, mit Leuten ins Gespräch zu kommen, desto mehr merkte man mir genau dies an: dass ich mich bemühte. Dort drüben stand Rupert Murdoch. Ich schlich mich an, wartete auf einen passenden Moment und brabbelte etwas von der «Los Angeles Times», die damals zum Verkauf stand, und fragte keck, ob das nicht etwas für ihn sei. Er würdigte mich eines kurzen Blickes und antwortete knapp: «Nur Idioten kaufen heute noch Zeitungen!» Dann drehte er mir den Rücken zu, und ich sah Peter O'Toole. Die Rettung, dachte ich, der ist sicher nett. «I loved Lawrence of Arabia», sprach ich ihn an. «And?», gab er zurück, sah gelangweilt an mir vorbei und wandte sich ab. Ich versuchte es von da an mit Leuten, deren Gesichter ich nicht aus dem Fernsehen oder von der Leinwand kannte (was schwer war an diesem Nachmittag). Aber es half nichts. Alle gingen mir aus dem Weg oder ließen mich auflaufen. Am Ende fragte ich tatsächlich so idiotische Dinge wie «Where did you go on holiday?». Ich muss gewirkt haben wie Peter Sellers in «The Party» – ein etwas verlorener Idiot, nur dass ich nicht wie er im Film für Chaos und Aufruhr sorgte, sondern schlicht fürchterlich unsicher war. Die wesentlichen Dinge des Lebens vermitteln sich nun mal leider nonverbal. Unsicherheit wirkt in Gesellschaft toxisch. Keiner will mit dir zu tun haben – aus Angst, angesteckt zu werden.

Meine Rettung an diesem Nachmittag war ausgerechnet die große Philosophin Paris Hilton. Sie saß auf einer Bank mit ein paar schnatternden Freundinnen und war, als ich mich näherte, derart unbekümmert, dass sie sich nicht einmal an meiner Unsicherheit störte.

Mir war inzwischen alles egal, also ging ich auf die berühmteste Blondine der Welt zu und sagte: «Ich vergesse nie ein Gesicht, aber bei Ihnen will ich eine Ausnahme machen.» «My name is Paris Hilton», sagte sie leicht amüsiert, mit gespielter Empörung. «Ah, Hilton? Ich werde nächste Woche in New York sein und habe in einem Hilton ein Zimmer gebucht, dem Waldorf Astoria. Gibt es Zimmer, die ich meiden sollte?» Sie: «Im Waldorf Astoria? Da bin ich aufgewachsen.

Ich würde jedes der Zimmer dort meiden.» Unversehens waren wir in eine Plauderei geraten. Und daraus wurde ein Gespräch. Die Verächter des Smalltalk verkennen gern: Chit-Chat ist oft nur ein Auftakt. Es steht einem frei, tatsächlich miteinander ins Gespräch zu kommen, wenn das Eis einmal gebrochen ist. In diesem Fall schüttete ich Paris – wie gesagt, mir war inzwischen alles egal – mein Herz aus. Ich erzählte ihr von meiner Unsicherheit. Und diese reizende Person? Verriet mir einige ihrer persönlichen Tricks.

Den ersten, sagte sie, hatte ich bei ihr bereits angewandt (wohl unbewusst und aus lauter Verzweiflung): «Be cheeky. And don't try too hard!» Frech sein und sich ja nicht bemühen, alles richtig zu machen. «Wenn du auf einer Party bist und dich unsicher oder unwohl in deiner Haut fühlst, dann ist es das Beste, du machst dir genau das bewusst. Nimm's hin! Dann hat es dich nicht mehr in der Hand, du kannst es beobachten und irgendwann darüber kichern, denn das Lustige ist, dass jeder manchmal unsicher ist, sogar eine Michelle Obama. Alle Menschen sind so. Der Trick ist schlicht, erst einmal zum Beobachter zu werden, die Situation auf sich wirken zu lassen.»

Ihr Ratschlag wäre eines Diogenes würdig gewesen. Der stand am Marktplatz von Athen und blickte großmütig oder spöttisch, jedenfalls interessiert auf die Szenerie, die sich ihm bot, wissend, dass er nicht dazugehörte. Genau das mache ich seither auf Partys, auf denen ich mich unwohl fühle. Ich spiele den Beobachter. Aber eben nicht mehr zögerlich und nach Anschluss suchend, sondern in Diogenes-Paris-Hilton-Haltung. Das hilft tatsächlich.

Wichtig sei außerdem, sagte Paris dann, dieses doofe Lächeln zu vermeiden, das unsichere Menschen von weitem verrät. Ich zum Beispiel hätte sie schon angelächelt, lange bevor ich überhaupt ein Wort rausbrachte. «Ein Fehler!», sagte sie. «Use your smile cleverly.» Voreiliges Lächeln wirke dämlich und unaufrichtig, bemessenes Lächeln hingegen klug. Richtig wirksam sei es, einen Moment zu zögern und *dann* zu lächeln.

Die zweite wichtige Technik: «Be calm!» Ruhe bewahren. Niemals in Eile sein («Das dürfen nur Kellner!»). Es sei wichtig, dass der gesamte Körper Gelassenheit ausstrahle. Das fange mit der richtigen Wirbelsäulenhaltung an und reiche über ruhige Handbewegungen bis hin zu langsamen Blicken: «Du wirkst unglaublich ernsthaft, intelligent und übrigens auch sexy, wenn du deinen Blick nicht abwendest, sogar dann nicht, wenn die Person, mit der du in einer Gruppe stehst, in dem Moment gar nicht spricht. Die Augen gaaaanz langsam nur wegbewegen.»

* * *

Als ich ein junger Mann war und mich noch von meinen Eltern statt von Paris Hilton belehren ließ, hatte man mir freilich andere Dinge beigebracht. In Familien wie meiner wurde zum Beispiel die Fähigkeit perfektioniert, langweiligen und einschläfernden Monologen mit gespielter Hingerissenheit zu folgen. Wir hatten ja über Generationen hinweg nicht sehr viel mehr zu tun, als auf die Jagd zu gehen und im Salon beisammenzusitzen. Die Kunst des gelegentlichen Kopfnickens, des gehorsamen Lächelns, des scheinbar interessierten Gesichtsausdrucks ist in unser Erbgut eingebrannt worden, ebenso wie die Begabung, ein Gespräch bis ins Unendliche vor sich hin plätschern zu lassen – was eine gewisse Sprunghaftigkeit erfordert, schließlich muss man in der Lage sein, schnell zum nächsten Thema zu wechseln, wenn einem zum ersten nichts mehr einfällt. Abertausende Stunden im Salon haben uns auch gelehrt, jeden Menschen grundsätzlich mit der gleichen Herzlichkeit zu behandeln, sogar wenn's Nervensägen sind, ja, unangenehmen Personen sogar noch ein wenig herzlicher zu begegnen, um ihre Charmedefizite auszugleichen. Die Jahrhunderte haben außerdem wertvolle Strategien hervorgebracht, um Langeweile zu bekämpfen. Daher die Lust am Bonmot und der zarten Provokation, die in diesen Kreisen erfreulicherweise weit verbreitet ist. Von meinen Eltern wurde mir natürlich auch beigebracht, kleine Fehltritte meiner Mitmenschen gar nicht erst zu bemerken und sich für eigene niemals zu entschuldigen, weil man damit erst die Aufmerksamkeit darauf lenke («qui s'excuse, s'accuse», hieß es bei uns immer, wer sich entschuldigt, beschuldigt sich). Und mir wurde eingebläut, dass es bestimmte Themen gäbe, die in der Konversation verboten sind. Alles irgendwie Religiöse, Politik und natürlich Sex. Das gilt, finde ich, heute längst nicht mehr. Ich werde also in den folgenden Kapiteln auch Themen behandeln, die lange als tabu galten. Das Einzige, was wirklich tabu ist, sind Tabus.

Warum hat Smalltalk in Deutschland so einen schlechten Ruf? Ich fürchte, dass das viel mit der Marginalisierung der alten Eliten zu tun hat. Das Ideal, wonach nicht Herkunft und Geburt, sondern allein die Leistung für den gesellschaftlichen Aufstieg zählt, ist eine gute Sache. Es hatte aber den Preis, dass Kulturtechniken verloren gingen, die früher jedem geläufig waren und die wir bei anderen Nationen bewundern. Der Elitewechsel im 20. Jahrhundert war in Deutschland radikaler als anderswo. Im wilhelminischen Zeitalter hatten Adel und großbürgerliche Eliten sich so gründlich diskreditiert, dass zu Recht niemand mehr sein wollte wie «die da oben». Und nach dem Niedergang der alten Eliten folgte die endgültige Tabula rasa des völkischen Gleichheitsversprechens der Nazis. Wir Deutschen sind das einzige Land in Europa, dem es weitgehend gelungen ist, ganze Eliteschichten zu beseitigen.

Auch bei unseren europäischen Nachbarn hat es sozialen Wandel gegeben. Aber dort gaben sich die nachrückenden Schichten immer Mühe, den Stil der alten Eliten nachzuahmen. Bei uns hingegen galt nach dem Krieg (verständlicherweise!) das meiste, was irgendwie nach Adel und Bürgertum roch, als rückständig und piefig. Jeder wollte so fortschrittlich und modern wie möglich sein. Das macht Deutschland heute in vielerlei Hinsicht zu einem so lebenswerten Land. Was jedoch die Kulturtechniken des gesellschaftlichen Miteinanders betrifft, sind wir Deutschen kein sehr reiches Volk.

Langsam, langsam scheint sich das zu ändern. Wir sind insgesamt entspannter geworden. Und die Angehörigen der ehemaligen Eliten werden inzwischen wieder mit etwas mehr Wohlwollen betrachtet.

* * *

ZUR HANDHABUNG DIESES BUCHES:

Verschiedene Situationen verlangen unterschiedliche Tonarten. Manchmal muss man blitzschnell entscheiden: Muss ich mitreden können, um nicht als ahnungslos dazustehen? Ist es angebracht, Eindruck zu schinden? Manchmal wiederum ist es am schlausten, einfach Zeit zu überbrücken und mitzuquasseln, ohne aufzufallen. Die Themen, die in diesem Buch behandelt werden, sind deshalb in drei Bereiche aufgeteilt: Erstens die Pauschalthemen – Themen also, über die man pauschal mitreden können muss. Dann folgen die Jokerthemen, die ein wenig wie Rauchbomben funktionieren: Sie lenken ab und verschaffen Zeit. Selbst wenn man auf verlorenem Posten steht, wenn man vom Thema eigentlich keinen blassen Schimmer hat, mit einem Joker schafft man es fast immer, sich eine Weile über Wasser zu halten oder einen einigermaßen würdigen Abgang hinzulegen. Schließlich folgen die Chloroformthemen, mit denen man sein Gegenüber hervorragend einlullen kann.

Natürlich habe ich all die Themenfelder, die ich in diesem Buch behandle, nicht bis in den allerletzten Winkel ausgeleuchtet. Ich maße mir nicht an, ein Bescheidwisser zu sein. Ich finde Bescheidwisser im Gegenteil sehr anstrengend. An manchen Stellen lasse ich daher sicher eine gewisse Akkuratesse vermissen und vereinfache die Dinge grob. Aber, wie ich schon sagte: Vereinfachung ist die einzige Möglichkeit, mit den Ungereimtheiten unserer Welt zurechtzukommen. Den Mut zur Vereinfachung habe ich mir zum Teil von Leuten abgeschaut, deren Namen ich in diesem Buch immer wieder fallenlasse, um ein bisschen anzugeben. Dank meiner

Familie (aber auch dank meines Berufs) hatte ich das Glück, viele großartige und berühmte Menschen zu treffen. Ich durfte Isaiah Berlin in seinem Cottage in Oxford besuchen, ich bin mit Marion Dönhoff Porsche gefahren und stritt mit ihr dabei über das Ideal der Freiheit. Ich durfte Lord Rothschild über das Kreditwesen, Franz Beckenbauer über Fußball und Allen Ginsberg über Drogen ausfragen. Der alte Heini Thyssen war sich nicht zu schade, mir als Fünfzehnjährigem seine Sicht auf den Kunstmarkt zu erklären, und Henry Kissinger legte mir seine Interpretation des Kalten Krieges dar. Zugegeben, jetzt habe ich wirklich ein wenig angegeben. Sie werden das bei Ihrer Konversation natürlich viel raffinierter und subtiler machen – ein bisschen rausgerutschtes Namedropping gehört schließlich dazu.

Vor allem soll dieses Buch einen Beitrag dazu leisten, eine Kulturtechnik zu konservieren, die in unserem Selfie-Zeitalter, in unserer Epoche der Selbstdarstellung zunehmend in Vergessenheit gerät: die Kultur der Konversation. Das Wort Konversation impliziert ein Interesse am Gegenüber – und das ist immer weniger selbstverständlich in einer Zeit, in der jeder nur noch sein eigenes Leben plakatiert. Heutzutage trifft man häufiger auf Leute, die mit großer Begeisterung von sich und ihren Errungenschaften erzählen – aber sobald sie damit fertig sind, in ein seltsam autistisches Schweigen verfallen. Die Menschen reden zwar immer noch miteinander, aber dabei führen sie seltener Konversation, sie verhalten sich eher so, als würden sie ihren jeweiligen LinkedIn-Status miteinander vergleichen. Alle reden über sich. Kaum einer hört wirklich zu. Weil wir unser Gegenüber nur als Empfänger unserer selbstdarstellerischen Ergüsse betrachten. Dabei ist es ein Geheimnis des gesellschaftlichen Miteinanders, dass jeder, wirklich jeder, etwas Interessantes zu erzählen hat. Wenn man ihn nur lässt! Um wirklich zuhören zu können, sollte man idealerweise über eine relativ große Spannweite von Interessengebieten verfügen. Wenn Sie auf jemanden treffen, der mit Begeisterung über sein Hobby erzählt – egal, ob Astrophysik, Buddhismus oder abstrakte Kunst –, sollten Sie fähig sein, zumindest so zu tun, als seien Sie interessiert, und dann etwas sagen können wie: «Ach, darüber habe ich neulich etwas Spannendes gelesen, nämlich …»

Und noch etwas: Wir leben in den demokratischsten, duldsamsten, liberalsten Zeiten, die dieser Globus je erlebt hat. Es mag eine Zeit gegeben haben, in der man sich «im Salon» auf eine bestimme Weise, «wie es sich gehört» («comme il faut»), zu benehmen hatte. Das ist heute vorbei. Heute ist das gesellschaftliche Parkett der demokratischste Ort schlechthin. Ob Dame mit Bart, ob gepierct oder im gestärkten Hemd und mit perfekt gebundener Fliege, ob im Schlabberhemd oder im Abendkleid, ob als Clown verkleidet oder brav und spießig, heutzutage darf jeder so sein, wie er ist.

Man muss, um heutzutage auf gesellschaftlichem Parkett bestehen zu können, weder über große Weltkenntnis verfügen noch allzu gewandt im Umgang sein. Jeder ist willkommen. Je bunter, desto besser. Es gibt Platz für Maschmeyer- und Klitschko-Figuren, für Diogenes- und Paris-Hilton-Typen, für zerstreute Professoren, für Monologisten und Schweiger, Schönlinge und graue Mäuse, sogar Tölpel und Mauerblümchen erfüllen auf jeder Party einen wichtigen Zweck. Wenn Sie aussehen wie Maschmeyer oder auftreten wie Klitschko, ist das völlig in Ordnung. Peinlich wird es nur, wenn ein Maschmeyer einen auf Berthold Beitz macht oder ein Klitschko so tut, als sei er Henry Kissinger. Sei, wer du bist, dann hast du die Chance, der zu werden, der du sein kannst. Das war jetzt sehr hochtrabend. Ein guter Moment, abzubrechen und zur Praxis überzugehen.

DIE PAUSCHALTHEMEN

Gibt es Themen, die man in Gesellschaft unbedingt meiden muss? Jein. Vor ein paar Jahren noch war es unvorstellbar, offen über Pornographie zu sprechen. Heutzutage erzählen Mittdreißiger lachend bei Tisch, dass sie vergessen haben, den Verlauf ihres Internetbrowsers zu löschen, und die Freundin später anstatt auf Youtube unversehens auf Youporn landete.

Und dann all die regionalen Unterschiede. In Amerika redet man völlig unbefangen über Geld («How much are you worth?»), in Frankreich gilt das als zutiefst vulgär, und in der Schweiz gibt es nichts, worüber man entspannt reden kann. In Bern gilt man schon als geschwätzig, wenn man zu emphatisch «Grüezi» sagt. Statt uns nun also mit Tabuthemen und regionalen Besonderheiten aufzuhalten, lassen Sie uns feststellen: Ja, es gibt Themen, die in den meisten Situationen unangebracht sind, Religion zum Beispiel, Verdauung, überhaupt alles, was weitestgehend mit Gesundheit zu tun hat …

Aber ist es nicht viel sinnvoller, sich mit jenen Themen zu befassen, um die man auf gar keinen Fall herumkommt?

Die folgenden Kapitel haben die Funktion eines Navigationssystems. Es führt durch jene Themen unserer Zeit, derer man sich nicht erwehren kann, zu denen man eine Meinung haben *muss*. Die Pauschalthemen sind also Pflichtlektüre, so wie auch die Rundfunkpauschale bezahlt werden muss, egal, ob Sie das Programm der Öffentlich-Rechtlichen interessiert oder nicht. Bevor ich aber auf einzelne Themen eingehe, noch ein paar grundsätzliche Ratschläge.

Dass man mit seinem Lächeln sparsam umgehen und auf das richtige Timing achten sollte, um in Gesellschaft eine gute Figur zu machen, habe ich schon erwähnt. Auch der Tipp mit den «langsamen Augen» und den geruhsamen Bewegungen fiel schon.

Eine wichtige Technik habe ich aber noch nicht verraten: Begegne jedem Menschen so, als sei er ein alter Bekannter! Das heißt natürlich nicht, dass Sie, wenn Sie auf einer Party Claudia Schiffer oder Gerhard Schröder sehen, einfach hingehen und ihnen auf die Schulter hauen sollten. Aber die Vorstellung, man würde sie schon lange kennen, entspannt ungemein. Der Astronaut Chris Hadfield hat einmal in einem Interview gesagt: «Ich habe die Erde schon so oft von außen aus dem Weltall betrachtet, egal, wem ich begegne, ich bin eigentlich immer total entspannt, weil ich das Gefühl habe, ich hab sie schon mal gesehen.» Wir können das alle, das ist eine Frage der Einstellung. Wir sind niemandem fremd. Und dennoch fremdeln die meisten. Wer das nicht tut, ist a priori im Vorteil. Man muss sich dafür nur eines klarmachen: Egal, ob Supermodel, Superkanzler oder Supermarktbedienung, tief drinnen ist eine menschliche Essenz, die uns verbindet. Wir sind tatsächlich alle gleich und uns dadurch vertraut. Wer sich diese Tatsache bewusstmacht, bewegt sich entspannter in Gesellschaft und strahlt Gelassenheit aus.

Und: Wenn Sie dann mit jemandem ins Gespräch gekommen sind, schenken Sie ihm die volle Aufmerksamkeit!

Wenden Sie sich der Person auch körperlich zu. Leute, die den Raum bereits nach dem nächsten Gesprächspartner abscannen, während sie noch mit dem ersten reden, gelten zu Recht als grob unhöflich.

Das alleralleraller wichtigste Smalltalk-Gesetz lautet aber:

DU SOLLST NICHT LANGWEILEN!

Smalltalk hat grundsätzlich mit Nichtigkeiten zu beginnen. Diese Phase ist unerlässlich, damit man sich gegenseitig beschnüffeln kann. Wir tauschen Zigtausende Informationen pro Sekunde aus, die unsichtbaren Drähte glühen, das Gesagte ist jetzt völlig nebensächlich. Wie man hergekommen ist, wie lang man schon da ist, man kann in solchen Momenten sogar erzählen, dass man sich verspätet hat, weil man erst noch seine Schwiegermutter ermorden musste, es kriegt sowieso niemand mit. Wer gleich beim ersten Satz witzig ist, zeigt damit nur, dass er dringend Anschluss sucht – frei nach dem Diktum, dass, wer beim Lunch schon geistreich ist, nur noch keine Einladung zum Abendessen hat. Aber nach dem einleitenden Geplänkel muss einem dann schon etwas einfallen. Am besten etwas Kurzes. Nichts langweilt Ihre Mitmenschen mehr als Langatmigkeit. Meiden Sie unnötige Details.

Außerdem wäre es ganz, ganz toll, wenn Sie nicht alles ganz, ganz toll finden würden. Dieses Alles-wunderbar-und-schön-und-super-Finden ist wirklich geisttötend. Wenn Ihnen schon nichts zum Thema Kunst einfällt, sagen Sie nicht, wie sehr Sie schöne Dinge lieben! Sagen Sie lieber so etwas wie: «Kunst? Das versuche ich mir gerade abzugewöhnen …» Jeder Beitrag sollte idealerweise einen kleinen Haken haben. Statt von «schönen Hotels» zu schwärmen, sollten Sie lieber erzählen, warum Luxushotels riesenhafte Bordelle sind. Statt über die «Milchkuh Sozialstaat» zu lamentieren, sollten Sie erklären, warum es die Aufgabe des Staates ist, seine Bürger zu verhätscheln. Lieber (in gesittetem Ton!) etwas Kontroverses behaupten, als mit Allerweltskonformismus zu quälen.

Zwei Dinge sind aber unter allen Umständen zu vermeiden: Klugscheißerei. Und Moralscheißerei. Beides sind absolute Konversationskiller. Smalltalk ist ein Spiel. Es lebt vom Hin und Her. Alles, was man sagt, muss Raum für Gegenrede bieten. Moralische Binsenweisheiten – die Alten sollten mehr respektiert werden, am wichtigsten sind die Kinder (oder war es die Gesundheit?) – verhindern jeden Widerspruch. Und damit verletzen sie die Spielregeln. Genau wie Klugscheißerei. Es darf im Smalltalk *nie* darum gehen, recht zu behalten. Man sollte, im Gegenteil, *alles* behaupten und *jede* Position halbwegs geistreich vertreten können. Ein Smalltalk-Profi aber hat kein Problem damit, sich widerlegen zu lassen. In England sagt man in solchen Situationen gern: «I stand corrected.» Eine vergleichbare Redewendung auf Deutsch gibt es nicht. Das lässt tief blicken. Aufrecht zu stehen, trotz des Eingeständnisses, Unrecht zu haben, ist scheinbar nur schwer mit unserer Mentalität vereinbar. Egal, das lässt sich ändern. Viele von den Engländern erfundene Spiele sind inzwischen auf der ganzen Welt verbreitet. Manche (Fußball zum Beispiel!) beherrschen wir inzwischen vortrefflich. Es gibt keinen Grund, warum uns das nicht auch im Ballsport Smalltalk gelingen sollte.

Und noch etwas. Ich weiß, es tut weh. Dennoch: Bitte, bitte, bitte keine Witze erzählen! Ich habe dem Thema ein eigenes Kapitel gewidmet, in dem ich zu erklären versuche, warum Witze die Insolvenzverschleppung des Smalltalk sind.

Eine andere – ebenso verzweifelt wirkende – Methode, Gespräche zu beleben, ist die Aufforderung: «Erzähl doch mal von deinem peinlichsten Erlebnis!» Das ist allein schon deshalb abwegig, weil einem parkettsicheren Menschen nichts peinlich ist. Tritt ein selbstbewusster Mensch ins Fettnäpfchen, dann mit Wucht.

Wenn Ihnen also auf diese Frage keine Antwort einfällt, liegt das an Ihrem Selbstbewusstsein. Es hat ohnehin niemand ernsthaftes Interesse an peinlichen Details aus Ihrem Leben. Was hingegen jeder mag, sind gute Geschichten. Sie sind die unterhaltsamste Methode, um ein kaum noch atmendes Gespräch wiederzubeleben. Sie brauchen auch kein Apropos. Es genügt ein völlig unvermitteltes «Neulich ist mir etwas Unfassbares geschehen …», und jeder wird aufmerksam.

Hier zum Beispiel eine der Geschichten, die bei mir immer wieder als Smalltalk-Defibrillator Anwendung findet. Sie können Sie sich gern bei Bedarf ausleihen. Das ist im Preis dieses Buches inbegriffen. Die Geschichte geht so:

Ein Bekannter meines Freundes betreibt in Guildford, außerhalb von London, ein kleines Internet-Start-up und war auf der Suche nach Geldgebern. Eines Nachmittags hatte er einen wichtigen Termin bei potenziellen Investoren in London. Er hatte einen verdorbenen Magen an jenem Tag, genauer gesagt: Er litt an Diarrhö, vulgo Dünnpfiff. Aber der Termin war zu wichtig, um ihn abzusagen. Auf dem Weg zum Bahnhof in Guildford merkte er, dass ihm ein kleines Malheur passiert war. Er trug eine helle Hose. Das Risiko, dass irgendetwas durchsickerte, war zu groß. Also machte er rasch bei Marks & Spencer halt. Dort kriegt man alles, auch

Hosen. Er schnappte sich eine Hose, raste zur Kasse, zahlte – alles noch rechtzeitig, um knapp den Zug nach London-Waterloo zu erwischen. Er schloss sich auf dem Klo ein, zog die beschmutzte Hose aus, warf sie aus dem Fenster, griff in die Einkaufstüte, nur: Statt der erstandenen Hose zog er ein rosa Ballettröckchen hervor. Er hatte an der Kasse bei Marks & Spencer in der Eile die falsche Tasche gegriffen. Mit seinen potenziellen Geldgebern war er am Bahnsteig von Waterloo verabredet. Was sollte er tun? Den Termin platzen lassen? Er zog sich das Tutu an, verließ den Zug unter den staunenden Blicken der Mitreisenden und suchte entschlossenen Schrittes nach seinen Geschäftspartnern.

Wie sie reagierten, ist nicht überliefert, wohl aber, dass er sich auf keinerlei Erklärungen einließ – und dass er am Abend mit einem Megadeal nach Guildford zurückkehrte. Die Investoren waren von seiner Geschäftsidee überzeugt. Und wahrscheinlich auch von ihm selbst. Denn er hatte sich schlicht geweigert, sich zu schämen.

Ob die Geschichte stimmt? *Se non è vero, è ben trovato*, wie man in Brooklyn sagt. Sollte sie nicht wahr sein, ist sie jedenfalls gut ausgedacht. Und hat eine großartige Moral. Wenn du schon etwas falsch machst, dann tu es nicht genierlich, sondern mit Grandezza!

DAS GENDERPROBLEM

Ein deutscher Bundespräsident hat im Interview einmal etwas Bemerkenswertes gesagt. (Das allein ist ja keine Selbstverständlichkeit.) Es ging in dem Gespräch unter anderem darum, wie traurig es ist, wenn ältere Herren sich in Gegenwart von Damen aufplustern. Anlass war ein Vorfall, bei dem ein Politiker der FDP (das war damals eine einflussreiche politische Partei) durch anzügliche Bemerkungen auffällig geworden war. Nachdem sich die Wogen geglättet hatten, erschien besagtes Interview mit dem Staatsoberhaupt (es war übrigens Joachim Gauck). Und dort fiel dann der Satz, der über den Tag und den Anlass hinauswies und auf Anhieb einem Klassiker unter den Smalltalk-Themen neues Futter gab. Der Bundespräsident sagte, die Frauenfrage sei noch nicht gelöst. Wörtlich: «Es gibt sicher in der Frauenfrage bei uns noch einiges zu tun.»

Was genau der Präsident mit «der» Frauenfrage meinte, blieb – wie es sich für einen Bundespräsidenten gehört – schwammig. Klassische Frauenfrag*en* sind ja:

«Wo sind meine Autoschlüssel?»

«Passe ich in die Parklücke?»

«Gibt's die Louboutins auch in 37?»

Aber was ist «die» Frauenfrage? Über Generationen verstand man darunter die Frage, ob Frauen klüger sind als Männer oder Männer klüger als Frauen. Das ist inzwischen aber geklärt. Bei Frauen sind Teile des Hippocampus, jenes Teil des Gehirns, der für kognitive Fähigkeiten zuständig ist, kleiner. Dafür arbeiten weibliche Gehirne deutlich effizienter. Frauen brauchen quasi weniger Gehirnschmalz, um die gleichen intellektuellen Aufgaben zu lösen.

Die *neue* Frauenfrage, für die man heute gerüstet sein muss, lautet: Gibt es das überhaupt? Frauen? Und Männer? In Berliner Hipsterbezirken wie Friedrichshain hat die Frage sich erübrigt, hier müssen die Mädchen draußen auf dem Bolzplatz toben, während die Jungs mit Puppen spielen. In rückständigeren Regionen wird über Gender-Mainstreaming aber angeblich noch diskutiert.

In wirklich fortschrittlichen Kreisen wird *jegliche* geschlechtliche Kategorisierung bereits als reaktionär abgelehnt. Sogar die Möglichkeit, die Facebook seinen Nutzern bietet, sich nämlich statt als «Herr» oder «Frau» als «Gender Fluid», «Trans Person» und «Neutrois» anzumelden, gilt in der Avantgarde als reaktionär.

Gerät man versehentlich in eine Diskussion über Gender-Mainstreaming, hilft es eigentlich nur noch, mit den Achseln zu zucken und sich im Disput ein wenig zurückzunehmen. Erstaunlicherweise weiß ja oft gerade der Meinungsstarke, der unerschütterlich zu seinen Ansichten steht, besonders wenig von den Dingen, um die es geht. Keine Meinung zu haben hingegen, ist häufig die Folge von sehr großem Wissen. Damit Sie also möglichst kompetent schweigen können, hier ein Blitzkurs in Gender-Mainstreaming.

Zugrunde liegt dem Ganzen das seit den fünfziger Jahren an philosophischen Fakultäten Amerikas vorherrschende postmoderne Weltbild. Für Konstruktivisten und Relativisten gibt es das, was wir umgangssprachlich «Tatsachen» nennen, im streng philosophischen Sinne nicht. Sie sind in ihren Augen entweder sozial gewachsen (wie eben die Rollenunterschiede zwischen Mann und Frau) oder erst durch willkürliche, menschliche Kategorisierung entstanden. Für Konstruktivisten sind die Namen, die wir den Dingen geben, willkürlich. Ein Baum wird erst dadurch ein «Baum», ein Berg erst dadurch ein «Berg», dass wir ihn als solchen bezeichnen. Für eine Amöbe ist ein Sandkorn vielleicht ein Berg und ein Baum schlicht «die Welt»? Demnach ist unsere Sicht zutiefst menschlich-subjektiv. Tatsachen sind menschliche Konstruktionen. Als ich davon übrigens meiner zwölfjährigen Tochter berichtete, sagte sie entwaffnend: «Was ist mit dem Mond? Den gab's schon vor den Menschen, und es ist ihm wahrscheinlich egal, wie wir ihn nennen.» Genügt ein einziges Kind, um ganze Generationen postmoderner Philosophen bloßzustellen? Auch mit reiner Logik lässt sich der Konstruktivismus in Bedrängnis bringen. Wenn es *keine* absoluten Tatsachen gibt, dann wäre das ja, wenn es stimmen würde, bereits *eine* absolute Tatsache.

Egal. Relativismus und Konstruktivismus haben unser Denken in den letzten Jahrzehnten maßgeblich geprägt. Insbesondere die Sozialwissenschaften. Begierig aufgegriffen wurde das neuartige Denken auch von dem Harvard-Psychologen John Money. Als er in den Sechzigern an der John Hopkins University lehrte, Amerikas renommiertester Medizinhochschule, machte er sich daran, folgende These zu belegen: Geschlechterrollen sind menschliche Erfindungen und durch die Biologie nicht zu begründen. 1967 führte er ein Experiment durch, das als epochal in die Medizingeschichte einging. An der Klinik der Hopkins University unterzog er einen zweijährigen Jungen namens Bruce Reimer einer geschlechtsverändernden Operation. Der Junge war

Opfer eines ärztlichen Kunstfehlers, bei dem sein Penis verstümmelt worden war. Nun wurden dem Jungen die noch vorhandenen Hoden entfernt, aus der Haut seines Hodensacks Schamlippen geformt. Auf Drängen Moneys stimmten die Eltern zu, ihren Sohn als Mädchen zu erziehen. Er wurde nicht mehr Bruce, sondern Brenda genannt. Ab dem zwölften Lebensjahr wurde «Brenda» zusätzlich mit weiblichen Hormonen behandelt. Money rühmte sich seines Experiments in zahlreichen wissenschaftlichen Veröffentlichungen und Vorträgen, bezeichnete «Brenda» als «normales, glückliches Mädchen» und wurde von Sozialwissenschaftlern als Pionier der Sexualforschung gefeiert. Alice Schwarzer pries Money als einen herausragenden Wissenschaftler, der dem «aufklärenden Auftrag der Forschung gerecht» wird, und lobte sein Experiment, weil es endlich beweise, dass «die Gebärfähigkeit der einzige Unterschied ist, der zwischen Mann und Frau bleibt. Alles andere ist künstlich aufgesetzt.» Während «Brenda» in wissenschaftlichen Texten als «ausgeglichen» beschrieben wird, empfanden ihn seine Familie und Freunde freilich als unglückliches Kind mit sozialen Problemen. Angeblich weigerte er sich, mit Mädchensachen zu spielen. Mit fünfzehn erfuhr «Brenda», dass er als Junge geboren worden war, und er bestand darauf, wieder als einer zu leben, nannte sich fortan David. Reimer unterzog sich erneuten Operationen, Mitte der Neunziger entschloss er sich, mit seiner Geschichte an die Öffentlichkeit zu gehen. Zusammen mit John Colapinto schrieb er 1997 für den «Rolling Stone» einen spektakulären Artikel: «The Boy Who Was Raised as a Girl». Am 4. Mai 2004 beging David Reimer Selbstmord. Er wurde achtunddreißig Jahre alt.

Inzwischen gilt Professor Money auch unter Gendertheoretikern eher als Doktor Frankenstein denn als Pionier (dennoch verlieh ihm die Deutsche Gesellschaft für Sozialwissenschaftliche Sexualforschung noch 2002 die Magnus-Hirschfeld-Medaille).

Heute beruft sich die Genderforschung lieber auf Judith Butler, die zunächst ebenfalls an der Johns-Hopkins-Universität lehrte und seit Anfang der neunziger Jahre einen Lehrstuhl an der Universität in Berkeley (Kalifornien) innehat. Während sich Money noch mit den angeblich nicht existenten Unterschieden zwischen Männlein und Weiblein befasste, betrachtete Butler jegliche geschlechtliche Kategorisierung als sozial aufgezwungen. Vor zwanzig Jahren galten die Thesen Judith Butlers noch als gewagt, heute ist Gender-Mainstreaming – wörtlich die Einebnung der Geschlechter – als Ziel der Sozialpolitik vollkommen unumstritten. Allenfalls leise regt sich noch Widerstand. So lieferte zum Beispiel die feministische Aktivistin Naomi Wolf mit ihrem (2013 bei Rowohlt erschienenen) Buch «Vagina» eine leidenschaftliche Verteidigung der Weiblichkeit, fand damit aber erstaunlich wenig Gehör.

Seit den Amsterdamer Verträgen von 1997 steht Gender-Mainstreaming sogar offiziell auf der politischen Agenda der Europäischen Union. Ursprünglich sollten damit die Gleichstellung der Geschlechter auf dem Arbeitsmarkt gefördert und sämtliche politischen Entscheidungen auf mögliche Auswirkungen auf das Geschlechterverhältnis und die Gleichberechtigung geprüft werden. Doch weil das Ganze von Anfang an vage formuliert war, verselbständigte sich die Chose. Inzwischen werden mit EU-Fördergeldern Schulbücher, öffentliche Broschüren, Formulare und alle möglichen Druckerzeugnisse umformuliert und neu aufgelegt, um der «gender diversity» Rechnung zu tragen. In Schulen, Ministerien, Landratsämtern und Stadtverwaltungen werden eigens entwickelte Seminare angeboten, um «stereotype Geschlechterrollen» aufzudecken, in Gender-Werkstätten können Beamte ihre geschlechtsspezifischen Handlungsmuster durchspielen und sich versuchsweise im Verhalten des anderen Geschlechts üben. Außerdem gab es die Idee, öffentliche Toiletten umzubauen, damit jenen Menschen, die sich nicht der klassischen Kategorisierung in Mann und Frau unterwerfen wollen, künftig ihr eigenes stilles Örtchen zur Verfügung steht.

Wie mit allen Postulaten der Political Correctness verhält es sich auch mit dem Gender-Mainstreaming: Sie eifrig zu verteidigen, ist genauso spießig, wie dagegen zu wettern. Das Orwell'sche Neusprech der Gesinnungspolizisten nervt genauso wie der Zorn der ach so freien Das-wird-man-ja-wohl-noch-sagen-Dürfer-und-jetzt-endlich-mal-auf-den-Tisch-Hauer. Es ist ein bisschen wie beim Pelztragen. Allein um die Nervensägen von PETA zu ärgern, müsste man sich einen Zobel umwerfen. Aber dann sieht man die neureichen Russinnen und weiß: Pelztragen ist leider auch fürchterlich peinlich. Wir haben es also mit einem klassischen Dilemma zu tun.

Natürlich wäre es absolut töricht, sich in gesellschaftlichem Kontext auf Diskussionen über Sinn und Unsinn des Konstruktivismus einzulassen. Und wer wollte jemandem, der eilig zum Klo rennt, sich aber weder als Frau noch als Mann fühlt, übelnehmen, dass er nicht jedes Mal aufs Neue eine schwierige Wahl treffen will. (Außerdem wären bei Großveranstaltungen die Menschenschlangen vor Neutrum-Toiletten vermutlich um einiges kürzer.) Aber, wie gesagt, die Grundlagen jener Debatten zu kennen, an denen man sich nicht beteiligt, ist besser, als über Dinge zu reden, zu denen man nur ressentimentgetriebene, sarrazinmatussekhafte Argumentationsfetzen parat hat.

Möglich ist auch, sich mit einem literarischen Zitat aus der Affäre zu ziehen. Es gibt eine Passage aus «Alice im Wunderland», die beschreibt, warum die Weigerung, Dinge verbindlich zu benennen, so beängstigend ist. Es führt zu völliger Verwirrung. Am Ende gilt gar nichts mehr. Liebe, Treue, Freundschaft – irgendwann hat nichts mehr irgendeine Bedeutung. In Lewis Carrolls Roman begegnet Alice dem arroganten Humpty Dumpty. Die beiden geraten in einen Streit um die Bedeutung eines der schönsten Worte der englischen Sprache, nämlich: glory. Es bedeutet Ehre, aber auch Pracht. Humpty Dumpty sitzt also auf seiner Mauer, in Anzug und Krawatte, schaut verächtlich auf Alice herab und sagt: «Wenn ich ein Wort benutze, heißt es genau das, was *ich* will. Nicht mehr und nicht weniger.» Alice antwortet perplex: «Aber wie kann denn ein Wort unterschiedliche Dinge bedeuten?» Der eitle Ei-Mann schroff: «Die Frage ist doch, wer hier der Meister ist, so einfach ist das!»

Um eine unselige Genderdebatte zu beenden, sagen Sie einfach, dass Sie keine literarischen Figuren kennen, die den verheerenden Nihilismus des zwanzigsten Jahrhunderts perfekter verkörpern als die Fuckfaces des Künstlerduos Chapman Brothers, die Teletubbies und ebenjener Humpty Dumpty. Und dass es doch bemerkenswert sei, dass die gerade Erwähnten allesamt englische Schöpfungen sind, was

Sie in Ihrem Urteil bestärken würde, dass die Söhne Albions besonders hellsichtige Erkunder unserer Zeit seien. Sie werden wahrscheinlich in verwirrte Gesichter blicken, was Ihnen die Möglichkeit eröffnet, das Thema – oder die Party – zu wechseln.

ESSEN

Mit vollem Mund spricht man nicht. Jeder weiß das. Allerdings hat sich eine andere fürchterliche Unkultur breitgemacht: *über* Essen zu sprechen. Betrachtet man die Sinnesgenüsse, rangiert Essen zu Recht vor Schlaf und Sex. Vom Schlaf kriegen wir (im Idealfall) wenig mit. Und selbst wenn man alle Orgasmen eines Lebens zusammenzählt, kommt man insgesamt (im Idealfall) auf ein knappes Stündchen. Wenn man aber von drei Mahlzeiten am Tag ausgeht, verbringt der moderne Mensch knapp siebzehn Jahre seines Lebens mit Essen.

Mit der sinnlichen Verwandtschaft von Essen und Sex kennen sich die Franzosen am besten aus. Dort werden Brotlaibe und die weiblichen Brüste mit dem gleichen Begriff bezeichnet, «les miches», und «aller aux fraises» ist eine von zig schönen Umschreibungen für den Geschlechtsakt selbst. Dennoch: Während es vollkommen akzeptabel ist, über Sex zu sprechen, gibt es kaum Spießigeres, als beim Essen über das Essen zu reden. Wer das tut, ist entweder ein Langweiler («ganz vorzüglich», «der Koch hütet das Rezept wie einen Schatz») oder ein Wichtigtuer («ausgezeichnet, aber es bleibt doch ein leicht nussiger Nachgeschmack auf der Zunge»). Bestenfalls handelt es sich um eine intellektuelle Kapitulation.

Am schlimmsten sind die sogenannten Connaisseurs, die das Servierte im Mund zergehen lassen und dabei womöglich noch leicht schmatzen («damit Sauerstoff drankommt, nur so entfaltet sich der Geschmack»). Sie verletzen Artikel 1 des

Savoir-vivre-Kodexes: Je größer der Genuss, desto beiläufiger muss er sein. Das gilt übrigens überall auf der Welt. Aber mit besonderer Schärfe in Deutschland. Für Franzosen ist Essen ja wirklich das Wichtigste auf der Welt. Als einziges abendländisches Kulturvolk haben sie aus der banalen Notwendigkeit, sich zu ernähren, eine Kunst gemacht. Wenn ein Franzose über Essen spricht, muss man ihm das also nachsehen. Jedoch würde es ihm auch nicht in den Sinn kommen, *während* des Essens darüber zu sprechen. Man philosophiert ja auch nicht beim In-die-Erdbeeren-Gehen über den Sex, allenfalls davor oder danach. Wenn Deutsche aber über Essen sprechen, hat das etwas Mühsames, Parvenuhaftes, so als würde jemand, der vor fünf Minuten zum ersten Mal ein Pferd gesehen hat, mit Reitstiefeln in der Fußgängerzone herumlaufen. Er redet wie der sprichwörtliche Blinde von der Farbe. In den östlichen Bundesländern – ich darf das sagen, meine Familie kommt von dort – empört man sich gern über polnische LKW-Fahrer, weil sie mit ihren mangelhaft gewarteten Lastern auf unseren wunderschönen, neuen Autobahnen regelrechte Rennen veranstalten und damit unser Leib und Leben gefährden. Was man dabei vergisst: Sie gefährden damit vor allem sich selbst, und zwar aus berechtigter Panik vor dem, was auf ostdeutschen Autobahnraststätten hochpreisig als «Mahlzeit» verkauft wird. Die armen Brummifahrer, die von zu Hause keine feine, aber eine ehrliche Küche gewohnt sind, wollen Ostdeutschland so schnell wie möglich hinter sich lassen und Bayern erreichen, eine der wenigen Regionen Deutschlands, wo auch an schlichten Raststätten rudimentäre Reste von Esskultur bestehen.

Wer versehentlich in ein Gespräch über Essen verwickelt

wird, kann das natürlich nicht mit einem Verweis auf die Spießigkeit der Materie abwürgen. Das wäre unhöflich. Was bleibt ihm also anderes übrig, als dem Gespräch eine möglichst absurde Note zu verpassen? Zum Beispiel, indem man über den mangelnden Fettgehalt moderner Menüs klagt und den großen New Yorker Theaterkritiker der zwanziger Jahre, Alexander Woollcott, zitiert. Von ihm stammt der unsterbliche Satz: «Alles, was ich liebe, ist entweder illegal, unmoralisch oder macht fett.» Oder Sie graben die Legende vom Findelkind Yi Yin aus. Im China der Xia-Dynastie (im zweiten Jahrtausend vor Christus) wurde er von seinen Zieheltern der Kochkunst unterwiesen und als Küchensklave an einen reichen Haushalt verkauft. Angeblich gehen viele der noch heute berühmten Spezialitäten der kantonesischen Küche (deren Philosophie auf dem Motto basiert: «Jedes Tier, dessen Rücken zur Sonne zeigt, ist essbar») auf Yi Yin zurück. König Tang von Chang hörte von seinen Fertigkeiten und bestimmte ihn zu seinem Leibkoch. Jedes Mal, wenn Yi Yin seinem Herrn das Essen servierte, legte er ihm die politische Lage Chinas dar und erklärte ihm, dass gute Staatsführung nach denselben Regeln funktioniere wie die feine Küche: Es gehe um Balance, das Gleichgewicht von verschiedenen Geschmacksrichtungen und Vorlieben. So wurde er der einflussreichste Berater des Königs, bis der ihn zuletzt sogar zum Minister ernannte. Yi Yin organisierte die Verwaltung neu, bekämpfte erfolgreich die Korruption im Land, und da er einst als Sklave zum König gekommen war, blieb er, auch als er längst mächtig und reich war, ein Mann des Volkes und hatte ein offenes Ohr für dessen Nöte. Schließlich half er Tang, die Xia-Dynastie zu stürzen und die Shang-Dynastie zu begründen. Man sieht: Auch aus Spitzenköchen kann etwas werden, sie müssen nicht notwendigerweise als Fernsehköche enden.

Eine weitere Methode, um das Gespräch in eine andere Richtung zu lenken: Sie führen den Abstieg der Weltmacht Venedig im sechzehnten Jahrhundert darauf zurück, dass der Gebrauch der Gabel – der bis dahin unter strenger Strafe stand und den Dogen vorbehalten war – plötzlich auch den kaufmännischen Aufsteigerfamilien erlaubt war. In diese Zeit fällt ebenso die unsinnige Mode, Fleisch in hauchdünnes Blattgold einzuwickeln. Als das Vergolden von Speisen verboten wurde, 1514, war es schon zu spät, der Niedergang war nicht mehr aufzuhalten. Die Venezianer hatten ihr vergoldetes Essen derart liebgewonnen, dass sie nach Alternativen suchten und schließlich bei gold gerösteten Weißbrotbröseln landeten. Die Panade war erfunden. Das Wiener Schnitzel (ein Trivial, mit dem man garantiert jedes fade Essensgespräch würzen kann!) ist also keine österreichische, sondern eine venezianische Erfindung – auch wenn es in Italien seltsamerweise Mailänder Schnitzel («Milanese») heißt.

Ein anderes probates Mittel, um sanft vom Thema abzulenken, ist, sich darüber zu beschweren, dass Völlerei so vollständig aus der Mode gekommen sei. Es gab eine Zeit, da galt Fressen noch was, es war eine handfeste Todsünde und deswegen umso verführerischer. Heute gehört probiotische Ernährung zum urbanen Kodex, und wer mittags Kohlehydrate isst, stellt eine Last für das Gesundheitssystem und die Solidargemeinschaft dar. Ein Ludwig XIV. war noch so frei, mittags um die *dreißig* Gerichte zu essen. «Ich habe sehr oft gesehen, wie der König vier Teller verschiedener Suppen, den ganzen Fasan, ein Rebhuhn, einen großen Salatteller, Hammelfleisch mit Knoblauch im eigenen Saft, zwei gute Schinkenstücke, einen Gebäckteller, Früchte und Jams gegessen hat», schrieb seine Schwägerin, die brave Liselotte von der Pfalz, nach einem alltäglichen Mittagsmahl in Versailles bestürzt an ihre Familie in Heidelberg. Damals waren die Rezepte auch deutlich raffinierter als heute. Bis ins siebzehnte Jahrhundert hinein galten an europäischen Höfen etwa Pasteten und Suppen erst dann als hohe Kunst, wenn sie kleine Singvögel enthielten. Lebende Singvögel, versteht sich. In alten Kochbüchern findet man folgenden warnenden Hinweis an den Meisterkoch: «Gieße, wenn Du anrichten willst, die Suppe so hinein, daß Du den lebendigen Vögeln nicht schadest!»

Obwohl man gar nicht so weit in die Geschichte zurückgreifen muss, um Beispiele für unorthodoxe Kulinarik zu finden. Eine Freundin von mir, Liza Campbell, wuchs in Cawdor Castle auf, im Norden Schottlands. Cawdor, Schauplatz von Shakespeares Macbeth. Für alle, die im Englischunterricht nicht aufgepasst haben: Macbeth war der Herr von Glamis und wurde von König Duncan zusätzlich zum Lehensherrn von Cawdor ernannt. Noch bevor er von dieser Ehre erfährt, begrüßen ihn drei Hexen als Herrn von Glamis, Herrn von Cawdor und König von Schottland, obwohl ihm eigentlich nur der erste der drei Titel gebührt. Als ihm kurz darauf tatsächlich verkündet wird, dass König Duncan ihn zum Herrn von Cawdor erwählt hat, glaubt er, nun auch zum König von Schottland bestimmt zu sein. Seine Frau, wie die meisten Rothaarigen sexy und ehrgeizig, stachelt Macbeth an und bringt ihn dazu, den königlichen Gast nachts im

Schlaf zu erdolchen. Das endet, etliche Leichen später, im Wahnsinn und Selbstmord von Lady Macbeth und im Tod ihres zum Tyrannen gewordenen Mannes. Für seine Story vermischte Shakespeare auf geradezu schamlose Weise geschichtliche Fakten mit reinen Erfindungen. Einen Macbeth gab es ja tatsächlich. Er hat König Duncan auch getötet, aber eben nicht im Schlaf, sondern – wie es sich gehörte – auf dem Schlachtfeld. Und in Wahrheit war er ein sehr beliebter König …

Eines immerhin stimmt: Wahnsinn war den Burgherren von Cawdor nicht fremd. Die Burg wurde etwa zu der Zeit erbaut, als in Spanien die Inquisition herrschte und in Europa die Pest wütete. Modernisiert wurde sie seither nicht, meine Freundin Liza wuchs also in recht rauen Verhältnissen auf. Ihr Vater, der fünfundzwanzigste Lehensherr von Cawdor, hatte drei große Leidenschaften: alle zwei Wochen einen neuen Jaguar E-Type zu Schrott zu fahren («Scheiß-Radaufhängung!»), das jahrhundertealte Familienvermögen zu versaufen und die Familie mit seinem Hang zu exotischer Küche zu tyrannisieren.

Einen normalen Abend in der Familie Campbell beschrieb Liza so: «Typischerweise würde er in die Hände klatschen und ausrufen: So, jetzt wollen wir doch mal sehen, ob dieses Bohei um Schwanenbraten wirklich gerechtfertigt ist. Dann würde er die Köchin rufen und ihr befehlen, einen Schwan zu fangen und zum Dinner zuzubereiten. Wir Kinder beknieten ihn in solchen Momenten immer wieder, doch bitte etwas Normales essen zu dürfen, so wie Eichhörnchen, aber das stachelte ihn nur noch mehr an. Eichhörnchen gab es dann zusätzlich als Vorspeise.» Liza schrieb über den

Wahnsinn, mit dem sie aufwuchs, ein traurig-komisches Buch: «Title Deeds», es erschien 2006 und machte ihr innerhalb ihrer riesigen Familie viele Feinde. Auch ihr Bruder, der sechsundzwanzigste Herr von Cawdor, war darüber nicht sehr erfreut. Aber Liza schrieb sich damit die Last ihrer Kindheit von der Seele. Das war es wert. Inzwischen hat sie sich in Großbritannien an die Spitze einer Bewegung weiblicher Aristokratinnen gesetzt, die eine Gesetzesänderung fordern, damit künftig nicht mehr nur die erstgeborenen Söhne, sondern auch die erstgeborenen Töchter Titel und Besitz erben können, ähnlich wie es das Königshaus vorgemacht hat. Auch damit ist Liza im britischen Establishment angeeckt. Eine Kolumnistin des «New Yorker» feierte sie als Aristo-Revolutionärin, allerdings nicht ohne spitz anzumerken, das Problem von Lady Campbell und ihren blaublütigen Leidensgenossinnen sei vermutlich für das Gros der Leser kaum nachvollziehbar, vergleichbar mit Passagieren der Business Class, die sich über mangelnde Beinfreiheit beschweren … Aber das ist eine andere Geschichte.

Sehen Sie: Wir haben beim langweiligen Thema Essen begonnen und sind jetzt an gänzlich anderem Ort gelandet. So soll es sein.

FUSSBALL

Sich hier ahnungslos zu geben, wirkt unendlich blasiert. Fußball ist anspruchsvoll, Fußball ist berauschend. Fußball ist schlicht großartig. Nur eines ist Fußball nicht: «schön». Eiskunstlauf ist schön. Golf ist schön. Auch Springreiten ist ein ästhetischer Genuss, gleichgültig, ob man jemandem die Daumen drückt. Ein Fußballspiel anzusehen hingegen ist relativ öde – solange man nicht leidenschaftlich mit einem Team mitfiebert. Genau das macht Fußball einzigartig.

Das liegt daran, dass Fußball kulturhistorisch keine Sportart, sondern eine Art Gruppenvergewaltigungsritual ist. Eine zutiefst archaische und zivilisatorisch nicht ganz unbedenkliche Sache. Wahrscheinlich geht Fußball auf ein Ballspiel zurück, das im frühen Mittelalter in England praktiziert wurde, dessen Ziel es war, benachbarte Dörfer zu demütigen. Die Spieler versuchten unter Inkaufnahme physischer Verletzungen, ein Lederbündel in das Nachbardorf zu befördern. Sieger war, wer das Lederbündel im feindlichen Dorf abgelegt hatte. Mehr noch als Fußball erinnert Rugby an diese ursprüngliche Form des Sports. Nach der Entdeckung Amerikas, so eine Theorie, vermischten sich die informellen Regeln dieses brutalen Spiels mit denen eines noch brutaleren (und zugleich raffinierteren): denen des mesoamerikanischen Ballspiels. Da wurden die Verlierer den Göttern als Menschenopfer dargebracht (was angeblich eine große Ehre war). Die Ureinwohner Mittelamerikas waren völlig versessen auf dieses Spiel. In fast jeder Maya-Stadt gab es entsprechende

Arenen, was die ungeheure Popularität dieses kultischen Spiels bezeugt. Die genauen Regeln sind allerdings nicht bekannt. Vermutet wird, dass der Ball, eine Kautschukkugel, durch einen Ring befördert werden musste, um einen Punkt zu erzielen. Die Spieler trugen schwere Hüftsteine (wahrscheinlich wurde damit der Ball bewegt). Jedenfalls war Handspiel strengstens verboten, und der Ball durfte unter gar keinen Umständen den Boden berühren. Symbolisierte der Ball die Sonne? Befürchteten die Maya, dass es den Aufgang der Sonne verhindern könnte, würde er auf den Boden fallen?

In England, dem Mutterland des neuzeitlichen Fußballs, dessen offizielles Regelwerk erstmals 1848 von Studenten der Universität Cambridge zu Papier gebracht wurde, ist ein ähnlicher Geist bis heute lebendig. Für einen Fußballfan ist nichts quälender als die Niederlage des eigenen Clubs, nichts süßer als der Triumph – besonders wenn es im sogenannten «Derby» gegen einen unmittelbaren Nachbarn ging.

Das frühzeitliche Ballspiel der Mesoamerikaner, das mittelalterliche Dorfduell der Angelsachsen und auch die rüden Vorläufer des «Calcio» in Norditalien (das waren schlicht Massenschlägereien verfeindeter Clans) wurden vielfach als Ersatzhandlungen für kriegerische Auseinandersetzungen gedeutet. Fußball als eine Art «Bunga Bunga» – also der aus Nordafrika überlieferten rituellen Massenvergewaltigung eines feindlichen Stammes, mit dem Ziel, dessen Krieger zu erniedrigen. Das Lederbündel ins feindliche Dorf zu befördern, später den Ball ins gegnerische Tor – eine Form gewaltsamer Penetration? Unter Fußballfans keine sehr beliebte These.

Warum hat Fußball denn gerade in Deutschland, in Italien so einen enorm hohen Stellenwert? Weil die Identifikation mit dem örtlichen Verein die letzte Erinnerung daran ist, dass es so etwas wie Heimat gibt, für die es sich gegen den benachbarten Barbarenstamm zu kämpfen lohnt. Gerade in Deutschland und Italien gibt es immer noch das kollektive Bewusstsein dafür, dass Nationalität, dass «Italianità» und «Deutschsein», aufgepfropfte Scheinidentitäten sind, die übertünchen sollen, dass beide Länder sich in Wahrheit aus einer Vielzahl benachbarter, feindlich gesinnter Stämme zusammensetzen. Insofern haben die jeweiligen Fußballnationalmannschaften mehr gemeinsame Identität gestiftet als alle historischen Ereignisse zusammen.

Fußballspiele, die nur unter massivem Polizeieinsatz stattfinden und dennoch immer wieder von Gewaltexzessen begleitet werden (wie zwischen Eintracht Braunschweig und Hannover 96, zwischen Lazio Rom und AS Rom oder zwischen Ajax Amsterdam und Feyenoord Rotterdam), bieten ideales Anschauungsmaterial für die These der sich bekriegenden Nachbarstämme. So grauenhaft diese Feindschaften auch sind, so bemerkenswert ist es doch, wie lebendig unsere barbarische Vergangenheit manchmal ist. Ich war gottlob noch nie im Krieg. Aber was ich einmal am Rande eines Fußballspiels zwischen den «Heißspornen» von London-Tottenham (Tottenham Hotspurs) und den «Kanonieren» (Gunners) von Arsenal London erlebte, war wirklich beängstigend. Ich geriet vor Spielbeginn zwischen die Fronten der Schlachtenbummler, kauerte hinter der Gartenmauer eines dieser heruntergekommenen Reihenhäuser an der White Hart Lane. Das Adrenalin und das Testosteron konnte ich förmlich riechen. Der Hass in den Augen der Hooligans, die Brutalität, mit der sie unter Schlachtgegröle aufeinander zustürmten, die gierige Entschlossenheit der Polizisten, die beide Seiten mit Schlagstöcken traktierten ... Seit diesem Tag habe ich eine Ahnung davon, wie in unseren Breitengraden vor tausendfünfhundert Jahren primitive Schlachten ausgefochten wurden.

Im Vergleich zu Kampfschauplätzen wie Tottenhams White Hart Lane (jenem Teil Nordlondons, wo die schweren Krawalle vom Sommer 2011 ihren Anfang nahmen) ist das legendäre Wembley-Stadion eine Art Walhalla des Fußballs, ein geradezu heiliger Ort. Oder besser noch: eine Art Thing, schließlich handelt es sich bei Fußballspielen um Zusammenkünfte von Stämmen. Auch bei den Things, den feierlichen Treffen unserer Urahnen, spielte der Alkoholkonsum übrigens eine zentrale Rolle.

Wembley, das sollte man selbst als Fußballahnungsloser wissen, ist ein mythischer Ort. Ein Ort, der den deutschen und englischen Fußball schicksalhaft vereint. Hier gewannen die Engländer das WM-Finale 1966 gegen Deutschland – dank eines Tores, das bewiesenermaßen zu Unrecht als solches anerkannt wurde (der Ball traf die Querlatte und landete nicht vollumfänglich hinter der Torlinie). Eine Schmach, für die sich deutsche Fußballer seither regelmäßig revanchierten: Im Wembley-Stadion führte Günter Netzer die Deutschen in einem hochdramatischen Spiel zum historischen Sieg über England, es war das Viertelfinale der Europameisterschaft 1972. 1996 gewannen die Deutschen hier die EM. 2002 schoss Didi Hamann das letzte Tor, bevor das alte, ehrwürdige, geschichtsträchtige Stadion abgerissen und wieder aufgebaut wurde. Als Allererstes wurde im neu errichteten Stadion natürlich ein Länderspiel England gegen Deutschland angesetzt.

Deutschland gewann. Und als Zigtausende deutsche Schlachtenbummler 2013 in London – man muss es sagen – *einmarschierten*, weil in Wembley das Finale der Champions League stattfand, bei dem sich zwei deutsche Teams gegenüberstanden, empfanden die Engländer es als elende Schmach. Ihren Erzfeinden das heilige Feld als Triumphort zur Verfügung stellen zu müssen, das muss furchtbar für sie gewesen sein.

Oder ist dieses ganze Gerede von Triumph und Demütigung, von heiligem Boden und schicksalhaften Siegen zutiefst rückständig? Die heutige Fußballideologie will von Demütigung nichts wissen. Es geht um Spielwitz, um Leichtigkeit, um taktische Eleganz – nicht mehr um altgermanische Tugenden wie Kampf und Schweiß. Mit denen allein hätte die deutsche Mannschaft die WM 2014 nicht gewonnen, so Joachim Löw. Der moderne Fußball ist wissenschaftlicher geworden. Laufwege, Pressingtabellen, Raumdeckung, Verschieben, abkippende Sechser, das Fußballvokabular ist voller früher unbekannter Begriffe. Als Hohepriester der neuen Fußballlehre, die auf taktische Finesse statt auf physische Erniedrigung baut, gilt ein Katalane: Pep Guardiola. Der hat die Methode, den Gegner durch permanentes Ballgekreisel auf engstem Raum zu zermürben, in der Fußballschule des FC Barcelona gelernt. Deren Lehre fußt auf den Ideen des legendären Barcelona-Spielers und -Trainers Johan Cruyff, der sie wiederum bei seinem Heimatverein in Amsterdam gelernt hatte. Der virtuos entkörperlichte, manche schimpfen «weiblichere», moderne Fußball ist also eine holländische Erfindung.

Auch der Philosoph Wolfram Eilenberger bezeichnet diesen Ansatz als weiblich (und meint es keineswegs positiv): «Im idealen Fußball des Guardiola regieren kurze Pässe, es gibt keine Distanzschüsse, direkten Freistöße, Flanken, Kopfballtore. Kleinteilige Ballkontrolle und Penetrationsarmut kennzeichnen seinen Stil», sagt er. Für Bunga-Bunga-Puristen auf den Rängen ist das ein Graus. Für Familienväter, die mit ihren Kindern ins Stadion gehen wollen, ohne um Leib und Leben fürchten zu müssen, ist die moderne Fußballphilosophie ein Segen. Die Behauptung des argentinischen Mittelfeldspielers Diego Simeone, man könne nur «mit dem Messer im Mund siegen», sie gilt nicht mehr.

INTERNET

Wenn sich Mitglieder der sogenannten Netzgemeinde «ins reale Leben» (IRL) wagen, sind sie meist sehr angenehm im Umgang. Auf Partys bieten sie einen weiteren entscheidenden Vorteil: An den in ihren Bärten festsitzenden Speiseresten kann man ablesen, was das Buffet hergibt. Mit ihnen über das Internet zu reden, kann allerdings sehr anstrengend sein. Früher war das Internet ja eine herrliche Sache. Es machte lustig pfeifende Geräusche, wenn man sich einwählte, man brachte andere in der WG oder im Büro gegen sich auf, die stundenlang nicht telefonieren konnten. Inzwischen ist das Internet vielfach eine Belästigung, nicht nur, weil es uns in Informationen ertrinken lässt – sondern auch, weil es sich selbst zum Gegenstand ausführlicher Debatten macht. Und da muss man dann angeblich mitreden können. War das eigentlich nach jeder großen Erfindung so? Gab es unter Steinzeitmenschen erbitterte Auseinandersetzungen über das Feuer? Wurde im alten Ägypten über das Rad gestritten? Wahrscheinlich schon. In Wien wehrte sich der alte Kaiser Franz Joseph gegen die Telegraphie, maschinell erstellte Depeschen mussten für ihn ins Handschriftliche übertragen werden. Aber solche Trotz- und Debattenphasen dauern in der Regel nicht ewig. Auch die Internetdebatte wird sich also irgendwann erschöpft haben.

Wenn Ihnen ein Nerd ein Gespräch über das Internet aufdrängt, stellen Sie ihn einfach auf die Probe. Gegebenenfalls können Sie ihm sogar eine Wette anbieten und dabei ein paar Bitcoins gewinnen: Er soll die frühestmögliche Geburtsstunde des Internets nennen – und begründen. Er wird, wenn er gut ist, vermutlich nicht 1974 sagen. Damals entwickelten die Ingenieure Vinton G. Cerf und Robert «Bob» Kahn eine gemeinsame Sprache («Internet Protocol») und schufen damit die Möglichkeit, dass Computer unterschiedlichster Netzwerke Daten miteinander tauschen können. Echte Nerds werden das Arpanet nennen, ein militärisches Forschungsprojekt, dank dem ursprünglich (1969) ganze vier Computer miteinander verbunden waren. Supernerds wiederum werden irgendetwas von der Entwicklung der Kybernetik in den vierziger Jahren faseln und argumentieren, dass die gegenseitige Steuerung von technischen Geräten – so wie ein Thermostat die Informationen des Thermometers aufnimmt und ohne menschliche Intervention die Temperatur der Heizung regelt – eine frühe Form technologischer Informationsvernetzung gewesen sei.

«Nice try», können Sie dann im unter Digital-Aficionados üblichen Denglisch antworten. Und die Bitcoins einstreichen. Das Internet erfunden hat nämlich die Familie Thurn und Taxis, dessen gegenwärtiger Chef, mein Neffe Albert, ironischerweise per E-Mail in der Regel schwer erreichbar ist. Thurn und Taxis war lange das, was Google heute ist. Ob die bunten Buchstaben von Google wohl ebenso hartnäckig über Jahrhunderte hinweg ihren Wiedererkennungswert behalten werden wie das Taxis'sche Logo, das Posthorn? Franz von Taxis (1459–1517) war jedenfalls der Erste, der die Vernetzung von Informationen – bis dahin eine teure, gefährliche und eher seltene Angelegenheit – systematisierte und mit seiner Post ein Datenaustauschmonopol schuf. All die enthusiastischen Internetjünger, die sich im Netz eine Heilslehre erhofften und verblüfft waren, als sie von der Ausspähung durch Konzerne und Staaten erfuhren, hätten sich durch einen kurzen Blick in die Geschichte der Post, gern auch bei Wikipedia, so manche Enttäuschung ersparen können. Ausspähung gehörte seit jeher zum Geschäftsprinzip von Datentransporteuren. Alles andere wäre eine betriebswirtschaftlich ziemlich idiotische Unterlassungssünde gewesen.

Staaten betreiben Datenspionage in der Hoffnung, dadurch mehr Sicherheit zu schaffen. Und das nicht erst seit Erfindung des Internets. Den Unternehmen wiederum erfüllt die Digitalisierung unseres alltäglichen Lebens einen Traum, den sie bis vor zwanzig Jahren kaum zu träumen gewagt hatten: den gläsernen, der in seinen Bedürfnissen und Interessen vollkommen berechenbaren Kunden. Sich darüber zu wundern grenzt an Debilität. Schlimmer ist eigentlich nur, es gleichgültig hinzunehmen. Manch einer fühlt sich durch die zugeschnittenen Konsumvorschläge bestens versorgt und gut unterhalten und verschwendet keinen Gedanken daran, mit seinen geldwerten Daten vorsichtig umzugehen. Schade ist allerdings, dass es uns kaum noch möglich ist, unser eigener Datenschützer zu sein. Dafür ist die Digitalisierung sämtlicher Bereiche unseres Lebens viel zu weit fortgeschritten. Das ist auch der Grund, warum einer der bedeutendsten Theoretiker des neuen Informationszeitalters, Evgeny Morozov, ziemlich genervt ist vom ständigen Gerede über «das Internet». Er sagt, es sei lächerlich, «das Internet» erklären zu wollen, «als wäre es eine theologische Kraft», es gehe längst nicht mehr um das Internet, also die Verbindung zwischen Computern, sondern um die komplette, die totale Digitalisierung unseres Alltags und die damit einhergehende, lückenlose Verbreitung unserer intimsten Informationen. Wir leben in einer Zeit, in der nicht mehr nur Handy, Kühlschrank und Auto, sondern vielleicht auch bald unsere Unterhosen und Strümpfe mehr über uns wissen als der eigene Arzt oder Ehepartner. Um überwacht und mittels geheimer Algorithmen höchst effizient ausgerechnet zu werden, muss man dann nicht mal mehr eine E-Mail schreiben, bei Amazon shoppen oder sich in sozialen Netzwerken mitteilen. Bald genügt es, ein Kleidungsstück zu erstehen. Die Textilindustrie wird Stoffe entwickeln, durch die sich Daten speichern und übertragen lassen. Künftig kann ich, nachdem ich bei Zara oder H&M eingekauft habe, mit individuell auf mich zugeschnittenen Sonderangeboten gelockt werden. Es wird nicht mehr lange dauern, bis erste Krankenversicherungen ihre Kunden nur noch dann günstig versichern, wenn sie bereit sind, ihr Bewegungs- und Ernährungsverhalten durch Fitness-Armbänder «monitoren» zu lassen. Und Ihre Kfz-Versicherung wird deutlich billiger werden, wenn Sie sich beim Fahren von Big Brother über die Schulter schauen lassen. Schon jetzt ist die Wirtschaft in der Lage, Angebote zu individualisieren. Eine Fluglinie weiß beispielsweise, welcher ihrer Kunden gezwungen ist, montags früh zu fliegen, und für wen der Nachmittag genauso annehmbar ist. Dementsprechend macht sie unterschiedliche Angebote – je nach «flexibility of demand» – oder verlangt unterschiedliche Preise. Die Fachbegriffe lauten «smart pricing» und «userbased marketing» und sind längst keine Frage der technischen Machbarkeit mehr.

Wenn man nun versehentlich in eine Netzdebatte gerät, gibt man sich als Experte zu erkennen, indem man anmerkt, dass es längst nicht mehr darum geht, ob Computer uns dumm machen, ob die Informationen aus dem Internet zuverlässig sind oder wie man sich gegen Schmutz und Trash aus dem Netz schützen kann. Darüber wurde zuletzt Ende der neunziger Jahre ernsthaft diskutiert. Damals waren weltweit etwa zwanzig Millionen Menschen online (zehn Jahre später war es bereits eine Milliarde, seit 2014 sind es knapp drei). Längst geht es nicht mehr um die Vor- und Nachteile des Internets, sondern um «Big Data»: also darum, dass die Heilsversprechen des modernen Informationszeitalters – Demokratisierung, Transparenz, Bildung, die Explosion von Wettbewerbsfähigkeit und Kreativität – eine Utopie waren.

Um die Grundlagen dieser Debatte zu beherrschen, muss man übrigens – bemerkenswert, oder? – auf ein Medium zurückgreifen, das um 1440 erfunden wurde und sich seither großer Beliebtheit erfreut: das gedruckte Buch. Von drei Werken sollte man in diesem Zusammenhang wenigstens dem Namen nach gehört haben: Das bei weitem wichtigste ist das bereits 1998 erschienene Buch «Darwin im Reich der Maschinen» des amerikanischen Wissenschaftshistorikers George Dyson. Es ist ein pessimistisches Buch, weil es den Sieg intelligenter Maschinen über den Menschen voraussagt. Wer zu faul ist, es zu lesen, kann – auch das entbehrt nicht einer gewissen Ironie – eine der großartigsten Internetseiten anklicken, um ihn sprechen zu hören: Dyson ist regelmäßiger Dozent bei TED.com.

Fast genauso wichtig ist das 2014 erschienene Buch «Wem gehört die Zukunft?» von Jaron Lanier. Laniers Antwort: uns nicht! Dafür braucht er vierhundertachtzig Seiten. (Sollte das Informationsüberfütterungszeitalter nicht mal zu schrumpfenden Aufmerksamkeitsspannen führen – und zu Autoren, die sich kurz fassen?) Laniers Buch ist, offen gesagt, ungenießbar. Zum Kanon gehört es, weil der Absender selbst einst Heilsprophet und Rockstar des digitalen Zeitalters war. In «Wem gehört die Zukunft?» rechnet er mit seiner eigenen Techno-Utopie ab. In den Achtzigern trat Lanier gemeinsam mit Timothy Leary auf, um die frohe Botschaft des Digitalismus zu verbreiten. Leary, den ich selbst noch kennenlernen durfte, um mit ihm über die Vor- und Nachteile des LSD-Konsums beim Skifahren zu diskutieren, war jener durchgeknallte Berkeley-Professor, der im Rauschgiftkonsum einst die Befreiung vom Joch des Establishments und dann, als LSD schlicht nicht mehr wirkte (weil er zu viel davon genommen hatte), im Internet ein neues Heilsmittel gefunden zu haben glaubte. Heute ist Leary tot, und Lanier sagt, dass er sich getäuscht hat. Er beschreibt, wie es einige wenige Konzerne vermögen, Milliarden Menschen auszuleuchten, zu manipulieren und auszubeuten. Und wie die neuen Technologien erst kleine und mittelständische Unternehmer und dann uns alle kaputt machen.

Das beste Buch, um in der Technikdebatte mitreden zu können, ist aber das des großen, leider viel zu früh gestorbenen Digitalphilosophen Frank Schirrmacher, das 2009 erschien. «Payback» nähert sich dem Thema aus neurologischer Perspektive, erklärt, wie sich unser Denken, wie sich unsere Gehirne durch die neuen Technologien ändern. Seine These: Zu viel Technik ist schlicht Körperverletzung. «Payback» hat gegenüber den anderen Büchern einen entscheidenden Vorteil: Es ist keine Attacke gegen alles, was blinkt und leuchtet, es ist differenzierter und informiert umfassender. Und: Da es von einem Journalisten geschrieben wurde, kann man es tatsächlich lesen, Schirrmacher hat für seine Leser alle wesentlichen Debattenbeiträge schon vorverdaut.

Was all diese Visionäre geahnt haben: In der Absicht, eine Technik zu schaffen, die uns dient, haben wir eine geschaffen, die uns beherrscht. Wir sind die erste Generation, die sich freiwillig digitale Handschellen anlegt.

KAPITALISMUS

Dies ist ein Feld, auf dem Ahnungslosigkeit absolut verzeihlich ist. Skepsis gegenüber Bescheidwissern ist immer klug. Im Gebiet der Wirtschaft kann sie existenzrettend sein. Die allermeisten wirtschaftlichen Katastrophen verdanken wir den Supergescheiten, die das Verhalten von Geld, Kapital, Konsumenten – und vor allem das Risiko – für eine berechenbare Sache hielten.

Als die Königin von England kurz nach Ausbruch der globalen Finanzkrise im November 2008 die London School of Economics besuchte, stellte sie den Ökonomen eine einfache Frage und brachte sie damit erheblich in Verlegenheit. Warum, fragte die Queen, hat niemand den Crash kommen sehen? Die Gelehrten stotterten furchtbar herum, bis einer von ihnen, Professor Luis Garicano, die fadenscheinigste aller Ausreden bemühte: «Alle haben geglaubt, das Richtige zu tun, jeder hat sich einfach auf die anderen verlassen.»

Da ich in England zur Schule gegangen bin, dem Land, in dem ein Ökonom (J. M. Keynes) als Nationalheiliger verehrt wird, musste ich im Volkswirtschaftsunterricht Formeln lernen wie $Y = I + C$, das steht für: Produktion (Y) ergibt sich aus der Summe von Investitionen (I) und Konsum (C). Eine andere Formel lautete: $S = Y - C$, will heißen: Sparquote (S) ist das, was übrig bleibt, wenn man von der Produktion den Konsum abzieht. Aus beiden Formeln folgt angeblich $S = I$, Ersparnisse sind gleich Investitionen (I), denn offenbar wird alles, was die Leute auf die Bank tragen (S), verliehen und dadurch reinvestiert, entweder in Konsum (C) oder Produktionsmittel (Y). Alles klar?

Meine Noten im Fach Economics waren schlecht. Aber das musste mich nicht weiter bekümmern, denn in England war es schon damals Sitte, Schülern ohne jegliches Einkommen Kreditkarten zur Verfügung zu stellen. Die musste man nur in geeignete Schlitze stecken, um Geldscheine zu erhalten, die man nutzen konnte, um sich mit Konsum (C), zum Beispiel von Bier (B) oder anderen Rauschmitteln (D), zu trösten – und zwar völlig unabhängig davon, ob sich auf dem Konto Erspartes (S) befand. Auch konnte ich mir dank der Großzügigkeit der (inzwischen leider untergegangenen) Midland Bank jederzeit Flugtickets (F) nach Hause leisten.

Mein Interesse am Economics-Unterricht litt auch darunter, dass ich damals einen alten Freund hatte, der mich dazu ermutigte, sämtliche Formeln zu vergessen, und mir während langer Spaziergänge und noch längerer Kaffeehausaufenthalte mehr über Wirtschaft beibrachte, als jedes Lehrbuch das vermocht hätte. André Kostolanyi.

Der alte Börsenguru verkehrte oft bei uns zu Hause, denn dank meiner Mutter, einer Ururenkelin des ungarischen Nationalhelden István Széchenyi, war unser Haus in München ein Anziehungspunkt für Exilungarn. Kosto, wie wir ihn nannten, war damals schon um die neunzig Jahre alt und reich an Erfahrung. Er war übrigens auch sehr geizig, ein sicheres Zeichen dafür, dass er auch im materiellen Sinne reich war. Als kleiner Laufbursche hatte er noch die Pariser Börse vor Ende des Ersten Weltkriegs erlebt, im geschichtsträchtigen Jahr 1929 arbeitete er an der Wall Street. Er war selbst leidenschaftlicher Spekulant, aber als hochgebildeter und im Grunde musischer Mensch hatte er über seinesgleichen eine herrlich abfällige Meinung. Zur Börse komme man wie unschuldige Mädchen auf den Strich, sagte Kosto immer: «Zuerst ist es Neugier, dann Vergnügen und schließlich Geldgier.» Sein Urteil: «Früher schickte man als Vater nur die dümmsten Söhne an die Börse. Die Klugen mussten auf die Universität und etwas Anständiges lernen.»

In München trafen wir uns immer im alten Schumann's, weil es hier kein Café gab, das ihm gefiel. Am besten mit ihm reden konnte man aber im Kaffeehaus, in Wien im Café Central, in Budapest im wunderbar kitschig-pompösen Café New York. Das Kaffeehaus war sein Lehrstuhl, sein natürliches Habitat. Sein halbes Leben verbrachte er an winzigen Marmortischen. Dort dozierte er, las, dachte nach, nickte ein, wachte wieder auf, plauderte, las wieder ... Immer perfekt gekleidet, blitzblanke Budapester Schuhe, Tweedjackett, Einstecktuch, maßgeschneidertes Hemd, nie Krawatte, immer Fliege.

Heute ist eine solche Existenz in ihrer ganzen orientalischen Pracht kaum noch begreifbar zu machen. Wenn heute Männer den lieben langen Tag im Kaffeehaus sitzen, dann betont nachlässig gekleidet, unrasiert, mit Mütze, Kopfhörern und WLAN von der Welt um sich herum abgeschottet. Sie sitzen auch nicht auf jenen erbarmungslos harten Stühlen ohne Armlehne, die so typisch waren für die Kaffeehäuser der verschollenen Welt, sondern in tiefen, jeglichen originellen Gedanken erstickenden Samtsesseln. In stundenlangen Kaffeehaussitzungen jedenfalls brachte Kosto mir Grundsätze bei wie: «Ein Mann darf ein Leichtsinnsvogel sein, die Frau muss der Geizhals sein. Familien, in denen es andersherum ist, enden in der Tragödie.» Oder: «Über einen armen Dummkopf spricht jeder wie über einen Dummkopf. Ein reicher Dummkopf aber gilt als originell.» Oder: «Schon Voltaire wusste, dass jede schlechte Sache auch gute Folgen haben kann. Für die Wirtschaft gilt das ganz besonders. Was für den einen ein Desaster ist, ist für den Nächsten das größte Glück.» Er zeigte dann auf den Laptop, den ich damals stolz überall mit mir herumschleppte, ein ziemlich sperriges Modell von Toshiba, aber damals einer der ersten tragbaren Computer. Kosto sagte: «Für die Arbeiter in den Schreibmaschinenfabriken ist das Teil ein Unglück. Für die Firmen, die so etwas herstellen, ist es ein Segen. Aber irgendwann wird jemand etwas noch Tolleres erfinden, und Geräte wie diese werden verschwinden und mit ihnen die Firmen, die sie produzieren. Das macht die Wirtschaft unsicher? Absolut! Instabilität ist die Bedingung des Wohlstands.»

Wie bitte? Kosto liebte es, wenn man staunend nachfragte, er genoss es, in die Rolle des weisen Rabbi zu schlüpfen. Er erzählte dann vom legendären Wiener Ökonomen Joseph Schumpeter. Dessen bevorzugtes Forum waren die Salons der Wiener Patrizierfamilien – und das Café Landtmann. Schumpeter war nach Karl Marx der bunteste Vogel in der Geschichte der Volkswirtschaftslehre. Mit Marx verband Schumpeter der Glaube an die Dynamik von steter Zerstörung und Erneuerung im Kapitalismus. Und eine Schwäche für die Annehmlichkeiten des Lebens. Schumpeter war zwar Austromarxist, aber seine Anzüge kaufte er in der Savile Row, und neben seiner Wohnung in der Strudlhofgasse unterhielt er – für seine Frauengeschichten – eine Suite im Hotel Astoria. Schumpeter, so erklärte mir Kosto, trieb zeitlebens die *eine* Frage um: «Warum hatte sich der Lebensstandard der Menschen in Europa zwischen Mittelalter und Französischer Revolution nur unwesentlich verändert, und warum verbesserte er sich seither so explosionsartig? Schumpeters Erklärung: der Untergang der feudalen Welt. Jahrhundertelang waren die Verhältnisse festzementiert: Zehn Prozent der Menschen ging es gut bis prächtig, der Rest kämpfte ums Überleben. Die Zerstörung dieser Welt, als die Macht auf das Bürgertum überging, wirkte wie eine Explosion. Plötzlich entstand etwas, das es vorher nie gegeben hatte: Konkurrenz, Unternehmergeist, Risiko. Es herrschte permanente Umverteilung. Wer gestern noch Marktführer war, konnte morgen schon pleite sein. Wiederkehrende Debakel, mein Lieber, sind fester Bestandteil des Kapitalismus, alles andere wäre Stillstand.»

Das wirkte aus dem Mund von jemandem, der seit 1929 mehrmals ein Vermögen verloren und zurückgewonnen hatte, ziemlich überzeugend.

Ähnlich überzeugend war auch seine Verteidigung des Bankwesens. Wenn ich ihn damit langweilte, dass Jesus die Geldwechsler immerhin aus dem Tempel verjagt habe, lächelte er nur milde. Aus meiner Sicht, aus der Sicht eines verarmten Adeligen, könne er meine Vorbehalte gegen Banken natürlich verstehen, für den Rest der Welt seien sie aber ein Segen. «Ihr Aristos konntet jahrhundertelang sehr gut ohne Banken leben. Ihr hattet ja Grundbesitz und Kapital. Für alle anderen jedoch, die zwar mittellos, im Gegensatz zu euch aber geschäftstüchtig waren, wurde die Weltgeschichte erst in dem Moment interessant, als das Kreditwesen erfunden und moderne Banken gegründet wurden. Die ersten Banken in Florenz gewährten nur denen Kredite, die über riesige Ländereien und ähnliche

Sicherheiten verfügten. Wirklich spannend wurde es erst mit dem Bankwesen des neunzehnten Jahrhunderts. Die Rothschilds waren die Ersten, die Geld an Leute ohne Sicherheiten, dafür mit großen Ideen verliehen. Die Zinsen waren so etwas wie eine Gebühr für das eingegangene Risiko.»

Fing also mit den modernen Banken das ganze Übel an? Ist die Finanzmarktkrise nicht deshalb entstanden, weil man Leuten Kredite gab, die sie sich nicht leisten konnten? Oder macht man es sich damit zu leicht? Was, frage ich mich manchmal, hätte Kosto über die geplatzte Subprime-Kreditblase gesagt, die 2008 zur globalen Finanzmarktkrise führte? Damals hatte man amerikanischen Möchtegern-Häuslebauern, bankenintern NINJAs genannt («No Income, No Jobs or Assets»), systematisch Kredite zu verlockenden Konditionen aufgeschwatzt. Als die reihenweise nicht mehr bedient werden konnten, führte das zu einer Kettenreaktion, die erst altehrwürdige Bankhäuser wie Lehman Brothers implodieren ließ und schließlich Millionen Menschen weltweit arbeitslos machte.

Und wie hätte Kosto über den Euro geurteilt? War die Einführung des Euro in Ländern wie Griechenland oder Portugal nicht ebenso eine Perversion des einst angeblich so schönen Kreditgedankens? Schließlich konnten sich jetzt Länder mit mangelnder Bonität, nur weil sie Teil der Eurofamilie waren, Kredite zu den gleichen Konditionen leisten wie die mitteleuropäischen Musterländle.

Heute würde ich mich in München mit Kosto im neuen Schumann's treffen. Er hätte – ganz im Schumpeter'schen Sinne – Freude am Untergang des alten gehabt. Das neue ist schöner und nicht so eng wie das alte. Wie also würde Kosto, wenn er mir jetzt dort gegenübersäße, über die Finanzmarktkrise sprechen? Er hat sich immer lustig gemacht über die sogenannten Experten, die daran glaubten, Finanzwirtschaft sei eine Wissenschaft. («Wie viele Börsenprofis habe ich gekannt, die, besessen von Kurven und Berechnungen, die letzten Cents verloren haben?») Wer am Finanzmarkt Erfolg haben will, soll Philosophie studieren, aber ja nicht Mathematik. «Die Finanzwirtschaft hat ihre eigene Logik, die lässt sich nicht berechnen.» Die Krise hat ihm recht gegeben. Die neuartigen Finanzprodukte, die die Krise verursacht hatten, die sogenannten verbrieften Schuldverschreibungen, waren von supergescheiten Tüftlern erdacht worden. Und zunächst funktionierte ja auch alles perfekt. Leute, die eigentlich arm waren, bekamen Geld und konnten sich davon Häuser bauen. Und die Banken, die örtlichen oder die an der Wall Street oder jene rund um den Globus, die die Kredite in großen Bündeln gekauft hatten, verdienten auch noch daran. Pure finanztechnische Alchemie. Solange alle wesentlichen Faktoren mehr oder weniger stabil blieben. Die Beschäftigungsquote, die Zinsen, die Immobilienpreise. Später stellte sich heraus, dass allein ins Armenviertel von Detroit noch im Jahr 2006, als die Arbeitslosigkeit dort längst stieg, die Zinsen explodierten und die Häuserpreise bereits fielen, noch Kredite im Wert von insgesamt mehr als einer Milliarde Dollar gepumpt worden waren. Der Ausfall der Kredite setzte einen Dominoeffekt in Gang. Eines der ersten Opfer war das Bankhaus Merril Lynch. Den Gründer, den alten Charles E. Merrill («ein wahrer Herr»), hatte Kosto noch gekannt …

Eines hätte Kosto garantiert nicht getan: über die «gute alte Zeit» lamentiert. Das war nie sein Ding. Über die Mathematiker unter den Bankern hätte er sich lustig gemacht, nicht aber darüber, dass Menschen ihre Träume verwirklichen wollen und dafür Risiken eingehen. Wahrscheinlich hätte er einfach wieder eine Geschichte erzählt. Eine seiner Lieblingsanekdoten war die jenes schwerreichen Wall-Street-Magnaten, der nach einem ausgedehnten Lunch mehrmals vergeblich versuchte, sich eine Zigarre anzuzünden. Sie wollte einfach nicht ziehen. Da entdeckte er ein kleines Papierchen zwischen den Tabakblättern. Darauf stand in winziger, lieblicher Schrift: «Lieber Herr! Mein Name ist Conchita. Die Blätter, die Sie rauchen, wurden von mir mit bloßer Hand auf meinem Oberschenkel liebevoll zu einer Zigarre gerollt. Denken Sie an mich, wenn Sie sie genießen!» Der Mann war so gerührt, dass er beschloss, nach Kuba aufzubrechen und sich auf die Suche nach der Zigarrendreherin zu machen. Er fand sie tatsächlich, nahm sie mit nach New York und heiratete sie. Aus Conchita wurde eine große Dame.

Das Problem war nur: Auf ganz Kuba erzählte man sich vom Aufstieg der kleinen Conchita, und die allermeisten Zigarrenfabriken gingen in Konkurs. In viele Zigarren wurden jetzt nämlich sentimentale Liebesbriefe eingerollt, wodurch die Qualität beträchtlich sank. Von den einst hundert Zigarrenmanufakturen waren Mitte der fünfziger Jahre nur noch zwei Dutzend übrig. Die aber produzierten – unter Aufsicht – auf nie gesehenem Niveau. Man lernt aus Niederlagen. Man verbessert. Kein Fortschritt ohne Niedergang. Die nächste Krise kommt bestimmt. Kann gut sein, dass sie die bisherigen sogar noch übertreffen wird. Aber auch beim nächsten Mal gilt: Aus Zerstörtem wird Neues erwachsen. Das Pech des einen ist das Glück des anderen.

KRIMINALFÄLLE

Man sollte nicht jede spannende Geschichte glauben, die einem als junger Mensch erzählt wird. Aber man sollte sie sich merken, denn spannende Geschichten sind die ABC-Waffen des Smalltalk. Und nichts geht über einen guten alten mysteriösen Mordfall.

Warum das so ist, will ich gleich erklären. Aber erst zur Geschichte selbst. Auch sie gehört zu meinem festen Repertoire, und Sie können sie sich gern gelegentlich ausleihen. Ich kenne sie aus der Sicht mehrerer mittelbar Beteiligter. Ich muss das erwähnen, weil meine Beurteilung der Ereignisse dadurch getrübt und nicht objektiv ist. Hier die Geschichte, so wie sie mir erzählt wurde:

John Bingham wurde in eine alte irisch-britische Adelsfamilie hineingeboren. Beliebt war die Familie nie, was auf die Hungersnot in Irland Mitte des neunzehnten Jahrhunderts zurückgeht, als die Binghams sich als harte und grausame Grundherren hervorgetan hatten. Auch nebenan in England ist das Renommée der Familie nicht sehr hoch. Der Name Bingham wird dort mit einem bitteren militärischen Desaster in Verbindung gebracht – einer schlecht geplanten, schlecht ausgeführten und verlustreichen Schlacht im Krimkrieg. Einer von Johns Ahnen, George Bingham, der dritte Lord Lucan, hatte den sogenannten Todesritt der leichten Brigade befehligt. Eine «Charge of the Light Brigade» steht bis heute sprichwörtlich für eine Aktion, deren desaströser Ausgang von vornherein sicher ist.

Die Familie lebte zwar von den Ländereien in Irland, man

wohnte aber in der schönsten Ecke Londons, im dörflichen Teil von Chelsea, mit Blick auf die Themse. Johns Vater muss eine respekteinflößende Persönlichkeit gewesen sein. Reich, asketisch, antireligiös, für englische Verhältnisse ein Linksradikaler. Nach 1945 diente Lord Lucan dem ersten britischen Nachkriegspremier, dem Sozialisten Clement Attlee, als Fraktionsvorsitzender der Labour-Partei im Oberhaus. Im Krieg war er Kommandant des 1. Bataillons der Coldstream Guards, des ältesten und ruhmreichsten Regiments der britischen Armee. Seine Kinder schickte der Lord während des Krieges ins Ausland, seine Frau konnte sich nicht um sie kümmern, denn sie war schwer krank. Die Kinder wurden von Nannys betreut. Zunächst wuchsen sie in Wales auf. Später dann in New York, bei einer befreundeten Milliardärin. Als der Krieg vorbei war und John gemeinsam mit seinen Geschwistern zurückkehrte, er war elf Jahre alt, war London eine Stadt, in der bittere Armut herrschte. Das Haus an der Cheyne Row gab es nicht mehr. Es war im «Blitz», den deutschen Luftangriffen auf England, zerstört worden. Die vergleichsweise behütete Kindheit in New Yorks Park Avenue muss für John plötzlich sehr weit weg gewesen sein. Der Vater war herrisch und äußerst knauserig, die Familie lebte in einem Ausweichquartier für Ausgebombte. Seine Lordschaft legte schon aus politischen Gründen größten Wert auf spartanischen Lebensstil.

Ich erzähle die Vorgeschichte so ausführlich, weil sie für das Psychogramm und das Verhalten Binghams wichtig ist. Als nämlich sein Vater nach einem Schlaganfall starb, John war neunundzwanzig Jahre alt und nun der siebte Lord Lucan, setzte er alles daran, die Entbehrungen seiner Jugend zu kompensieren. Seine Vorliebe für Aston Martins, für Galopprennen, für Spielkasinos konnte er jetzt ohne väterliche Aufsicht ausleben. Für kurze Zeit nahm er einen Job bei einer Londoner Bank an, den er aber bald wieder aufgab. «Warum soll ich da arbeiten», sagte er, «wenn ich mein Jahresgehalt in einer einzigen Nacht bei Aspinall gewinnen kann.» John Aspinall war der Besitzer des elegantesten Kasinos der Stadt. Und ein berühmter Naturschützer. Er unterhielt auf seinem Landsitz Howletts in der Grafschaft Kent einen Privatzoo. Für die dort gehaltenen Gorillas wurden täglich frische Mangos und Papayas eingeflogen, für die Tiger gab es bestes Rindfleisch. Die Gäste in Howletts, ich war mehrmals dort, bekamen in der Regel nur altes Brot und Suppe vorgesetzt. John Aspinall starb im Jahr 2000. Meine Schwester Maya war eine enge Freundin von ihm. Das, was ich über Bingham weiß, weiß ich von ihm. Und von dem Hofstaat, den «Aspers» um sich scharte. Auch John Bingham gehörte in jener Zeit, in der diese Geschichte spielt, zum Freundeskreis dieses faszinierenden und charismatischen Mannes.

Bingham entwickelte eine ausgewachsene Spielsucht und wurde zu einem der besten Kunden in Aspinalls Kasino. Besonders dem Baccara galt seine Leidenschaft. Der Schriftsteller Ian Fleming berichtete, wie Bingham im Kasino von Le Touquet einmal sechsundzwanzigtausend Pfund beim Baccara gewann (damals waren das mehr als hunderttausend Mark). In einer einzigen Nacht. Er war so beeindruckt vom hochgewachsenen, weltgewandten Bingham, dass der zum Vorbild seines James Bond wurde. Ian Flemings erster Roman, «Casino Royal», beginnt mit einem spektakulären Baccara-Spiel in einem französischen Seebad.

Wie bei allen Spielern überwogen natürlich auch bei Bingham am Ende die Verluste. Als er im Alter von dreißig Jahren das drei Jahre jüngere ehemalige Mannequin Veronica Duncan heiratete, hatte Bingham bereits hohe Spielschulden bei Freunden in ganz Europa, die er nur dadurch zu begleichen wusste, dass er an die Substanz des Familienvermögens ging. Sein Vermögen verschleuderte er mit selbst für englische Verhältnisse außergewöhnlichen Extravaganzen. So mietete er sich – damals noch ein exzeptioneller Luxus – Flugzeuge für Kurztrips nach Paris oder Monte Carlo, um den Tag an der Rennbahn von Longchamps oder die Nacht im Kasino zu verbringen. Im historischen Kontext dieser Zeit war Binghams Luxusleben nicht nur verschwenderisch, es spricht vor allem für eine beachtenswerte Gefühlskälte. (Ich erwähne das an dieser Stelle, weil es später für das Gesamtbild des Mannes von Bedeutung sein wird.) Im Jahr 1974, als unsere Geschichte ihren traurigen Höhepunkt findet, war Großbritannien ein Land im Ausnahmezustand. Massenentlassungen, Generalstreiks, meterhohe Müllberge auf Londons Straßen, Leichen, die wegen der Streiks nicht beerdigt wurden, Krankenhäuser, die nach Stromausfällen evakuiert werden mussten, das englische Pfund im freien Fall, Straßenschlachten und Bergarbeiterstreiks in Nordengland. Und John Bingham, der das jahrhundertealte Vermögen seiner Familie mit Händen und Füßen durchbrachte. Er und Veronica hatten inzwischen drei kleine Kinder, die Älteste, Frances, war zehn, George war sieben und die kleine Camilla vier Jahre alt. Binghams Schulden überstiegen die Einnahmen aus dem Stiftungsvermögen längst um ein Vielfaches, sein Gesellschaftstrinken hatte sich längst in ausgewachsene

Alkoholsucht gewandelt, Veronica litt seit der Geburt der Jüngsten unter Depressionen und war, behaupten jedenfalls Aspers Freunde, «very possessive». Angeblich richtete sich ihre Eifersucht nicht nur gegen Frauen – sie war eifersüchtig auf Johns Freunde, seine Anwälte, seine Bankberater, die Bedienung im Spielkasino, auf jeden, der mit ihm in Berührung kam.

Fest steht, dass sich die Ehe zwischen dem suchtkranken Bingham und der depressiven Veronica 1974 im Kriegszustand befand. Veronica hatte John angeblich gezwungen, aus dem gemeinsamen Haus im feinen Londoner Diplomatenbezirk Belgravia auszuziehen. Sie lebte dort allein mit den Kindern, er wohnte nur wenige Gehminuten entfernt in einer Zweitwohnung. Sie – behaupten seine Freunde – benutzte die drei Kinder als Druckmittel gegen ihn und verhinderte den Kontakt. Sein Druckmittel – so steht es in den Gerichtsakten – war Geld. Er stellte die monatlichen Zahlungen an seine Frau ein und ließ sie auf den Kosten für die Kindermädchen sitzen. Irgendwann zahlte er nicht einmal mehr die Rechnungen von Harrods, dessen Feinkostabteilung täglich das Mittagessen in die Lower Belgrave Street lieferte. Er bettelte, er drohte, um seine Kinder sehen zu können. Vergeblich. Sie nahm einen Teilzeitjob an, lieh sich von Freundinnen Geld. Zuletzt zerrte Bingham seine Frau vor Gericht. Er wollte sie für unzurechnungsfähig erklären, ihr das Sorgerecht absprechen lassen. «Veronica war geistesgestört», so seine Freunde, «die Kinder waren bei ihr schlicht nicht sicher.» Der Richter sah es anders. Aus den Protokollen des damaligen Vormundschaftsverfahrens geht hervor, dass Bingham – nach Aussage des Personals – seine Frau mehrfach geschlagen, einmal sogar die Treppe hinuntergestoßen hatte. Der Richter sprach Veronica das alleinige Sorgerecht zu. Bingham blieb nur noch ein sporadisches Besuchsrecht.

Aus der Sicht von Binghams Freunden stellt sich das, was dann geschah, etwas lapidar so dar: Am späten Abend des 7. November 1974 schlich Bingham in sein Haus, drehte im Untergeschoss die Glühbirnen aus den Fassungen, lauerte seiner Frau hinter der Küchentür mit einem Heizungsrohr auf und erschlug sie, als sie hereinkam, um sich eine Tasse Tee zu kochen. Nur hatte Bingham nicht seine Frau erschlagen, sondern versehentlich das Kindermädchen.

Seit jener Nacht ist John Bingham verschwunden. Alle paar Jahre tauchen Augenzeugen auf, die, ähnlich wie beim Ungeheuer von Loch Ness, behaupten, Lord Lucan in Goa, im südamerikanischen Dschungel oder irgendwo in Afrika gesehen zu haben. Die These, er sei «auf sein eigenes Schwert gestürzt», wie man so etwas in englischen Offizierskreisen nennt, gilt bis heute als plausibelste Erklärung für das Verschwinden Lord Lucans. John Aspinall gab kurz vor seinem Tod im Jahr 2000 eines seiner seltenen Interviews und sagte, sein Freund habe den Mord begangen – und aus Scham, versehentlich die falsche Frau getötet zu haben, das einzig Ehrenhafte getan. Wie genau sein Freund gestorben sein soll, gab Aspinall nicht preis. Lange Zeit später und unter erheblichem Alkoholeinfluss erzählte mir aber ein Mitglied seines Hofstaates folgende Version der Geschichte: Aspinalls Freund, der Milliardär Jimmy Goldsmith, hätte Bingham zwar nie gemocht – ihn aber aus Loyalität zu Aspinall eine Weile versteckt. Bis Bingham sich dann zu Aspinall nach Howletts begeben und sich dort erschossen habe. Dann habe Aspinall, um alle Spuren zu verwischen, den Leichnam seinen Tigern zum Fraß vorgeworfen.

Scotland Yard führt den Fall in den Akten bis heute als ungelöst. Eine Sterbeurkunde gibt es nicht, da nie eine Leiche gefunden wurde. Offiziell für tot erklärt wurde er nie, aber sein Sohn George Bingham darf inzwischen den Titel als achter Lord Lucan führen. Ich bin dem jungen Bingham einmal bei einem Abendessen in London begegnet – sympathisch ist er nicht, aber das muss man ihm nachsehen. Die Geschichte, mit der er aufgewachsen ist, ist verdammt traurig. Zu seiner Mutter hat er übrigens keinen Kontakt. Auch seine Schwestern haben mit ihr gebrochen. Als die Älteste, Frances, heiratete, lud sie ihre Mutter nicht zur Hochzeit ein.

Hier endet die Geschichte. Man kann sie erzählen, um die voyeuristische Lust am Grauen zu befriedigen. Man kann sie aber auch erzählen, weil sie gleich in mehrfacher Hinsicht exemplarisch ist. Zwei Drittel aller Tötungsdelikte resultieren aus Beziehungsdramen – denen meist Machtkämpfe in der Partnerschaft zugrunde liegen. Hinzu kommt, dass Bingham sämtliche in forensischen Lehrbüchern aufgeführten Risikofaktoren erfüllt. Eine grausame oder lieblose Kindheit, die vermutlich zu einem Mangel an Empathie und einer narzisstischen Persönlichkeitsstörung führte. Das Fehlen eines ethisch-moralischen Korsetts, resultierend aus einer haltlosen Erziehung. Seine Neigung zu antisozialem Verhalten. Der Kreis, den Aspinall um sich scharte, war jedenfalls fest davon überzeugt, mit der äußeren Gesellschaft nichts zu tun zu haben und über dem Gesetz zu stehen. Nimmt man auch noch Binghams Alkoholismus in die Gleichung auf, ist er ein geradezu lehrbuchartiger Verbrecher. So gesehen hätte man ihn, wäre er nicht zum Mörder geworden, fast schon als Wunder der Forensik feiern müssen.

Aber kann man einen Mord, wie das die Forensik versucht, wissenschaftlich erklären? Sogar Wahrscheinlichkeitsberechnungen erstellen? Gibt es biologische Prädispositionen, die kriminelles Verhalten begünstigen?

Moderne Hirnforscher wie Wolf Singer oder Gerhard Roth behaupten – wenn auch auf wissenschaftlich differenzierterem Niveau – letztlich genau das, wenn sie dem Menschen einen freien Willen absprechen und sein Verhalten auf neurologische Zwangsläufigkeiten reduzieren. Seit dem neunzehnten Jahrhundert war es immer wieder modern, «das Böse» durch Krankheiten erklären zu wollen. Eine besonders bedauerliche Rolle spielte der Turiner Arzt Cesare Lombroso, der, nachdem er bei der Untersuchung eines berühmten Serienmörders Auffälligkeiten an dessen Schädeldecke entdeckt hatte, geradezu besessen war von der Idee, biologische Ursachen für «das Böse» zu finden. Er gab seinen Beruf als Chirurg auf, pilgerte von einem Gefängnis zum nächsten und typisierte Verbrecher anhand äußerer Merkmale. Seine Theorien dienten als Vorlage für die Rassenlehre der Nazis und üben ihren Einfluss leider bis heute aus.

Nachdem 1963 in Chicago ein gewisser Richard Speck ein Wohnheim für Krankenschwestern überfallen, acht Frauen vergewaltigt und umgebracht hatte, unterzog man ihn einer ausführlichen medizinischen Untersuchung. Mit dem Ergebnis, dass man ein zusätzliches Y-Chromosom bei ihm entdeckt zu haben glaubte. In der wissenschaftlichen Welt – und natürlich in den Medien – löste das großen Jubel aus. Man feierte die Entdeckung des «Mörder-Gens». Als nach dem

Selbstmord von Ulrike Meinhof, die vor ihrem Abtauchen in den Untergrund und der Gründung der RAF eine angesehene Journalistin war, in ihrem Hirn im Bereich des Putamen ein Tumor entdeckt wurde, trat dies ähnliche Spekulationen los. Eine Weile meinte man, die Amygdala-Kerne im Gehirn oder auch dessen orbitofrontalen Cortex als «Sitz des Bösen» ausgemacht zu haben.

Die ganze Absurdität des biologischen Arguments hat der große Wiener Psychiater und Neurologe Reinhard Haller einmal mit folgendem Witz auf den Punkt gebracht: «Ein Angeklagter tritt vor den Richter und sagt: ‹Ja, ich habe es getan, aber mein Wille war nicht frei, weil mein orbitofrontaler Cortex gestört ist.› Darauf der Richter: ‹Dann sprechen wir Sie hiermit frei. Aber Ihren orbitofrontalen Cortex verurteilen wir zu fünf Jahren Haft.›»

Psychisch Kranke unter Generalverdacht zu stellen, ist nach Haller falsch: «Oft sind sie sogar deutlich ungefährlicher.» Die Tendenz, das Böse wegzudelegieren, auf das Kranke, das Abartige, das Fremde zu schieben, hat für die breite Bevölkerung die angenehme Funktion, über die eigenen Abgründe hinwegsehen zu können.

In einem Vortrag wies Haller einmal auf etwas hin, dass viel verstörender ist: unser aller Grausamkeit. Er führte das Experiment des amerikanischen Psychologen Stanley Milgram an, bei dem die Bereitschaft von Durchschnittsbürgern getestet wurde, Anweisungen selbst dann Folge zu leisten, wenn sie in Widerspruch zu ihrem Gewissen stehen. Das berühmte Milgram-Experiment bewies, wie bereitwillig sich die Mehrheit, genauer: zwei Drittel, zur Grausamkeit verleiten lässt, wenn sie denn autorisiert ist. Dann erinnerte Haller an die Sterbehilfe-Diskussionen der Vergangenheit und erzählte von einem großen psychiatrischen Kongress, bei dem einer der Referenten über die schlimme Rolle der Psychiatrie in der NS-Zeit gesprochen hatte, über die Ermordung psychisch kranker Menschen, die als Euthanasie bezeichnet wurde. «Alle Zuhörer waren zu Recht zutiefst bestürzt», so Haller. «Anschließend sprach ein holländischer Kollege und stellte die dortigen Sterbehilfe-Modelle vor. Er begründete sie zum Teil sehr einleuchtend und mit wirtschaftlichen Überlegungen. Er rechnete vor, dass man mit den Pflegekosten eines schwer Dementen ein Eigenheim für eine junge Familie finanzieren könne.» Die meisten Zuhörer, so Haller, hätten den Thesen des Kollegen aus Holland erstaunlich aufgeschlossen gegenübergestanden. «Zwar liegt es mir fern, beide Problembereiche miteinander gleichzusetzen», sagte Haller, «aber es zeigt doch, wie gefährlich es wird, wenn man Aggression autorisiert, zum Beispiel unter dem wissenschaftlich scheinbar vernünftigen Mantel der Wirtschaftlichkeit.»

«Das Böse? Das sind wir alle», hat einmal ein Mann gesagt, auf dessen Anwesenheit bei einem Dinner, das zu meinen Ehren an meinem achtzehnten Geburtstag gegeben wurde, ich bis in alle Ewigkeit stolz sein werde – und der in weinseligem Zustand sogar eine Rede hielt: Friedrich Dürrenmatt. Ich hatte ihn gefragt, warum der Mensch so gern Kriminalgeschichten hört. Dürrenmatt antwortete, jeder trage nun mal dunkle Seiten in sich. Verhängnisvoll sei nur, dass wir sie uns so ungern eingestehen. Krimis, sagte er, geben uns immerhin die Möglichkeit, unsere Abgründe aus sicherer Distanz zu besichtigen.

LUXUSHOTELS

Ein nicht unwesentlicher Teil meiner Verwandtschaft ist auf die schiefe Bahn geraten und in der Hotellerie gelandet. Hotels sind ein natürliches Auffangbecken für Adelige, deren Familien den Zenit ihrer Bedeutung überschritten haben. Diesen Familien ist viel abhandengekommen, aber wie man sich als Gastgeber zu benehmen hat, wie Servietten gefaltet werden müssen, wie Tee zu servieren ist, das wissen wir. Da von diesen Tugenden allein kein Geld in die Kasse kommt, lassen wir die nachrückenden Schichten daran teilhaben. Das ist sehr reizvoll für uns. Beruf mit Leidenschaft zu verbinden ist ein großes Glück. Es hat aber auch Schattenseiten, etwa wenn man reichen Chinesen höflich erklären muss, dass es nicht okay ist, auf die schönen Teppiche zu kacken. Oder wenn es arabischen Prinzen zu vermitteln gilt, dass das Personal in unseren Breiten eingeschnappt reagiert, wenn man es züchtigen will.

Schwärmereien über Aufenthalte in Luxushotels gehören zum Grundrepertoire der gesellschaftlichen Konversation und sind ein probates Mittel, andere zu beeindrucken. Da das aber ziemlich affig ist, rate ich zum Gegenangriff, sollte das Thema aufkommen. Man könnte zum Beispiel die Bemerkung fallenlassen, dass es kaum einen Beruf gibt, der einen mieseren Ruf genießt als der des Wirts. Dergleichen als Journalist zu behaupten, als Angehöriger einer Branche also, um deren Leumund es auch nicht sonderlich gut bestellt ist, mag gewagt klingen, aber: Das Ansehen des Wirts in Geschichte und Literatur rangiert noch tiefer. Schon in der Bibel machen Wirte keine gute Figur, man denke an die Herbergssuche von Maria und Josef.

Die Grandhotels der Metropolen sind streng genommen nichts weiter als palastartige Riesenbordelle. Ein mir bekannter Hoteldirektor, einer der renommiertesten Europas (er würde mich köpfen, wenn ich jetzt seinen Namen verriete), hat mir das so erklärt: Acht von zehn männlichen Hotelgästen nehmen, sobald sie in der Fremde und weit weg von Partnerin oder Ehefrau sind, regelmäßig die Dienste von Liebesdienerinnen in Anspruch. Für Huren, die etwas auf sich halten, sind teure Hotels deswegen der wichtigste Marktplatz. Nirgendwo lassen sich schneller einsame, zahlungskräftige Kunden aufreißen.

Wer *wirklich* etwas über das Innenleben von Hotels erfahren will, muss mit dem sprechen, dessen Beruf es ist, alles zu wissen. Der jeden Vorgang im Hotel kennt. Und nicht nur das. Er weiß, wie man in der ausverkauften Oper noch einen Logenplatz bekommt oder wo um drei Uhr morgens eine Morning-after-Pill, wen man bestechen muss (*ihn* natürlich!), um im beliebtesten Restaurant der Stadt noch einen Tisch zu ergattern (an einem Donnerstagabend!), wie man am schnellsten einen Learjet, einen Callboy oder einen Termin beim besten Botox-Doc der Stadt organisiert: der Concierge!

Das «beste Haus am Platz» ist das mit dem besten Concierge. Die goldenen Schlüssel am Revers des Concierge, *les clef d'or*, öffnen einem sämtliche Türen der Stadt. Wenn Sie einem Concierge wirklich eine Freude machen wollen, konfrontieren Sie ihn mit einer unlösbaren Aufgabe und stellen ihm ein stattliches Trinkgeld in Aussicht. Sagen Sie ihm zum Beispiel, dass das Zimmermädchen gestern versehentlich ein wichtiges Dokument, das in Ihrem Zimmer auf dem Boden lag, in den Müll geworfen hat. Er wird herausfinden, auf welcher Müllkippe das Papier gelandet ist, seinen besten Pagen dort hinschicken, damit er sich durch Tonnen von Müll wühlt, und Ihnen am Ende glücklich das Gesuchte (oder zumindest einen Fetzen davon) präsentieren. Allerdings wird ein guter Concierge Ihnen nie, nie, nie ein Geheimnis verraten. Sie sind die verschwiegensten Menschen der Welt. Meist haben sie vor etwa hundertdreiundzwanzig Jahren als Pagen angefangen, sich emporgearbeitet, *alles* gesehen, *alles* gehört, nicht einmal die abwegigste menschliche Schwäche ist ihnen fremd, und: Sie gehören zu den bestverdienenden Menschen der Stadt, denn an jedem Gefallen, den sie vermitteln, verdienen sie mit. Ein guter Concierge nimmt allein an Trink- und Schweigegeld mehrere tausend Euro im Monat ein. Ihm eine Indiskretion zu entlocken, ist schwieriger, als den Papst zum Bruch des Beichtgeheimnisses zu überreden.

Eine bessere Informationsquelle sind Zimmermädchen. Nach den armen Gestalten aus Bangladesch, die tief unten in den Gewölben der Großküche den Boden schrubben, sind sie die bemitleidenswertesten Gestalten eines jeden Hotels. Was sie jeden Tag zu sehen bekommen – und das ohne dafür mit Trinkgeld entschädigt zu werden – ist schlicht unfassbar. Seit eine liebe Cousine, die längst in fernen Winkeln dieser Welt Karriere gemacht hat, mir aus ihrer Zeit als Zimmermädchen erzählt hat, räume ich in Hotelzimmern grundsätzlich hinter mir auf, mache zumindest oberflächlich mein Bett und lege Trinkgeld aufs Kissen. Überschwemmte Badezimmer, achtlos hinterlassene Spuren von Drogen, von Kondomen verstopfte Abflüsse sind für Zimmermädchen

Routine. Meine Cousine erzählte mir aber auch von orientalischen Großfamilien, die in ihrer Suite einen Hammel grillten, von Rockstars, die Brokatvorhänge als Klopapier benutzten, und von Abkömmlingen vornehmster Familien, die ganze Suiten vollkotzten, danach seelenruhig das Bitte-aufräumen-Schild an die Tür hängten und lächelnd zum Frühstück erschienen – all das ohne einen Cent Trinkgeld. Dass Hotelgäste grundsätzlich alles mitgehen lassen, was nicht fest angeschraubt ist, sollte bekannt sein und muss daher hier nicht weiter ausgebreitet werden. Der alte Breitenbacher Hof in Düsseldorf war lange für die schönen Originalkunstwerke auf den Korridoren und Suiten bekannt. Bis man der Kleptomanie überdrüssig wurde und die Bilder wieder durch wertlosen Ramsch ersetzte.

Streng genommen ist ja schon das Wort Luxushotel ein Missverständnis. Luxus ist es, in einer fremden Stadt Freunde zu haben und bei ihnen willkommen zu sein. Ein Hotel ist ein Kompromiss. So war es schon immer. Reisen war, kulturhistorisch gesehen, nur für jene ein Luxus, die in der Fremde in den Häusern und Palästen verwandter oder befreundeter Familien Unterkunft fanden. Hotels gab es nicht. Nur Gasthäuser mit Klo und Waschgelegenheit auf dem Gang. Erst Ende des neunzehnten Jahrhunderts änderte sich das. Aus den Gasthäusern wurden Hotels, aus Wirten Hoteliers. Langsam, sehr langsam passten sie die Einrichtungen ihrer meist kargen Häuser dem Geschmack des Großbürgertums und Adels an. Noch Anfang des zwanzigsten Jahrhunderts verfügten selbst die teuersten Hotelzimmer der Welt nicht über En-suite-Badezimmer. Als der legendäre César Ritz in seinem gerade eröffneten Grandhotel an der Place Vendôme in Paris um 1900 herum erstmals damit aufwartete, galt es als Weltsensation. Ohne César Ritz, jenes Bauernkind aus dem 54-Seelen-Dorf Niederwald im Wallis, den Erfinder der hohen Hotellerie, wäre das Wohnen in fremden Städten noch sehr viel länger beschwerlich geblieben. Ritz revolutionierte die kommerzielle Gastlichkeit radikaler, als es Max Planck mit der Physik gelungen ist. Bis heute setzt das Pariser Ritz Maßstäbe. Es gibt nichts, was man beim Zimmerservice *nicht* bestellen kann. Bittet man etwa um ein Kamel, gibt's keine doofen Gegenfragen, allenfalls ein: «Bien sûr, Monsieur, als Transportmittel, ausgestopft oder gegrillt zum Abendessen?» Auf dem Höhepunkt seines Wirkens führte Ritz zehn Hotels gleichzeitig. Dann brach er zusammen und dämmerte die letzten fünfzehn Jahre seines Lebens in einer Klinik in Küssnacht dahin, bevor er 1918 sterben durfte. Seine Jünger strömten hinaus in die Welt und verbreiteten sein Evangelium der Gastlichkeit.

César Ritz und seine Schüler sorgten dafür, dass sich auch Aristokraten nach und nach dazu herabließen, in Hotels abzusteigen. Zunächst galt das aber nur für die neu in Mode gekommenen Reisedestinationen in den Schweizer Bergen und in den Kurorten. An Orten also, wo man als Adeliger nicht auf Unterkunft in Herrschaftshäusern zählen konnte und gezwungen war, sich mit dem Großbürgertum zu vermischen. So begann das Zeitalter der Grandhotels. Bis heute sind diese wenigen Häuser, jene Urväter der Mondänität, die einzigen Hotels, die im engen Sinne als elegant angesehen werden können. Das Grandhotel Pupp in Karlsbad, das Wes Anderson zu seinem Film «Grand Budapest Hotel» inspirierte und im James-Bond-Film «Casino Royale» als Kulisse diente.

Hoch oben im Engadin das Badrutt's Palace von St. Moritz, schlechterdings das historische Epizentrum der oberen Zehntausend. Und das Brenner's in Baden-Baden, wo man, wie der Schriftsteller Louis-Ferdinand Céline erstaunt berichtete, selbst in den schlimmsten Kriegstagen immer tadellos bedient wurde («die an sieben Fronten und auf allen Meeren wütenden Kriege hindern nicht am Kaviar»). Alle drei haben bis heute auf geradezu magische Weise ihr Flair behalten.

Die Klassiker in den Kurorten und in den Bergen waren Vorbild für Hotels an der Riviera und in den Großstädten. Aber man muss sich klarmachen, dass die guten alten Zeiten in Wahrheit kurz waren. Die Blütezeit der Grandhotels währte nicht lang. «Es gab eine Zeit, da waren diese Hotels so modern und luxuriös, mit Elektrizität und Telefonen in sämtlichen Zimmern, mit Ballsälen und Aufzügen, dass selbst Rockefellers und Royals mit staunenden Augen dastanden. Aber dann kam die dunkle Zeit des Zweiten Weltkriegs und der Glanz war vorbei», erklärte mir Walter Ferrari, der legendärste Concierge des Excelsior in Rom. Als kleiner Page hatte er die Vorkriegsjahre noch erlebt. «Die Glanzzeit der Grandhotels dauerte insgesamt eigentlich nur etwa dreißig Jahre», rechnete er mir vor: «Die zehn Jahre vor Beginn des Krieges. Und dann noch mal die etwa zwanzig Jahre nach 1950, als in ganz Europa der Krieg mit seinen übelsten Spuren überwunden war und das Wirtschaftswunder herrschte. Als ich 1970 Concierge wurde, habe ich gerade noch die letzten schönen Jahre erlebt. In den Achtzigern war es schon vorbei.»

Es begann die Zeit des Massentourismus. Große Konzerne interessierten sich plötzlich für das Hotelbusiness. Deshalb sehen die Zimmer aller Hotels im obersten Preissegment heute auf der ganzen Welt identisch aus. Man wacht in Köln auf, es könnte aber auch Kyoto oder Kapstadt sein. Die rühmliche Ausnahme bildet eine Handvoll privat geführter Hotels, allerdings werden die stündlich weniger. Das gerade erwähnte ruhmreiche Excelsior in Rom, in Fellinis Zeiten noch Synonym für Dolce Vita, gehört heute zur Starwood-Gruppe, die weltweit über tausend Hotels mit insgesamt mehr als dreihunderttausend Zimmern umfasst. Der Markenname Ritz gehört längst dem Marriott-International-Konzern, der von Motels und Billigabsteigen bis hin zu exklusiven Boutique-Hotels alles betreibt, was Bettdecken hat. Wer in einem Ritz-Carlton bucht, die Topmarke im Marriott-Sortiment, muss sich auf künstliches Blattgold, hochglanzpoliertes Kirschholz, schwere Teppiche, riesige Kronleuchter aus Abertausenden Swarovski-Kristallen gefasst machen. Die ahnungslosen Manager aus Maryland nennen es «Hommage an das Spätempire», passender wäre «Hommage an den Geschmack neureicher Araber in den Achtzigern». Das Ritz-Stammhaus in Paris ist zwar noch im Privatbesitz, aber in denkbar unseriösem. Es gehört dem zwielichtigen Mohamed Al-Fayed.

Deswegen ist es heute wieder so wie einst: Der Connaisseur wohnt, außer in den Kurorten und in den Bergen, in fremden Städten bei Freunden. Hipster tauschen via Internetplattformen ihre Wohnungen. Wer das zu mühsam findet, übernachtet in den komplett unprätentiösen und preiswerten Designhotels wie Motel One und 25hours, die in allen großen Städten plötzlich so ein Erfolg sind. Dort sind die Zimmer zwar klein, dafür modern eingerichtet und mit WLAN-Anschluss ausgestattet. Seine Zeit verbringt man aber ohnehin nicht auf dem Zimmer, sondern unten in der Lobby oder draußen in der Stadt. Auch in Ferienorten am Meer sind herkömmliche Hotels schon nicht mehr en vogue. Da muss man sich an Frühstücksbuffet und Pool mit russischen und chinesischen Touristen rumärgern. Lieber teilt man sich mit Freunden ein privates Ferienappartement. Wer Geld hat, mietet sich ein Haus. Wer richtig Geld hat, ankert draußen in der Bucht oder schippert übers offene Meer, weitab der massentouristischen Pfade.

Wenn Sie also auf einer Party irgendein Angeber mit seinem ahnungslosen Gequatsche über das «tolle Luxushotel» nervt, in dem er mit seiner neuen Flamme neulich abgestiegen sei, kontern Sie am besten mit hypersnobistischem Anti-Snobismus. Ich habe einmal Peter Scholl-Latour nach seinem Lieblingshotel gefragt. Er schwärmte dann von den abgewetzten Betten im Continental in Saigon und den dort abgehaltenen maßlosen Besäufnissen der Kriegskorrespondenten, die er aus den Zeiten der Indochina-Kriege in Erinnerung hatte. Dem folgte eine Philippika gegen das «auf Hygiene und Tugend getrimmte» neue Management des Hotels und die «einfallslose Einrichtung seit der Renovierung». Vielen sei eben eine «funktionierende Klimaanlage wichtiger als das Gefühl für historische Kultur», so Scholl-Latour.

Gibt es überhaupt noch schöne, stilvoll heruntergekommene Hotels, die den Charme der Vorprotzzeit bewahrt haben? Berlin-Kenner sind bis vor einigen Jahren noch in der Pension Florian abgestiegen, Giesebrechtstraße 11. Die Großmutter der Besitzer hatte hier einst den Salon Kitty betrieben, das legendäre Bordell, das aus Geschichtsbüchern bekannt ist, weil es von den Nazis als Spionagenest benutzt wurde. Aber die Enkel von Kitty Schmidt gaben die Pension in den Neunzigern auf. Die Gäste wechselten in das nicht weit entfernte (von Helmut Newton geliebte) Hotel Bogota. Auch das gibt es heute nicht mehr. Und in New York wurde das Chelsea Hotel, das quintessenzielle Künstlerhotel der Stadt, längst dem Massengeschmack angepasst. Das nicht weniger legendäre Beat Hotel im Quartier Latin von Paris, wo Allen Ginsberg seinen ersten LSD-Trip erlebte und William Burroughs «The Naked Lunch» schrieb, ist ebenfalls verschwunden. An seiner Stelle gibt es heute ein ungleich komfortableres Vier-Sterne-Hotel mit dem Namen «Le Relais de Vieux Paris».

Was ist geblieben? Die Einsicht, dass erst der Verlust den wahren Wert erweist. Und der Tipp meines Freundes Christian Kracht. Fragt man ihn nach seinem Lieblingshotel, nennt er ein «sehr gut geführtes Haus» im ehemaligen Königreich Mustang im Himalaya, das Red House in Kagbeni. Man übernachtet dort für glatt einen Euro. Aber Reservieren ist schwierig. Es gibt kein Telefon.

MODERNE KUNST

Das Thema ist eigentlich passé. Zumindest für denjenigen, der seine Zugehörigkeit zur Avantgarde mit Klugscheißerei demonstrieren muss. Da ist es besser, sich als Fachmann für Techno-Label oder neue Virtual-Reality-Videospiele zu präsentieren. Jahrzehntelang konnte man sich als Liebhaber moderner Kunst sicher sein, auf der Seite der Unangepassten zu stehen, gewissermaßen ganz vorn am Bug des Schiffs der Menschheitsgeschichte, wo einem der Weltgeist scharf ins Gesicht blies. Nur ist es leider ein Naturgesetz, dass man nicht ewig Avantgarde sein kann. Irgendwann gehört man, ob man will oder nicht, zum Establishment.

Immerhin ist die zeitgenössische Kunst dadurch zu einem Thema geworden, bei dem jeder mitreden darf. Mitreden können *muss*. Irgendetwas *muss* einem zu Hirstkoonsmurakamirichterbasquiatkiefer einfallen. Nur bitte nichts, was nach anmaßender Insiderei klingt. Oder nach kunstfeindlicher Blasiertheit. Am besten irgendetwas dazwischen! Irgendetwas, womit man nicht allzu sehr aneckt.

«Ach, Sie haben die neue Baselitz-Ausstellung noch nicht gesehen? Wirklich ganz wunderbar!» Ja, wirklich, ganz wunderbar. «Sein Werk ist ja so zeitlos!» Stimmt. Stimmt. «Schon bewundernswert, wie er immer gegen den Mainstream angemalt hat.» Ein guter Moment, um vielsagend zu nicken. «Wussten Sie, dass seine erste Einzelausstellung damals in Westberlin ein derartiger Skandal war, dass die Polizei anrückte und mehrere Bilder beschlagnahmte?» Wenn Sie sich jetzt als Insider aufplustern und mit dem Wissen prahlen, dass diese Story, die in jedem, wirklich *jedem* Baselitz-Katalog steht, erstunken und erlogen ist, dass der Galerist damals selbst bei der Presse anrief, um mit einem inszenierten Skandal die Marketingmaschinerie in Gang zu setzen, dann verletzen Sie das erste Gesetz der gepflegten Kunstkonversation: Kontroversen meiden, Konsens suchen. Moderne Kunst ist für viele eine solche Herzensangelegenheit, für manche ein Thema von fast religiöser Bedeutung, dass es sich definitiv nicht dafür eignet, um auf gesellschaftlichem Parkett Konflikte zu schüren.

Möglich ist allenfalls ein sehr sachter, sehr sensibel angewandter Kniff, um diesem Zwangskonsensthema einen reizvollen Dreh zu verleihen: Man wirft die Frage auf, was das eigentlich sei – moderne Kunst. Und wie modern moderne Kunst sein muss, um noch als modern durchgehen zu können. Gar nicht so einfach! Schon das Rokoko hieß ja damals «style moderne», unser Jugendstil wurde von den Engländern und Franzosen «Art Nouveau» genannt. Wenn wir jetzt die Kunst des zwanzigsten Jahrhunderts in den Schulbüchern als «modern», «klassisch modern» und «postmodern» bezeichnen, wie sollen dann unsere Kinder später ihre zeitgenössische Kunst nennen? Man kann ja schwerlich alles als modern definieren, was nach 1900 kam, und das Moderne dann nur noch zigfach unterklassifizieren. Oder zeichnet sich moderne Kunst gerade durch das Bewusstsein aus, dass nach ihr nichts mehr kommt, nichts mehr kommen kann, das Ende der Fahnenstange also erreicht ist? Der Pop-Philosoph Mark Greif schreibt im Vorwort seines Essaybands «Bluescreen»: «Wenn ich mich frage, ob unsere Zivilisation an ihr Ende gelangen kann (…), dann finde ich es hilfreich zu berücksichtigen, dass die Kunst bereits an ihr Ende gelangt ist.» Er nennt den Minimalismus in der Musik, den Brutalismus in der Architektur («der Plattenbauten hervorbrachte, in denen niemand lange leben wollte, in denen allerdings auch niemand lange leben zu müssen glaubte»), und schließt auf eine «vollkommen logische Entwicklung», deren Logik im Kern sei: Weiter geht es nicht.

Mmh. Aber wie lange kann man in Erwartung des unmittelbar bevorstehenden Endes Kunst fabrizieren? Irgendwann ist der Effekt abgenützt. Radikaleres als das, was die Dadaisten in den zwanziger Jahren angestellt haben, gibt es nicht. Sie erklärten die Kunst für erledigt. Alles war erreicht, alles war durchexerziert. Ihr Futuristisches Manifest hatte die Technik zur neuen Kunst erhoben und alles andere für überholt erklärt. «Ein Rennwagen (...) ist schöner als die Nike von Samothrake», heißt es da. Der Gipfel war erreicht, als Marcel Duchamp ein herkömmliches Urinal auf einer «Nicht-Ausstellung» in New York im Jahr 1917 als Kunstwerk präsentierte. Die Repliken des Originals nehmen heute ironischerweise in den wichtigsten Museen für moderne Kunst dieser Welt Ehrenplätze ein.

Was will man da noch draufsetzen? Dada hat der Kunst den Totenschein ausgestellt. Das war 1917. Will man wirklich hundert Jahre lang auf diese Leiche einstechen? Immer neue Ready-mades, immer neue Installationen, immer neue Aktionskunst, Happenings, Graffiti, Konzeptkunst, riesenhafte Comicfiguren, in Formaldehyd eingelegte Tiere, all das kann phantastisch, unterhaltsam, überraschend und provokant sein. Aber im Vergleich zu dem, was man 1917 erreichte, ist es nicht wirklich radikal neu. Auf die Dauer leidet das ganze Unterfangen am Springteufeleffekt. Irgendwann erschrickt man sich nicht mehr. Was bleibt? Nur noch «Zeugnisse des animalischen, stinkenden Lebens, britische Fotografien, Ghettomusik, der im Museum ausgestellte echte Penner, das Protokoll des Zappens, der Abfall für alle …», so der Kritikerfürst Gustav Seibt. Ist also schlicht alles, was provoziert, moderne Kunst? Oder alles, was provozieren will? Uns zum Nachdenken bringen und an unserer Weltsicht rütteln soll? «Kunst = Das kann ich auch – Hab ich mich aber nicht getraut», so lautete neulich ein Tweet. Ist aber auch zu einfach.

Um in halbwegs kundigen Kreisen etwas Originelles in den Raum zu stellen, behaupten Sie einfach, im Grunde sei alles seit der Frührenaissance, alles seit Cimabue und Giotto moderne Kunst. Ihre Gesprächspartner werden staunen, und Sie müssen dann nur einigermaßen souverän erklären können, warum es in der abendländischen Kunst keinen radikaleren Bruch gegeben habe. In dem Moment, als sich die Künstler aus den ikonographischen Formvorgaben der Kirche befreiten, in dem Moment, als sie sich als Künstlerpersönlichkeiten begriffen, in dem Moment, als sie uns namentlich bekannt wurden, war Kunst nicht mehr Gottesdienst, der Künstler war kein Herr Niemand mehr, er war jetzt, genau: ein Künstler.

Die moderne Kunst beginnt mit der Erfindung der künstlerischen Freiheit. Jedes andere Datum, so Ihre Argumentation, ist vollkommen willkürlich. In der byzantinischen Kunst waren Bilder keine Bilder im Sinne von Kunstwerken. Die Ikonen und Fresken waren nach strengen Vorgaben gefertigte Bibeln für Analphabeten. Sie sollten das Evangelium für die lesbar machen, die nicht lesen konnten, sollten göttliche Wirklichkeit vermitteln. Der formalistische Charakter diente auch dazu, die Grenzen des Darstellbaren aufzuzeigen. Die Stilisierung war nicht, wie oft angenommen wird, das Resultat malerischer Unbeholfenheit. Technisch wären die großen Handwerker des dreizehnten Jahrhunderts sehr wohl in der Lage gewesen, perspektivisch zu malen oder Gesichtern Individualität zu schenken. Die Stilisierung der ikonenhaften Bilder war beabsichtigt, sie wandte sich ausdrücklich gegen die ältere hellenistische Maltradition, die technisch auf der Höhe der Renaissancekunst war.

Will man also definieren, was moderne Kunst ist, muss man dort ansetzen, wo Kunst sich aufzulehnen beginnt. Das geschah zunächst natürlich nicht explizit. Die Maler der Frührenaissance waren sehr fromme Männer. Fra Angelico hätte es empört von sich gewiesen, ein Revolutionär zu sein. Aber mit ihm und seinen Zeitgenossen entwickelt sich der Künstler vom demütigen Diener und bloßen Handwerker hin zum genialen Regisseur, der die Botschaft der Kirche mit *seinen* Mitteln darzustellen und mit *seinen* Einfällen zu würzen entschlossen war.

Bald emanzipierte sich die Malerei von der Kirche, es wurden nicht mehr nur religiöse Themen behandelt, und der Künstler begann das abzubilden, was er als Realität wahrnahm. Im nächsten Schritt wurde die Kunst «malerisch», man ließ bewusst erkennbare Pinselstriche stehen. Dann fing man mit der Wahrnehmung zu spielen an. Die Impressionisten malten das Sehen selbst. Die Expressionisten malten nicht mehr, was sie sahen, sondern das, was sie fühlten. Als der todunglückliche Edvard Munch 1910 die letzte Version seines «Shrik» gefertigt und sein Innerstes nach außen gekehrt hatte, als Picasso und Braque aus mehreren Perspektiven gleichzeitig gemalt und mit Alltagsmaterialien experimentiert hatten, als Malewitsch 1915 sein «Schwarzes Quadrat» und Mondrian ein paar Jahre später seine geometrischen Muster präsentiert hatte, war der natürliche Endpunkt erreicht, den die Futuristen und Dadaisten konstatierten. Es blieb nur noch, Gegenstände aus der industriellen Massenproduktion zu Kunst zu erklären. Als Duchamps Pissoir im Museum landete, war das an Radikalität nicht mehr zu überbieten.

Was nun folgte, bestand im Wesentlichen aus Wiederholungen. Darunter gab es natürlich noch das eine oder andere große Meisterwerk. Ein Beuys, der die Theorie selbst, den intellektuellen Beipackzettel, zur Kunst machte, die abstrakten Expressionisten der Nachkriegsjahrzehnte, die Verherrlichung der Alltagskultur bei Warhol, die Graffiti-Kunst von Keith Haring und Jean-Michel Basquiat, die apokalyptischen Visionen von Anselm Kiefer, all das waren gewaltige, abschließende Kommentare zum Ende der Kunstgeschichte. Irgendwann ist ja auch alles gesagt.

Einmal bin ich – im wortwörtlichen Sinne – auf einem Kunstwerk gelandet, das in meinen Augen ein wirklich kraftvolles und finales Statement zur eben beschriebenen Entwicklung darstellt. Das Werk befindet sich im Haus meines Schwagers, des Kunstsammlers Friedrich Christian («Mick») Flick, hoch in den Bergen von Gstaad und stammt von der Schweizer Videokünstlerin Pipilotti Rist. Es besteht aus einem Monitor, der im Gästeklo von Micks Haus installiert ist. Setzt man sich auf die Schüssel, findet man gleich neben dem Klopapier eine kleine Fernbedienung. Man schaltet den Monitor an, in der Hoffnung, sich die Zeit mit den neuesten Nachrichten vertreiben zu können. Das Bild auf dem Monitor eröffnet aber nicht den Blick auf das Weltgeschehen. Dank einer in der Kloschüssel befestigten kleinen Kamera sieht man vielmehr, per Live-Übertragung, wie die eigenen Exkremente ins Wasser plumpsen. Die Scheiße nicht des Künstlers, sondern des Kunstbetrachters als ultimatives Kunstwerk. Duchamp hätte über diese Pointe – knapp hundert Jahre nach seinem Pissoir – gejubelt.

Um sich in kunstsinnigen Kreisen, also in Kreisen, wo zum Beispiel auf den Kopf gestellte Bilder als sagenhafte Innovation betrachtet werden, keine Feinde zu machen, sollte man abschließende Urteile über die Kunst aber unbedingt unterlassen. Bleiben Sie am besten im Ungefähren. Wahrscheinlich ist es sogar besser, das kunsttheoretische Glatteis gänzlich zu meiden und gleich auf den «verrückt gewordenen Kunstmarkt» einzuschwenken. Da ist Lästern und Lamentieren nämlich konsensfähig.

Damit Sie dies mit fundiertem Dreiviertelwissen tun, hier ein paar Fakten: Noch nie gab es so viele Milliardäre wie heute. Es sind weltweit mehr als zweitausendzweihundert. Das ist in der Geschichte der Menschheit einmalig. Die wichtigste Währung in der Welt der Superreichen ist seit jeher das Prestige. Das verschafft man sich, auch seit jeher, mittels der Kunst. Mehr als dreiundvierzig Millionen Euro für einen Blechhund von Jeff Koons, mehr als hundertundfünf Millionen Euro für ein Bild von Francis Bacon sind also nicht «irre», sondern absolut nachvollziehbar. Noch ein kleines Detail: Kunsthandel ist auch deshalb ein beliebtes Geschäft, weil es sich wie kein zweites für Geldwäsche eignet. Geld über Restaurants oder sonstige äußerlich legitime Unternehmungen zu waschen, die traditionelle Methode also, ist sehr aufwendig und hinterlässt viel zu viele unerwünschte Papierspuren. Auf dem Kunstmarkt aber werden täglich Abermillionen Dollar und Euro zwischen Parteien bewegt, die den Behörden oft nur als «Privatsammler» und «Privatsammlungen» bekannt sind. Der probate Trick funktioniert wie folgt: A bringt ein Bild zur Auktion, B kauft es mit Schwarzgeld (das er von A zuvor erhalten hat) für ein Vielfaches des Wertes. Schon ist das Geld sauber. Die Preissprünge sind für die Behörden ohnehin nicht nachvollziehbar. Als der Zoll am Kennedy International Airport in New York im Mai 2013 einen verpackten Bilderrahmen prüfte, dessen Wert mit hundert Dollar angegeben war, und darin ein Gekritzel fand, das tatsächlich nach nichts aussah, erkannte einer der Beamten aus reinem Zufall, dass es sich um einen Basquiat im Wert von knapp zehn Millionen Dollar handelte. Das Bild gehörte einem brasilianischen Finanzbetrüger, der die Anlagen Zigtausender Bankkunden veruntreut und einen Großteil des ergaunerten Vermögens in Kunst gesteckt hatte, die er nun reinwusch und außer Landes brachte.

Aber selbst ohne die Geldwäscheanstalt Kunstmarkt sind die hohen Preise auf Auktionen leicht zu erklären. Kunst ist Investition. Die Wertsteigerung, die die Sahnestücke des Kunstmarktes in den vergangenen Jahren erfahren haben, ist spektakulär. Warum das so ist? Die Milliardäre wissen nicht, wohin mit ihrem Geld. Weil nach dem letzten großen Crash keine Anlagemöglichkeit mehr als wirklich krisensicher gelten kann, verbinden sie das Angenehme mit dem Profitablen und hängen sich ihr Kapital an die Wände ihrer Paläste in Moskaus Rubljowka oder Londons Bishops Avenue.

Der russische Oligarch Roman Abramowitsch kann immer noch nicht recht mit Messer und Gabel essen – aber indem er seine Lebensgefährtin wichtige zeitgenössische Kunst kaufen lässt, hat er sich gesellschaftsfähig gemacht. Privatjets und Yachten hat heutzutage jeder bessere Baumarktbesitzer, wer sich davon abheben will, muss schon zur Kaste der Großsammler gehören. Niklas Maak, der Chef-Kunstkritiker der FAZ, schrieb: «So wie sich früher ein marmorner Löwe als Herrscherattribut in der Schlossauffahrt empfahl, ist heute ein Hirst-Hai in der Lobby Zeichen des absoluten Souveräns.»

Das zu beklagen oder gar den Künstler für seine Sammler verantwortlich zu machen, ihn gleichsam der Prostitution zu bezichtigen, ist allerdings zu kurz gegriffen. Kann Kunst nicht gerade in den Salons der Mächtigen ihre subversivste Kraft entfalten? Die Vorstellung, dass Abramowitsch in seinem Londoner Palast täglich an einem Totenkopf von Damien Hirst vorbeigeht und dieses Memento mori ihn jeden Tag zumindest für einen Augenblick an seiner Unverletzlichkeit zweifeln lässt, die ist doch sehr reizvoll. Und überhaupt: Seit wann spricht Geltungssucht gegen die Kunst, die sie protegiert? Dem Größenwahn des eitlen Parvenus Papst Julius II., auch «Il Terribile» genannt, verdanken wir eines der größten Kunstwerke der Menschheit, die Ausgestaltung der Sixtinischen Kapelle durch einen gewissen Michelangelo.

Gibt es aber, bei allem Kunstmarktwahnsinn, noch Sammler, die tatsächlich aus Leidenschaft sammeln? Natürlich! Für den alten Berggruen waren Kunstwerke geradezu göttliche Produkte, die dem Künstler von einer hohen, undefinierbaren Macht eingegeben wurden. Dass er mit seinen Bildern dann auch noch stinkreich wurde, störte seine magische Beziehung zu ihnen überhaupt nicht. Er erzählte mir einmal von einem Freund, der in Paris eine Galerie für impressionistische Kunst unterhielt. Eines Tages sei ein schwerreicher Mann orientalischer Herkunft in die Galerie gekommen, habe sich umgesehen und Berggruens Freund gebeten, ihm sämtliche Bilder einzupacken und einen angemessenen Preis dafür zu nennen. Der aber habe sich geweigert. Zwar hätte er auf einen Schlag ein Vermögen gemacht, aber er wollte sich nicht sein gesamtes, über Jahrzehnte hinweg angesammeltes Lebenswerk in einem Federstrich von einem Ignoranten abkaufen lassen.

Auch mein väterlicher Freund Carl Laszlo war so ein Sammler. In seinem Haus in Basel hingen Bilder von René Magritte, William Blake und Christian Schad neben Postern aus Jugendzeitschriften und Plattencovern, Giacometti-Plastiken standen neben Robotern aus dem Spielwarengeschäft. Für ihn war Kunst, was *er* als solche erachtete. Der Markt, die Kunstkritik, das Prestige waren ihm egal. Als ich ihn fragte, ob das alles auch gut versichert sei, lachte er mich aus. «Das wäre sehr teuer für mich», sagte er, «und wenn mir etwas gestohlen wird, bekomme ich vielleicht Geld, aber die Bilder habe ich dadurch nicht zurück.»

Und wenn wir schon mal bei berühmten Sammlern sind, muss ich einfach meine Lieblingsanekdote von Heini Thyssen erzählen. Ich fürchte, ich habe das an anderer Stelle bereits getan. Egal, sie ist so gut, man kann sie nicht oft genug zum Besten geben. Am Ende seines Lebens war er mit einer sehr eigenwilligen Frau namens Carmen, genannt «Tita», verheiratet. Er war sehr alt. Sie verhältnismäßig jung. Abends saßen sie oft stundenlang gemeinsam im Salon seiner Villa Favorita, seinem Haus in Lugano, obwohl sie sich nicht viel zu sagen hatten. «Ich verbringe gern Zeit mit Tita», so der Baron, «sie sieht fern, und ich schau mir derweil den Sisley an.» Der Sisley, den er so liebte, hängt übrigens heute im Museo Thyssen in Madrid.

PROMIS

Über Prominente sollte man in Gesellschaft mit größtmöglicher Herablassung reden. Noch nie gab es so viele Berühmtheiten wie heute. Und noch nie war der Überdruss an ihnen so spürbar. Waren die Gesellschaftsreporter vergangener Epochen, von Elsa Maxwell bis Michael Graeter, noch auf Indiskretionen und Wegelagerei angewiesen, weiß man derzeit kaum noch, wie man sich gegen die Überzahl an Prominenten zur Wehr setzen soll.

Ein in Beverly Hills lebender Hochstapler, der unter seinem Adoptivnamen «Prinz von Anhalt» ein fester Bestandteil des Unterhaltungsjournalismus geworden ist, meldet sich regelmäßig bei deutschen Zeitungsredaktionen, um Peinlichkeiten aus seinem Leben preiszugeben. Meist ist kein Platz für ihn in den Klatschkolumnen. Manchmal, wenn er hartnäckig genug ist oder einfach Glück hat, berichtet man doch über ihn. Es wird etwa gemeldet, dass ihn sein Schönheitschirurg verunstaltet hat oder er wegen Trunkenheit den Führerschein verlor. Wenn Schlagerstars eine Konzerttour oder TV-Darsteller ihre Fernsehserie bewerben wollen, vermarkten sie ungeniert ihr Privatleben. Neue Liaisons ziehen nicht so gut, besser laufen Trennungen. Also streitet man sich öffentlich und bietet dann Fernsehsendern an, fällige Versöhnungsbriefe exklusiv im Vorabendprogramm zu verlesen. In den Redaktionen der Unterhaltungsindustrie liegen Namenslisten von Prominenten aus, die für jedes öffentliche Statement zu haben und für jedes beliebige Talkshowthema buchbar sind.

Während das Publikum einer Flut von vorgestanzten Prominenten ausgesetzt ist, ziehen sich jene, die früher als traditionelle Objekte der Gesellschaftsberichterstattung galten, immer konsequenter in die Privatsphäre zurück. Vermögende Familien wie die Quandts oder Oetkers haben schon aus Sicherheitsgründen kein Interesse daran, sichtbar zu sein. Die einst meistfotografierte Frau Europas, Caroline von Monaco, ist nahezu komplett untergetaucht. Ihre Anwälte versuchen, jedes Foto, das von ihr erscheint, als unzulässige Verletzung der Privatsphäre zu ahnden. Hollywoodgrößen handhaben solche Zurschaustellungen höchst professionell – auf Potemkin'sche Weise: Sie simulieren für die Paparazzi Privatleben, aber nur dann, wenn es die Werbung für einen aktuellen Film verlangt, ansonsten schotten sie sich konsequent ab.

Aber Vorsicht! Über die Schwemme von talentfreien, industriell fabrizierten Plastikprominenten zu jammern, ist weder neu noch originell. 1927 heißt es bereits bei Karl Kraus: «Nach der Befreiung der Sklaven war wie auf einen Zauberschlag das Wort ‹prominent› da, nunmehr allem verliehen, was vordem keineswegs hervorgeragt hätte. Das ist sicherlich so zu erklären, dass in der Seele des Deutschen ein tiefes und nun obdachloses Kaiserbedürfnis wohnt, das nun Superioritäten herstellen musste. (...) Das Ekelwort wuchert hauptsächlich in den Spalten der Presse, die, wenn's finster wird, erscheint, und dementsprechend im Maule der Neureichen. Es wird wirklich im Umgang verwendet. Komödianten, Filmfritzen, Kabarettfatzken, Boxer, Fußballer, Parlamentarier, Eintänzer, Damenfriseure, Literarhistoriker, Persönlichkeiten schlechtweg – alle können prominent sein.»

Unterhaltsamer, als in das allgemeine Gejammer einzustimmen, ist die Frage, ob der Ruhm bei Menschen Schaden anrichtet oder ob es vielmehr umgekehrt ist und nur geschädigte Menschen nach Ruhm streben. Sind Stars wie Judy Garland, Elvis Presley oder Michael Jackson an ihrem Ruhm zerbrochen? Waren es Menschen, die sich nach Anerkennung und Applaus sehnten, um emotionelle Defizite auszugleichen? Der bekannte Psychiatrieprofessor Borwin Bandelow attestiert «Promis» in seinem Buch «Celebrities – Vom schwierigen Glück, berühmt zu sein» eigentlich per se Persönlichkeitsstörungen. Stars, so Bandelow, benutzen ihre Berühmtheit meist zur Selbsttherapie von weit in ihrer Kindheit zurückliegenden Schmerzen.

Eine weitere Frage, die sich zu erörtern lohnt, ist diese: Hat nicht jede Gesellschaft genau die Prominenten, die sie verdient?

In einer durch fehlgeleiteten Medienkonsum verblödenden Gesellschaft sind die Stars, über die wir lästern, nur ein Spiegelbild unserer selbst. Vielleicht haben die modernen Pseudoprominenten sogar eine wichtige soziopolitische Funktion, indem sie von der strukturellen Ungleichheit der Gesellschaft ablenken und den Aschenputteltraum nähren, wonach es jeder, wirklich jeder, nach oben schaffen kann.

Die Suche nach Anerkennung ist im Übrigen auch nicht verachtenswert, sondern zutiefst menschlich. Allein in Deutschland erscheinen jeden Tag ungefähr dreihundertdreißig verschiedene Tageszeitungen, täglich werden etwa tausendfünfhundert englischsprachige Bücher veröffentlicht (in der arabischen Welt sind es beruhigenderweise kaum eine Handvoll), mehr als hundert Millionen Menschen nutzen täglich Twitter, um etwas von sich preiszugeben, siebzig Millionen Menschen erzählen allmorgendlich von ihrem Status auf Facebook. Die Sehnsucht, in diesem Meer von Stimmen wahrgenommen, gesehen, erkannt zu werden, wird hier offenbar. Wir haben schon in der Urzeit gelernt, dass, wer Außergewöhnliches vollbringt, im Vorteil ist. Wenn ein Neandertaler ein besonders großes Tier erlegt und zurück in die Höhle geschleppt hatte, gab es unter seinen Artgenossen vermutlich ein großes Hallo. Er bekam dann das größte Stück des Bratens und durfte sich mit Rosemarie paaren, oder wie die Begehrteste der Neandertalerinnen gerade hieß. Heute gibt es das Fleisch abgepackt im Supermarkt, Rosemarie heißt Sandy, aber das Bedürfnis nach Anerkennung ist geblieben. Und da das, was der Ökonom Thorsten Veblen einst Geltungskonsum nannte, nicht mehr zur Distinktion taugt (Luxusartikel sind heute oft Massenkonsumartikel), muss die öffentliche Zurschaustellung des Ichs für den ersehnten Prestigegewinn sorgen.

Eine Weile waren die sozialen Medien tatsächlich so etwas wie die moderne Version des antiken Forums oder des mittelalterlichen Marktplatzes und verhießen Verknüpfung und Teilhabe. Das Wort «Idiot» leitet sich vom altgriechischen Wort «idiotes» ab, womit man Menschen bezeichnete, die sich aus den öffentlichen Angelegenheiten heraushielten und den Foren fernblieben. So war man in der Anfangszeit von Facebook tatsächlich im klassischen Sinne ein Idiot, wenn man sich selbst ausschloss. Kann es sein, dass sich das inzwischen gedreht hat? Heute, da die digitalen Marktplätze zunehmend von Menschen belagert werden, die laut «Hier!» schreien, ist doch eher der ein Idiot, der sich dem Gedrängel freiwillig aussetzt.

Die Zeit der Stars ist vorbei – obwohl wir in einem Zeitalter leben, das vom Starkult besessen ist. Die Sehnsucht, das Leben der Stars zu verfolgen, hatte einst etwas erfreulich Archaisches. So wie die Götter der alten Griechen verkörperten sie menschliche Ideale und menschliche Schwächen. Dieser Voyeurismus wirkte ungemein tröstend, er konnte das eigene Unglück für eine Weile betäuben. Er war, mehr noch als die Religion, Opium für das Volk. Im digitalen Zeitalter aber wurde der Olymp gestürmt. Plötzlich hatte jeder das multimediale Werkzeug zur Selbstdarstellung in der Hand. Exhibitionismus löste Voyeurismus als Betäubungsmittel ab. Der Ausleseprozess, die Frage also, wer Aufmerksamkeit bekommt und wer ins Leere sendet, wird von der «crowd intelligence» entschieden und ist nun ein wahrhaft demokratischer. Wer den richtigen Ton trifft, genießt tatsächlich – wenn auch nur kurzzeitig und rauschartig – göttliche Aura. Um sich anschließend in der großen Masse der Anonymen wieder aufzulösen.

Geblieben – als letzte Stellvertreter der Götter – ist nur eine Handvoll Faszination gebietender Sportstars. Sie sind die Gladiatoren von heute. So egalitär unsere Zeit auch sein mag, ihnen gönnen wir die aberwitzigsten irdischen Vergütungen. Wenn es um die Gehälter von Spitzensportlern geht, besonders von Fußballern, schweigt die Neidgesellschaft. Schließlich schinden sie sich für *uns*, dafür dürfen sie auch fürstlich entlohnt werden. Damit kehren wir mentalitätsmäßig in die Antike zurück. Auch in Rom waren die Gladiatoren, die sich zur allgemeinen Erheiterung gegenseitig abschlachteten, die einzig wahren Zelebritäten.

Doch selbst auf deren göttliche Aura ist auf Dauer kein Verlass. Statt die Statuen von Boris Becker und Lothar Matthäus in Ruhmeshallen aufzustellen, zwingen wir sie zurück in den Circus Maximus, diesmal nicht als Hauptdarsteller, sondern als Pausenclowns, und freuen uns über jede weitere Peinlichkeit. Dulden wir keinen ewigen Helden?

Nur eine menschliche Sehnsucht scheint älter und stärker zu sein als das Bedürfnis, zu den Göttern hinaufzuschauen: die Sehnsucht, sie stürzen zu sehen.

Die beliebtesten Geschichten, die man sich in Gesellschaft über Prominente erzählt, sind daher jene, die die vermeintlich Großen auf Normalmaß schrumpfen lassen. Ein Beispiel: Als meinem verstorbenen Schwager Johannes von Thurn und Taxis auf einer Party in New York Ende der Siebziger der große Franz Beckenbauer in die Arme lief – der Kaiser war zum Abschluss seiner glanzvollen Fußballerkarriere gerade von Bayern München zu New York Cosmos gewechselt und zweifellos der bekannteste Deutsche überhaupt –, schüttelte mein Schwager ihm huldvoll die Hand und meinte, für alle hörbar: «Sie sind sicher der berühmte Tischtennisspieler.» Eine von Johannes' besten Freundinnen war die Kaufhauserbin Betsy Bloomingdale. Bei einem Dinner in Los Angeles wurde sie neben Klaus Maria Brandauer platziert. «Mephisto», mit ihm in der Hauptrolle, hatte gerade den Oscar als bester ausländischer Film gewonnen. Betsy sagte zu ihm: «Bei Ihrem Aussehen könnten Sie hier in Hollywood Karriere machen.» Er: «Mit Verlaub, mein Name ist Klaus Maria Brandauer!» Sie: «Das macht gar nichts. Den Namen kann man ändern.»

Noch eine? Mein Chef, Kai Diekmann, war einmal von Mercedes zum Formel-1-Rennen nach Barcelona eingeladen worden. Er stand mit anderen Ehrengästen beisammen, als einer der Mercedes-Funktionäre im Gewimmel David Coulthard entdeckte und stolz bemerkte: «And here's David, our driver.» Worauf Diekmann ihn zur Seite nahm und höflich fragte: «If you are the driver, could you drive me to my hotel later?» Der Formel-1-Star (dreizehn Grand-Prix-Siege) lachte – und fuhr Diekmann später tatsächlich ins Hotel.

SOZIALE GERECHTIGKEIT

Ein Smalltalk-Profi zeichnet sich dadurch aus, dass er mit breiter Brust über Dinge sprechen kann, von denen er wenig versteht – ohne sich dabei *allzu* ernst zu nehmen. Ein Balanceakt. Natürlich gibt es auch Themen, bei denen unsere Ahnungslosigkeit so umfassend ist, dass man sie auf Partys am besten ganz umschifft. Dennoch poppen sie immer wieder auf. Soziale Mobilität und soziale Gerechtigkeit sind zum Beispiel solche Themen. Also muss man dafür gewappnet sein.

Meist wird geklagt, dass «die Schere» sich immer weiter öffnet und dass Arme und Reiche zunehmend in getrennten Welten leben. Das ist natürlich richtig. Aber was folgt daraus? Was ist zu tun?

Niemand weiß das. Es gibt dazu nicht einmal halbwegs seriöse Studien. Die vorhandenen beschäftigen sich immer nur mit der Mobilität nach oben und ignorieren jene in die entgegengesetzte Richtung. Ich zum Beispiel wohne in einer Mietwohnung an einer sechsspurigen Straße mit Autobahnanschluss – doch an meinen Wänden hängen Gemälde von Ahnen, die noch Hermelin trugen und Silberbergwerke im Erzgebirge besaßen. Eine weitere Schwäche aller Studien über soziale Mobilität: Sie befassen sich typischerweise mit maximal drei Generationen, können also allein deshalb schon nicht sehr aussagekräftig sein. Gerade in Europa sind große Vermögen ja oft jahrhundertealt.

Der Wirtschaftshistoriker Gregory Clark («The Son Also Rises») hat zuletzt mit einem dicken Ast in dem Ameisenhaufen der Wohlstandsforschung rumgewühlt und dadurch verständlicherweise viel Unmut auf sich gezogen. Seine These: Die Möglichkeiten für sozialen Aufstieg werden überschätzt. Eine der Behauptungen, für die Clark besonders heftig attackiert wurde, lautet übrigens: Wohlhabende, erfolgreiche und gebildete Menschen geben ihre verbesserten Startbedingungen nicht nur via Erziehung («nurture»), sondern durch vererbte Eigenschaften («nature») weiter. Ihre Nachkommen verfügen also nicht nur über materielle, sondern auch über biologische Erbmasse, die sie in der Konkurrenzgesellschaft besser dastehen lässt. Die unfreundlichen Reaktionen auf Clarks Buch sind nachvollziehbar. Biologistische Argumente gelten schon fast als Verletzung der guten Sitten. Außerdem rütteln solche Behauptungen an den Grundfesten des amerikanischen Traums. Dabei ist gerade in Amerika die soziale Segregation bereits so weit fortgeschritten, dass sich die Kosmen von Armen und Reichen praktisch nicht mehr berühren. Sie leben räumlich weit voneinander entfernt, schicken ihre Kinder auf unterschiedliche Schulen, kaufen woanders ein. Umso wichtiger, dass es Aufsteiger gibt. Sie sind dazu da, die Menschen mit der festzementierten gesellschaftlichen Pyramide zu versöhnen.

Nach Clark kam Thomas Piketty. Mit Wucht. Der französische Wirtschaftshistoriker wurde 2014 mit seinem Buch «Capital in the Twenty-First Century» über Nacht zum Rockstar der Zunft. Er wies nach, dass eben auch in Amerika und nicht nur in Europa die sozialen Verhältnisse ziemlich starr sind und dass das Vermögen der Reichen in völlig überproportionalem Maße wächst. Je mehr Kapital, desto schneller wächst es. Noch nie waren so viele Menschen so reich wie heute. Und sie werden minütlich reicher. Gerade für Amerikaner war Pikettys Buch ein Angriff auf das Fundament des amerikanischen Geistes. Seine Methoden wurden teilweise diskreditiert (tatsächlich war er wohl beim Kopieren einiger Daten in der Zeile verrutscht), er wurde persönlich angegriffen (in der Klatschpresse war zu lesen, er hätte seine Frau, eine Spitzenbeamtin im französischen Wirtschaftsministerium, geschlagen) – letztlich hatte Piketty mit seinem ungenießbaren Datensalat aber nur nachzuweisen versucht, was ohnehin auf der Hand liegt und mit folgendem schwäbischen Sprichwort vollumfänglich erklärt ist: «Der Teufel scheißt immer auf den größten Haufen.»

Ist das schlimm? Das ganze Konzept der sozialen Mobilität beruht auf einem ziemlich vagen Ideal – dem der sozialen Gerechtigkeit. Zwar führten schon griechische Philosophen darüber öffentliche Debatten, Platon zum Beispiel predigte sein Prinzip «suum cuique», jedem das Seine. In der Nikomachischen Ethik des Aristoteles heißt es sehr poetisch, «weder der Abendstern noch der Morgenstern» seien so wunderbar wie die Gerechtigkeit, aber die Antwort auf die Frage, was *genau* das ist – «suum», das gerechterweise jedem Zustehende –, diese Antwort sind uns die griechischen Philosophen schuldig geblieben.

Ist es zum Beispiel gerecht, dass der eine auf einer friesischen Insel aufwächst, wo die Luft so klar ist, dass sie einem rosige Haut und gute Gesundheit schenkt, der Nächste aber in Herne, wo der Pseudokrupp den Babys schon in die Wiege gelegt wird? Ist es gerecht, dass Heidi Klum längere Beine hat als Ihre Frau? Ist es gerecht, dass Ihr Nachbar einen Mercedes fährt und Sie nur einen Seat?

Natürlich ist das nicht *gerecht*! Aber das ließe sich höchstens dadurch ausgleichen, dass wir eine Welt schaffen, in der wir alles und alle einebnen – in der alle exakt gleich aussehen, auf die gleiche Landschaft blicken und die gleiche Luft atmen. Das wäre nicht nur furchtbar langweilig, es würde auch jede Form von Tugend überflüssig machen. Man könnte weder großzügig noch hilfsbereit, noch gerecht sein. Denn: «Die Gerechtigkeit erfordert die Verschiedenheit der Partner», wie es bei Thomas von Aquin heißt. Das bedeutet übrigens auch, dass Gutes zu tun erst dann zur Herausforderung wird, wenn man damit jemand Fremdem eine Freude macht. Was auch immer das «suum» sein mag: Erst wenn wir es jenem zusprechen, der uns eigentlich nichts angeht, den wir nicht besonders mögen, der vielleicht sogar als Bedrohung der eigenen Interessen wahrgenommen wird, können wir im thomistischen Sinne als gerecht gelten.

Wie schwierig das ist, zeigen die alle paar Jahre hochkochenden Debatten um «Armutszuwanderung» und die angebliche Erschleichung von Sozialhilfe durch Menschen aus Osteuropa. Kaum einer würde bestreiten, dass das Recht, mit einem Dach über dem Kopf aufzuwachsen und satt zu werden, und das Recht auf medizinische Basisversorgung zum «suum» gehören. Aber wenn plötzlich dunkelhaarige Menschen auf unseren Straßen auftauchen, unser Sozialsystem beanspruchen und mit EU-Pässen winken, fällt so manchem plötzlich die Gewährung dieser fundamentalen Rechte schwer. Nach Thomas von Aquin aber sind genau das die Momente, in der unsere «iustitia commutativa», unsere Fähigkeit zur ausgleichenden Gerechtigkeit, auf die Probe gestellt wird.

Dieses «suum cuique» ist zwar via römisches Recht zum

Allgemeingut abendländischer Überlieferung geworden, aber was genau ist denn nun für einen jeden das Seine? Kommen wir mit unabdingbaren Grundrechten auf die Welt? Schuldet mir die Welt irgendetwas? Das abendländische Denken beantwortet diese Frage deutlich ausgewogener, aber die Erfahrung lehrt: Ja, die Welt schuldet dir was – und zwar einen Tritt in den Hintern. Wahrscheinlich ist – um an dieser Stelle dem Wirtschaftshistoriker Clark zu widersprechen – sozialer Aufstieg *doch* möglich, aber nur für jene, die diese Man-schuldet-mir-nix-außer-nen-Arschtritt-Wahrheit vorbehaltlos verinnerlicht haben.

Womöglich ist es nämlich sogar andersherum, und *wir* sind es, die der Welt verpflichtet sind. Vielleicht müssen wir, damit das Leben gelingt, unsere Schuld dadurch abtragen, dass wir Gutes tun. Wenn wir etwas schenken, egal, ob Zeit, Geld, Liebe oder einen Karottenkuchen von Barcomi's, wären paradoxerweise nicht die Beschenkten, sondern die Schenkenden die eigentlichen Nutznießer. In der großartigen BBC-Comedyserie «Little Britain» gibt es die Figuren Andy und Lou, Sozialhilfeempfänger im Norden Englands. Andy sitzt im Rollstuhl und lässt sich den ganzen Tag von seinem Freund Lou herumschieben (obwohl er sehr wohl selbst gehen könnte). Egal, welche Vergnügungen Lou ihm bietet, Andy nimmt sie in Anspruch, aber nicht ohne zu verstehen zu geben, wie ungenügend er all das findet. Andy ist fest davon überzeugt, dass ihm die Welt etwas schuldet. Er ist die perfekte Karikatur des abendländischen Jetztzeitmenschen. Er ist eindeutig das Arschloch in dieser Beziehung. Der immer leicht genervte, aber geduldige Lou ist eindeutig der Idiot. Aber: Durch sein Arschlochsein verhilft

Andy seinem Freund Lou dazu, jeden Tag aufs Neue ein Heiliger zu werden. Der Idiot ist also der Gewinner. Jedoch nur, wenn er unvernünftig viel gibt, üppig und verschwenderisch und ohne eine konkrete Gegenleistung zu erwarten. Wer sich schwer damit tut, den Gebenden, den Idioten als Gewinner zu begreifen, sollte Dostojewski lesen, die christlich-thomistische Ethik studieren oder sich wenigstens, wenn einem das zu mühselig ist, ein paar Episoden «Little Britain» ansehen.

Der Wohltäter ist also der eigentliche Nutznießer seiner Wohltätigkeit. Ist Geben deswegen etwas zutiefst Eigennütziges? Das Leben ist voller Paradoxe. Nur entledigt dies den Staat nicht von der Pflicht, zumindest zu versuchen, die Rahmenbedingungen für eine gerechte Gesellschaft zu schaffen. Aber wie? Thomas von Aquin drückte es so aus: Das ordnende Prinzip zur Förderung der Gerechtigkeit sei die «restititutio», die Wiederherstellung. Wieso Wiederherstellung? Weil der paradiesische Urzustand, der Zustand der vollkommenen Ausgeglichenheit, durch die Realität des Lebens und des menschlichen Miteinanders zerstört wurde und deshalb künstlich «wiederhergestellt» werden muss. Ein ziemlich klassenkämpferischer Gedanke. Während Kommunisten jedoch von der Errichtung eines endgültigen Idealzustandes träumen, lehrte Thomas von Aquin, dass man mit Akten der ausgleichenden Gerechtigkeit («iustitia commutativa») immer nur kurzzeitig korrigierend eingreifen kann. Der Religionsphilosoph Josef Pieper: «Wenn der fundamentale Akt der ausgleichenden Gerechtigkeit ‹*Wieder*herstellung› heißt, so ist damit ausgesprochen, es sei nicht möglich, einen endgültigen idealen Zustand unter den Menschen zu realisieren. Es ist vielmehr gesagt, dass gerade das Behelfsmäßige, das Un-Endgültige und Provisorische, das immer wieder bloß ‹Ausbessernde› allen geschichtlichen Tuns zur Grundverfassung des Menschen und seiner Welt gehöre, und dass also der Anspruch, die unstörbare endgültige Ordnung in der Welt aufzurichten, mit Notwendigkeit ins Unmenschliche führen müsse.»

Thomas von Aquin spricht dem Staat also kategorisch jede Fähigkeit ab, nachhaltig Gerechtigkeit zu schaffen. Er geht sogar noch weiter und warnt vor einer Gesellschaft, in der das, was ihren Mitgliedern zusteht, nur kalt und rationalistisch berechnet wird: «Gerechtigkeit ohne Barmherzigkeit ist Grausamkeit.»

Das leuchtet ein: In einer funktionierenden Demokratie ist jedes Augenzudrücken, jedes Gnade-vor-Recht-ergehen-Lassen unzulässig. Diesbezüglich waren übrigens auch die antiken Griechen knallhart. Für Bias, einer der «Sieben Weisen», kann eine Gesellschaft nur dann gerecht sein, «wenn im Staate alle die Gesetze so fürchten wie einen Tyrannen». Aber ist das nicht entsetzlich unmenschlich? Mündet das nicht in einen Staat, der Bootsflüchtlinge abweisen *muss*, wenn sie keine gültigen Einreisepapiere bei sich führen? Muss sich nicht jedes Gemeinwesen ein gewisses Element der Anarchie bewahren, um gerecht sein zu können? Muss Gerechtigkeit nicht auch unvernünftige Akte der Barmherzigkeit zulassen? Müssen wir, um wirklich gerecht zu sein, nicht auch dann Gutes tun, wenn damit das Gesetz gebeugt wird und wir uns selbst schaden? Wie in dem Science-Fiction-Film «Elysium», in dem unser Planet zu einem einzigen, großen, stinkenden Slum ohne die simpelste Gesundheitsversorgung verkommen ist, während die Oberschicht medizinisch bestens versorgt auf einer

Art künstlichem Miniplaneten über der Erde schwebt – bis es der Erdbevölkerung gelingt, den exklusiven VIP-Planeten zu stürmen. Das Happy End besteht darin, dass nun *alle* sterben werden. Jedenfalls gerechter, als dass nur ein paar hundert Reiche im Luxus leben.

Das europäische Sozialsystem hat glücklicherweise – zumindest je weiter südlich man sich innerhalb der EU aufhält – noch ein paar sympathische, anarchische Züge. Sogar in Deutschland setzen sich Sozialrichter manchmal zugunsten der Empfänger von staatlichen Wohltaten über geltende Gesetze hinweg, wenn es denn ihr Ermessensspielraum zulässt. Das unterscheidet uns in sehr angenehmer Weise von den Vereinigten Staaten. Die amerikanische Demokratie fußt auf einem Gesellschaftsvertrag, den freie Bürger geschlossen haben, die sich gegenseitig nichts weiter schulden als größtmögliche Freiheit und die Chance, sein eigenes Glück zu schmieden. Jeder für sich. Niemand ist irgendjemandem irgendetwas schuldig. Deshalb wird auch nur derjenige vom Notarzt behandelt, der eine gültige Kreditkarte bei sich hat.

Warum sieht unser europäisches Staatsverständnis derart anders aus? Weil es im Kern aufs sympathischste undemokratisch ist. Martin Mosebach hat einmal sehr amüsant in der «Zeit» nachgewiesen, dass die europäische Versorgungsmentalität ein Erbe feudaler Zeit ist und auf den Rechtsbegriff der «Souveränität» zurückgeht. In Europa geht und ging es darum, den Souverän zu erhalten. Früher war der Souverän der König, und er quengelte, wenn er sich kein neues Lustschlösschen bauen durfte. Heute ist der Souverän das Volk, und es quengelt, wenn man ihm die Annehmlichkeiten streicht.

Wenn Sie sich also auf gesellschaftlichem Parkett genötigt

sehen, zum Thema Sozialstaat Stellung zu beziehen, empfehle ich folgende Volte: Machen Sie sich die linke Forderung nach bedingungslosem Grundeinkommen zu eigen. Und begründen das dann mit dem oben erläuterten urmonarchistischen Prinzip. Das lässt sich zwar mit reinem Rationalismus nicht rechtfertigen, aber manchmal ist Unvernunft eben eine höhere Form von Vernunft. Auch wenn es auf Anhieb nicht immer danach aussieht.

WITZE

Kennen Sie den?

Bitte nicht! *Bitte* keine Witze!

Wenn es die Zehn Gebote des Smalltalk gäbe, müsste das ganz oben stehen. Gleich hinter: Sei nicht langweilig! Es gibt passende Momente, einen Witz zu erzählen. Im Wirtshaus. In der U-Bahn. Im Wartezimmer. Auf Partys und bei Tisch aber sind Witze tabu. Witze sind das ultimative Eingeständnis, nichts zu sagen zu haben. Außerdem muss man Witze erzählen können. Und das können die wenigsten. Hellmuth Karasek beschreibt in seinem wunderbaren Buch «Soll das ein Witz sein?» eine Situation, wie sie jede von uns schon erlebt hat. Karasek sitzt in der Bar des Atlantic-Hotels in Hamburg, und es gelingt ihm nicht wegzuhören, als ein Mann am Nebentisch englischen Geschäftsfreunden einen Witz-Klassiker zu erzählen versucht. (Ein Elefant begegnet einem nackten Mann am Strand und sagt: «Armer Kerl, wie willst du mit diesem Rüssel je satt werden?»)

Der Mann an der Bar erzählt den Witz so:

«I know a very funny joke. There is an elephant, and a man without trousers, you know? Du, Birgit», fragt er seine jüngere Kollegin, «was heißt nackt? Naked? Okay, gut. Good, well. Also: A elephant …»

Birgit unterbricht ihn: «An elephant!»

«Gut. An elephant, sag ich doch. Also: An elephant sees an naked man …»

«A naked man», wirft Birgit ein.

«Klar, ja doch, a naked man. Also: An elephant sees a

naked man. And he looks at him and says: ‹Poor fellow, with such a little …› Birgit, was heißt Rüssel?»

Birgit: «Weiß ich auch nicht.»

«Egal. Also: ‹Poor fellow, with such a little nose …›, you know, nose, like a snake, hahaha, ‹how could you get …› Was heißt satt, Birgit?»

Birgit: «???»

«Weißt du also auch nicht. ‹How could you get …›, äh, you know, if you eat not enough, you are hungry! Understand?»

Einer der Engländer: «Yes.»

«And if you have eaten enough, you are not hungry, right? Okay. Also: ‹If you're hungry›, says the elephant, ‹how could you get not hungry?›»

Als die Engländer wieder nicht lachen, sagt der Erzähler: «Not hungry, understand? You have eaten enough! Filled up! Satt! Sad!»

Die Engländer sehen sich verständnislos an, das Gespräch geht verlegen weiter. Als die Engländer sich bald darauf verabschieden, um ins Bett zu gehen, sagt der Deutsche zu seinen Kollegen: «Haben den Witz einfach nicht verstanden. Haben eben einen ganz anderen Humor, die Engländer.»

Das Hauptproblem ist: Um einen Witz erzählen zu können, muss man Witz *haben*, und das hat etwas mit Geist zu tun, eine besonders geistreiche und einfallsreiche Person nennt man daher auch gewitzt. Witz ist etwas völlig anderes als Humor. Den hat eigentlich jeder gesunde Mensch. Neurologen ist es gelungen, Menschen beim Betrachten eines leeren Blatt Papiers zum Lachen zu bringen, sie mussten dafür nur einen bestimmten Punkt im linken Vorderlappen des Gehirns mit leichten elektrischen Impulsen stimulieren. Unser Kopf braucht den Humor, um mit den Paradoxien des Lebens klarzukommen. So wie er das Träumen braucht, um Erlebtes verarbeiten zu können. Humor ist ein körpereigenes Anti-Stress-Mittel. Humor hilft uns, damit umzugehen, dass wir im Leben nicht alles begreifen können. «Wir alle lieben unsere unumstößlichen Gewissheiten», sagt Deutschlands unterhaltsamster Arzt Eckart von Hirschhausen, «aber der Humor kann sie ins Wanken bringen und die Perspektiven verändern. Wenn wir uns von dem Schock erholt haben, sehen wir klarer als vorher: Vielleicht ist alles ganz anders, nicht schwarz oder weiß, sondern bunt.»

Humor ist sozusagen eine Körperfunktion. So wie das Niesen. Da die Produkte unserer elementaren Körperfunktionen in der Regel nicht sonderlich raffiniert sind, reicht auch ein sehr simpler Sinn für Humor, um zum Beispiel Schadenfreude zu empfinden.

Einer der ältesten Witze der Menschheitsgeschichte fällt in diese Kategorie. Er handelt von einem jungen Ehepaar, das keinen Cent in der Tasche hat und dessen Kühlschrank leer ist. Statt Frühstück gibt's Sex auf dem Küchentisch, das Gleiche mittags. Abends kommt der Mann ausgehungert nach Hause und findet seine Frau mit heruntergelassenem Höschen und gespreizten Beinen vor dem Ofen sitzend. Sie: «Ich wärme nur das Abendessen auf!» Das ist die Version fürs einundzwanzigste Jahrhundert. Eine ähnliche Geschichte ist Gegenstand eines englischen Limericks aus dem zwanzigsten und eines schottischen Reims aus dem neunzehnten Jahrhundert («The Supper Is Na Ready») und taucht auch in einem freizügigen französischen Gedichtband aus dem Jahr

1618 auf («Mais le souper n'est pas encore cuit»). Die Urform dieses Witzes ist sogar über tausendfünfhundert Jahre alt! Sie steht im «Philogelos» (Lachliebhaber), einer im vierten oder fünften Jahrhundert im alten Griechenland zusammengestellten Kollektion zotiger Geschichten. Dort klingt sie so: «Sagt ein Mann zu seiner wollüstigen Frau: ‹Frau, was sollen wir tun, essen oder Liebe machen?› ‹Beides soll mir recht sein, aber Brot haben wir keins.›»

Schon Cicero wusste: «Haec enim ridentur vel sola vel maxime quae notant et designant turpitudinem aliquam non turpiter.» Frei übersetzt: Über nichts lacht man mehr als über schmutzige Witze. Cicero mahnt jedoch ein Mindestmaß an Raffinesse an. Ein derber Witz ohne Anspruch auf Subtilität ist, nach seiner Dichtungstheorie, in moralisch-ästhetischer Hinsicht einfach nur schlecht. Aber um schlechte Witze lustig zu finden, braucht man eben nicht gewitzt sein, es genügt stinknormaler Humor. Humor ist auch vollkommen ausreichend, um sich über Menschen zu belustigen, indem man ihnen stereotype Eigenschaften zuschreibt. Sehr viel Humor hatte zum Beispiel Earl L. Butz, Landwirtschaftsminister unter den US-Präsidenten Richard Nixon und Gerald Ford. Wegen seines Humors musste er 1976 zurücktreten. Butz hatte in einem Flugzeug, für alle hörbar, folgende Weisheit zum Besten gegeben: «The only thing coloreds are looking for in life are a tight pussy, loose shoes, and a warm place to shit.» Die «Washington Post» druckte damals übrigens seine Bemerkung Wort für Wort ab, die «New York Times» konnte sich nur zu einer Umschreibung durchringen, schwurbelte etwas von «satisfying sex, loose shoes and a warm place for bodily functions».

Raffinesse im Cicero'schen Sinne ging dem Mister Butz aus Indiana vermutlich ab. Womit wir auch bereits bei dem alles entscheidenden Unterschied zwischen Humor und Witz sind. Humor ist, wie erwähnt, eine eher basale Körperfunktion. Witz hingegen bedingt das, was die Franzosen «Esprit» (Geist!) nennen. Esprit ist etwas Scharfes, ja, Verletzendes. Oscar Wilde hatte zum Beispiel überhaupt keinen Humor. Er hatte aber sehr viel Witz. Man kann erst dann geistreich und voller Esprit über eine Sache sprechen, wenn man sie wirklich versteht – und zwar bis in die allerletzten Kapillaren. Über eine Sache? Einen Sachverhalt? Das bessere Wort ist: ein Problem! Witze sind immer Problembewältigung. Mark Twain behauptete ja einmal zum Entsetzen seiner Leser, der Himmel sei ein komplett witzloser Ort. Er hatte damit natürlich vollkommen recht. Wo es keine Probleme gibt, kann es auch keinen Witz geben. Witze sind etwas Todtrauriges. Nichts ist ernster als ein Witz. Es gibt Probleme, die sind so ernst, dass man sie nur im Witz sagen kann. Wie dieser hier, ein Witz, der das KZ überlebt hat: Der Kommandant verspricht einem Häftling eine Ration Brot, wenn er erraten könne, welches seiner beiden Augen ein Glasauge ist. Der Häftling schaut ihn an und sagt rasch: «Das rechte.» Der Kommandant: «Wie hast du das herausgefunden?» Der Häftling: «Es guckt so menschlich.»

Ist der jüdische Witz deshalb die höchste Form des Witzes? Es ist ein Allgemeinplatz, es stimmt aber trotzdem: Sämtliche maßgebende Comedians unserer Zeit, von Larry David bis Louis C.K. und Sarah Silverman, sind jüdischer Abstammung.

Warum ist das so?

Karasek ist zwar kein Jude, aber er hat glücklicherweise genügend jüdische Freunde, um das Thema beurteilen zu können. Er sagte mir mal, er sei deshalb ein guter Erzähler (und Witzeerzähler!) geworden, weil er andere Dinge dadurch ausgleichen konnte: «Ich war schlecht im Sport und hatte auch sonst nicht viel, womit ich punkten konnte, also hatte ich nur eine Chance, in der Klasse zu überleben: Ich musste Klassenclown werden.» Damit sprach er beiläufig eine Tatsache an, die sich jeder, der weder reich noch schön, noch berühmt ist, übers Bett hängen sollte: Wer nichts hat, um das zu kompensieren, ist arm dran. Zu schöne Menschen sind oft fürchterlich blasse Persönlichkeiten, allzu reiche Menschen meist entsetzliche Langweiler. Sie müssen nichts kompensieren. Sie sind es gewohnt, dass man sie großartig findet, sie müssen sich dafür nicht einmal besonders bemühen. Seit die Juden nach ihrem Aufstand gegen die Römer aus Palästina vertrieben wurden und in der Diaspora lebten, mussten sie jahrhundertelang alles Mögliche kompensieren: Sie hatten keine Heimat, überall waren sie Außenseiter, sie wurden verfolgt, wieder vertrieben, wieder verfolgt. So spiegelt sich im jüdischen Witz die uralte Trauer eines Volkes wider, das keine andere Wahl hatte, als sich in etwas zu flüchten, das nach Sigmund Freud ein bevorzugtes Ventil für Traumabewältigung ist: das Makabre. Der Publizist Josef Joffe hat den jüdischen Witz als «verbale Waffe» bezeichnet, die gleichzeitig gegen einen selbst («Selbstironie») *und* gegen die anderen gerichtet ist.

Die meisten jüdischen Witze fallen deshalb in drei Kategorien. Die wichtigste lautet: Pessimismus – aus Frust über das eigene Auserwähltsein. Unter dem Motto: «Herr, du hast uns auserwählt unter den Völkern – aber warum ausgerechnet uns?» In der amerikanischen Fernsehserie «Curb your Enthusiasm» gibt es eine Szene, in der Larry David vor dem Kino steht und eine Melodie von Richard Wagner pfeift. Das stört einen anderen Juden, der ihn anherrscht: «Sind Sie nicht Jude?» Larry: «Wie bitte? Möchten Sie nun etwa meinen Penis sehen?» Der aufgebrachte Herr kann es nicht fassen, dass ein Jude die Melodie des berühmten Antisemiten Wagner pfeift, und bezeichnet Larry als typisches Beispiel für jüdischen Selbsthass. Darauf Larry David empört: «Klar hasse ich mich! Aber doch nicht, weil ich Jude bin!» Ein Metawitz über ein uraltes Witzthema, den Selbsthass. Wie in jenem vom Juden, der wohlgemut durch den Park geht, als ihm plötzlich ein Vogel auf den Kopf scheißt. Worauf er den Blick zum Himmel richtet und sagt: «Und für die Gojim (Nichtjuden) singen sie!»

Die zweite Kategorie: die Blöde-Frage-Witze, die sogenannten Nebbich-Witze, in denen die eigene Überlegenheit gefeiert wird. Etwa wie dieser:

Seligmann geht im Januar am Seeufer spazieren. Da sieht er plötzlich seinen Freund Löwenthal in einem Eisloch zappeln.

«Löwenthal, bist du eingebrochen?»

Löwenthal: «Nu, der Winter wird mich beim Baden überrascht haben.»

Kategorie drei behandelt die jüdische Gedankenschwere, die Neigung, alles bis ins letzte Detail zu durchdenken. Der Klassiker ist der hier:

Zwei Juden, ein junger Mann und ein älterer Herr, sitzen

sich in einem Eisenbahnabteil gegenüber. Fragt der Jüngere den Älteren: «Verzeihung, können Sie mir sagen, wie spät es ist?»

Keine Antwort. Der junge Mann drückt sich gekränkt in seine Abteilecke. Doch kurz vor Lublin hält er es nicht mehr aus und sagt im Brustton der Entrüstung:

«Mein Herr, vor einer halben Stunde habe ich Sie höflich nach der Uhrzeit gefragt, und ich möchte wirklich gern wissen, warum Sie sich nicht zu einer Antwort herabgelassen haben.»

«Das will ich Ihnen gern erklären, junger Mann. Sie haben mich nach der Uhrzeit gefragt, nicht wahr? Natürlich hätte ich meine goldene Uhr aus der Tasche ziehen und Ihnen sagen können, wie spät es ist. Was wäre passiert? Wir wären ins Gespräch gekommen:

‹Was für eine schöne Uhr Sie haben!›

‹Ja, sie geht auf die Minute›, hätte ich geantwortet.

‹Wohl ein Erbstück?›, hätten Sie gefragt.

‹Nein›, hätte ich geantwortet.

‹Gewiss gehen die Geschäfte gut›, hätten Sie gesagt.

‹Ja, ich kann nicht klagen›, hätte ich geantwortet.

‹Womit handeln Sie?›

‹Mit Getreide.›

‹Wohnen Sie in Lublin?›

‹Allerdings.›

‹Sie haben dort sicher ein schönes Haus?›

‹Oh ja!›

‹Haben Sie Familie?›

‹Ja, ich habe zwei hübsche Töchter.›

Nu, und was wäre am Ende herausgekommen? Sie hätten

mich in meiner Villa besucht, ein paar Tage später hätten Sie um die Hand meiner ältesten Tochter angehalten. Und nun sagen Sie selbst, junger Mann: Wie kann ich meine Tochter Esther mit einem Mann verheiraten, der nicht einmal eine Uhr hat?»

Streng genommen müsste man diese Witze, damit sie ihren ureigenen Witz tatsächlich entfalten, auf Jiddisch aufschreiben. Jiddisch ist eine deutsche Mundart mit hebräischen und slawischen Lehnwörtern. Es war die Lingua franca der über ganz Europa und Russland verteilten Juden, denn die Zentren der jüdischen Kultur in Europa waren schließlich deutschsprachig. Als Juden im Mittelalter zunehmend verfolgt wurden, wanderten große Teile der deutschen Juden nach Osteuropa aus. Aber auch dort bewahrten sie ihre deutsche Sprache. So wie die deutsch-jüdische Kultur wurde auch das Jiddische von den Nazis ermordet. Kaum einer versteht mehr die simpelsten Witze auf Jiddisch. Mein liebster:

Kommt ein Jude am Wiener Westbahnhof zum Fahrkartenschalter:

«Laibach will ach.»

Beamter: «Wollen Sie nach Laibach oder nach Villach?»

«Laibach will ach!»

«Sie müssen sich schon entscheiden! Laibach oder Villach?»

«Will ach Laibach will ach Laibach. Will ach Villach will ich Villach. Laibach will ach!»

Karasek warnt in seinem Witzebuch (das übrigens in keiner Bibliothek fehlen darf!) Nicht-Juden zu Recht eindringlich davor, jüdische Witze zu erzählen. Da ist «die Grenze zur Peinlichkeit schnell erreicht und schnell überschritten». Quod erat demonstrandum: Die einzigen Witze, die wirklich witzig und daher erzählenswert wären, sind die jüdischen. Und da die meisten sie nicht erzählen können, sollten sie es, wie ich jetzt, lieber bleibenlassen.

DIE JOKERTHEMEN

In romanischen Ländern gilt Streit als erbauliche Freizeitbeschäftigung. Franzosen zum Beispiel fühlen sich erst wohl in ihrer Haut, wenn sie wild gestikulieren, wenn sie innerlich aufgewühlt sind. Meist kreist das Gespräch dann um essenzielle Fragen, zum Beispiel, auf welchem Markt man zu welcher Tageszeit das beste Gemüse erhält. Aber auch Engländer schätzen ein gepflegtes Geplänkel. Man merkt es ihnen nur nicht unbedingt an. Wenn sie «Oh, really?» sagen, ist das schon eine recht harsche Form der Missbilligung. Aber es geht noch ruppiger. Entgegnet Ihnen ein Engländer «Do you really think so?», dann dürfen Sie das als ziemliche Unverschämtheit verstehen.

Im deutschen Sprachraum ist man – ebenso wie in Amerika interessanterweise – beim Smalltalk in der Regel harmoniebedürftiger. Hierzulande wird, zumindest zu Beginn des Gesprächs, jeder Dissens vermieden. Aber nach einer gewissen Zeit, wenn alle Nettigkeiten ausgetauscht sind, sollte man auch bei uns darauf achten, dass Gespräche nicht ins allzu Banale abgleiten. Gefragt ist also die Fähigkeit, Konversationen durch klug gesetzte, kleine Kontroversen zu beleben und in die richtige Richtung zu stupsen.

Das folgende Kapitel soll als Handreichung für solche Situationen dienen. Die hier behandelten Themen eignen sich als wohldosiert einzusetzende Stinkbomben. Oder auch als Blendgranaten, mit denen man sein Gegenüber beeindruckt und kurzzeitig in Verwirrung stürzt. Man kann sie aber auch nutzen, um sich seinen Weg zum Buffet (oder zum Ausgang) freizubomben.

Bevor Sie solch klitzekleine Bomben werfen, ist es immer ratsam, das Terrain auszukundschaften. Statt in eine Unterhaltung reinzuplatzen, sollte man die Gesprächstemperatur der anderen ertasten. Die allererste Regel lautet daher: Zuhören!

Ich werde das noch häufiger betonen, schlicht weil es so wichtig ist: Zuhören ist die Geheimwaffe des Smalltalk. Viele glauben, man müsse ständig plappern, um als guter Smalltalker zu gelten. Im Norddeutschen kennt man den schönen Begriff «Gesabbel». Ein lautmalerisches Wort. Es wird unendlich viel gesabbelt. Da manchmal innezuhalten, quasi als einseitige Entwaffnungsmaßnahme, kann sehr erholsam sein. Klappehalten ist außerdem ein hervorragender Trick, um auch im Falle kompletter Ahnungslosigkeit intelligent zu wirken. Schweiger gelten nämlich per se als gescheit. Von Menschen, die gerne reden, werden Schweiger geradezu verehrt.

Noch hinterhältiger als Schweigen ist Lachen. Es gibt Vollprofis, die können ein vollwertiges Gespräch führen, ohne dabei je einen einzigen Satz zu sagen – sie lachen Fragen, Behauptungen, Freundlichkeiten, Banalitäten, Unverschämtheiten, Anzüglichkeiten einfach weg. Man kann solchen Leuten die absurdesten Fragen stellen, man kann in ihrer Gegenwart Groteskes behaupten, sie lachen sich einfach darüber kaputt. Nach solchen Begegnungen erinnert man sich an ein ganz besonders nettes Gespräch, obwohl man in Wahrheit nicht einen einzigen vollständigen Satz gehört hat.

Wirkliches Zuhören ist aber eigentlich eine Charakterfrage. Wer zuhören kann, nimmt sich selbst nicht so wichtig, zeigt echtes Interesse am Leben anderer. Eine Tante von mir gilt weit über die Familie hinaus als Herz und Seele jedes Festes, jeder Jagd, jeder Hochzeit. Ich habe sie studiert. Sie stellt eigentlich immer nur die eine Frage, aber sie stellt sie mit wirklich authentischer Herzlichkeit und Überzeugung: «Sag, Schätzchen, erzähl mir doch mal von *DIR*!» Jeder liebt es, von sich zu erzählen. Es gibt kein effektiveres Mittel, sich bei Menschen beliebt zu machen, als wirklich zuzuhören. Die meisten von uns tun nämlich allenfalls so, als würden sie zuhören. Sie interessieren sich gar nicht für das, was man sagt. Oder sie denken, während der andere noch redet, schon über das nach, was sie als Nächstes loswerden wollen. Echtes Zuhören muss man tatsächlich üben. Die idealen Trainingspartner sind Menschen, die einen überhaupt nicht interessieren.

Unlängst war ich mit meiner Frau auf einem großen Abendessen in Berlin. Minister, ein Ex-Kanzler, Chefredakteure, amerikanische Kunstsammler, natürlich Berlins Regierender Bürgermeister, alle waren da. Auf dem Heimweg fragte ich meine Frau, mit wem sie sich am liebsten unterhalten habe. Ohne zu zögern, nannte sie einen auf den ersten Blick unscheinbar wirkenden, etwas dicklichen Mann mittleren Alters, der beim Abendessen neben ihr gesessen hatte. Weißt du, wer das ist? «Nein», sagte sie. Weißt du, was er macht? «Keine Ahnung.» Hast du ihn mal gefragt, wofür er sich interessiert? «Nein, wenn ich es mir recht überlege, habe hauptsächlich ich erzählt. Wie es ist, in Berlin zu leben und so …» Was war geschehen? Meine Frau hatte eine Begegnung mit einem «Bigshot» gemacht. Der Mann, neben dem sie gesessen hatte, war kaum über fünfzig, dafür einer der zehn reichsten US-Amerikaner, ein Selfmade-Milliardär. Einst der jüngste Manager bei Goldman Sachs, inzwischen Besitzer eines der erfolgreichsten Hedgefonds der Welt und der wichtigste Philanthrop von Chicago. Solche Leute haben in der Regel zwei Dinge gemeinsam. Erstens: Sie haben es nicht nötig, über sich zu sprechen. Was sollen sie auch sagen? Wen sollen sie beeindrucken? «Ich hab gerade einen Cézanne angeschafft.» Oder: «Ich habe dem Kinderkrankenhaus von Chicago gerade einen neuen Operationssaal spendiert.» «Mein neues Flugzeug ist eine G-5.» Unwahrscheinlich. Zweitens: Sie gehen grundsätzlich davon aus, nicht genug zu wissen und immer Neues in Erfahrung bringen zu können – und zwar aus den ungewöhnlichsten Quellen. Sie hören einer schönen Frau mit der gleichen Wissbegier zu wie ihrem Finanzanalysten, begegnen einem Tankwart mit dem gleichen Interesse wie einem Tech-Geek. Sie sind Zuhörprofis. Sie hören ihrem Gegenüber nicht aus Höflichkeit zu, sondern weil sie wissen, dass wertvolle Informationen oft aus unscheinbaren Quellen sprudeln.

Bevor Sie nun Ihren Vorrat an Jokerthemen auffüllen, noch ein letzter, aber entscheidender Tipp: Nehmen Sie sich – und das, was Sie sagen – bitte nicht so furchtbar ernst. Man kann im Smalltalk eigentlich *alles* sagen, es muss weder stimmen noch politisch korrekt sein – solange Sie es nicht mit allzu großem Ernst vortragen. Im Smalltalk ist Ernsthaftigkeit unangebracht. Die Königsdisziplin des Smalltalk ist daher auch das Bonmot. Kurze, prägnante, gern ein wenig aufreizende Statements, die alle anderen erst einmal nach Luft schnappen lassen – aber absolut keinen Anspruch auf Sachlichkeit erheben. Wer die Kunst des Bonmots beherrscht, ist der Pascha auf dem Parkett.

Es gibt nur wenige Meister dieses Fachs. Der schon vor langer Zeit verstorbene Journalist Johannes Gross war einer. Seine alten Kolumnen im FAZ-Magazin sind Pflicht für alle, die das Handwerk des Bonmots bewundern wollen. Einmal erklärte er, was ein gutes Bonmot ausmacht: «Ein guter Freund teilt amüsiert die Bemerkung eines Franzosen als ein Bonmot mit: Wer eine Millionärin kennenlernt und sich nicht gleich in sie verliebt, ist lebensuntüchtig. Nein, denke ich, ein Bonmot wird daraus, wenn man sagt: Wer eine reiche Erbin kennenlernt und sich nicht gleich in sie verliebt, der hat kein Herz.»

Das führt zur Frage: Kann man Esprit lernen? Die Antwort lautet: Ja, das geht! Und die erste Lektion lautet: Nimm dich auf keinen Fall zu ernst.

ADEL

Muss man bei diesem Thema mitreden können? Nein. In Deutschland sind Adelige eine völlig unbedeutende Minderheit. Weniger als 0,1 Prozent der Deutschen tragen ein «von» im Namen. Viel wichtiger wäre es, über Sinti zu sprechen, die seit Jahrhunderten hier leben. Oder die Sorben, eine hochinteressante ethnische Minderheit, deren Kultur langsam verschwindet. Doch der Adel fasziniert, heißt es. Die einen begegnen ihm mit Ressentiments, die sie sich gegenüber anderen Minderheiten nie erlauben würden, andere verfolgen begeistert auch noch die kleinste Nachricht aus Adelskreisen.

Das Problem ist nur, dass niemand kompetent über den Adel Auskunft geben kann. Die, die nicht dazugehören, haben keine Ahnung. Die, die dazugehören, erst recht nicht. Was kann ich schon schreiben? Eine Innenansicht? Das würde dann etwa so klingen: «Ja, der Jocki und der Bollo, die Netti und der Gucki, die sind faaaabelhaft! Saugemütlich! Und der Boms und der Pong, mit denen hat man eine Hetz …» Das wäre für den Leser unbefriedigend.

Wie schreibt man also über Frösche, wenn man selbst einer ist?

Zunächst einmal sollte man festhalten, dass es «den» Adel nicht gibt. Innerhalb des Adels herrscht ein Kastensystem. Die einzelnen Unterkasten haben kaum etwas miteinander zu tun – und reagieren pikiert, wenn man sie verwechselt. Man muss sich das ein wenig wie bei einer Schichttorte vorstellen: Der Zuckerguss, ganz oben, besteht aus den Mitgliedern jener Handvoll Häuser, die bis 1918 souverän über ihr eigenes Land herrschten. Und durch die Ausrufung der Republik vom Thron verjagt wurden. Die Kö-Hos. Die königlichen Hoheiten. Die Schicht knapp darunter, der Hochadel, bilden die paar Dutzend Häuser, Fürsten und Reichsgrafen, denen ihr souveränes Herrschaftsgebiet schon gut hundert Jahre vorher abhandengekommen ist – bei der großen Flurbereinigung zwischen 1803 und 1815 und den Aufräumarbeiten, die notwendig waren, nachdem Napoleon die europäische Landkarte durcheinandergebracht hatte. Diese zusätzliche Galgenfrist von rund hundert Jahren ist den Kö-Hos Grund genug, mit Standesdünkel auf den Hochadel hinabzublicken.

Der Hochadel befindet sich in zärtlicher Feindschaft zu den Kö-Hos, weil gerade die Herrscher größerer Länder über Jahrhunderte immer wieder versuchten, ihre Miniaturstaaten zu schlucken – bis es ihnen letztlich dann auch gelang. Ein typisches Beispiel für diese althergebrachte Feindschaft ist die Beziehung zwischen Württemberg und Hohenlohe. Bis zum Ende des Alten Reiches waren das Nachbarstaaten. Die Herzöge von Württemberg und die Fürsten zu Hohenlohe waren gleichrangig. In der erwähnten Flurbereinigung wurde das Land Hohenlohe, wie andere ehemalige Fürstentümer, Teil des neu entstandenen Königreichs Württemberg. Hohenlohe war von Württemberg geschluckt worden. Friedrich von Württemberg nannte sich von da an stolz König, bestellte bei irgendeinem Juwelier eine Kitschkrone, warf sich einen Hermelinmantel um und erließ den Befehl, in den neu gewonnenen Landesteilen schnellstens jede Erinnerung an die alte Souveränität auszumerzen. An vielen Schlosstoren mussten Wappen entfernt werden, manchen Fürstenhöfen war es sogar untersagt, ihre Lakaien weiterhin in Uniformen zu stecken. Angeblich erinnerte das zu sehr an die frühere Eigenstaatlichkeit. Württembergs frischgebackener König Friedrich I. ließ sich sogar zu der Machtdemonstration hinreißen, vom Fürsten Hohenlohe den Nachweis seines Adelsdiploms zu verlangen, um ihm so möglicherweise die Rechtmäßigkeit seines Titels und die paar übriggebliebenen Privilegien absprechen zu können. Der reagierte gelassen, schickte ihm den Schuldschein eines Württembergers und einen Beleg dafür, dass eine Württemberg einer Hohenlohe bei einer Hochzeit die Schleppe getragen hat. Friedrich von Württemberg war gescheit genug, um danach auf die Nachreichung des Adelsdiploms zu verzichten. Solche und ähnliche protokollarische Scharmützel zwischen frischgebackenen postnapoleonischen Königen und kleineren Fürstenhäusern gab es in Baden, in Bayern, in Hessen … Kein Wunder, dass das, was die Kö-Hos und den Hochadel vereint, hauptsächlich Animositäten sind.

Beide, Kö-Hos und Hochadel, schauen wiederum leicht verächtlich auf Abteilung III herab. In der Abteilung III des «Gotha», wie das ursprünglich in Gotha verlegte Handbuch des Adels genannt wird, sind jene Familien gelistet, die Fürstentitel tragen, ohne je über eine Landesherrschaft verfügt zu haben, ihn also (wie etwa die Bismarcks) nur ehrenhalber verliehen bekamen.

Getragen wird diese dreiteilige Schichttorte vom Gros der Adeligen, bestehend aus einfachen Grafen und Freiherrn. Das sind die Abkömmlinge jener Familien, die im Alten Reich Steuerprivilegien genossen, aber nie souverän über eigene Länder regierten. Diese Familien stellten den Großteil der Beamtenschaft der Kö-Hos. Daher waren sie es auch, die bei den Gebietsreformen die erwähnten Schikanen durchzusetzen versuchten. Die historische Feindschaft zwischen Klein- und Hochadel ist deswegen besonders ausgeprägt.

Gar nicht wirklich dazugehören aus deren Sicht wiederum jene, die erst kurz vor Toresschluss, also im späten neunzehnten oder Anfang des zwanzigsten Jahrhunderts, geadelt wurden. In wilhelminischer Zeit gab es eine regelrechte Titelverleihungsflut. Der stolze Beamtenadel, aber auch die Uradeligen, die zwar nur ein «von» im Namen tragen, aber seit Jahrhunderten auf ihrer Scholle sitzen und oft eine lange Reihe namhafter Staatsmänner, Offiziere und Diplomaten in ihren alten Stammbäumen haben, reagieren zu Recht äußerst pikiert, wenn man sie mit diesen Last-Minute-Adeligen in einen Topf wirft. Sie nennen sie verächtlich «Buchstabieradelige», weil man ihre Namen in der Regel nicht aus den Geschichtsbüchern kennt und sie daher im Zweifelsfall eben buchstabieren muss. Wobei diese Verächtlichkeit natürlich nur den Neid auf die wachsende Bedeutung dieses industriellen Bürgeradels widerspiegelt, einen Namen wie «von Opel» oder «von Thyssen» kennt bis heute jedes Kind.

Wer zu welcher Kaste gehört, hängt, vereinfacht gesagt, also davon ab, in welchem Ausmaß und wie lange die Familie auf ihrem Territorium hoheitliche Rechte genoss. Es gibt natürlich Sonderfälle, wie die Familie Fugger oder Thurn und Taxis, die über die Jahrhunderte wirtschaftlich und politisch derart viel Macht anhäuften, dass sie in die Kaste der souveränen Landesherrn aufrückten, obwohl sie über keine angestammten Territorien verfügten. Andererseits gab es auch Adelshäuser wie Guttenberg und Henckel-Donnersmarck, die auf ihren Territorien schon so lange wie selbstverständlich regierten, dass es zwar nicht formal, aber de facto hoheitlichen Rechten entsprach. Auf den Punkt gebracht: Es gibt ihn nicht, «den» Adel, es gibt nur ein kompliziertes Schichtensystem. Die unterschiedlichen Clans sind sich vor allem durch geschichtlich bedingte Animositäten verbunden. Das Einzige, was sie darüber hinaus eint, sind ihre kulturelle Verwandtschaft und ihre Wurzeln in der alten, vorindustriellen Welt.

Überhaupt: Adelstitel sind abgeschafft! Die Weimarer Verfassung bestimmte in Artikel 109, dass Adelstitel nur noch Teil des Namens sind. Immerhin hat die Bundesrepublik, indem sie diese Regelung aus der Weimarer Republik übernahm, sozusagen konservatorische Arbeit geleistet. Die einstigen Titel wurden gleichsam unter Denkmalschutz gestellt. Auf den ersten Blick ein freundlicherer Weg als der österreichische. Dort wurde der Gebrauch von Adelstiteln nicht nur untersagt, sondern sogar unter Strafe gestellt. Erreicht wurde dadurch übrigens, dass die Österreicher so titelversessen sind wie kein zweites Volk auf der Erde. Es genügt, eine gebügelte Hose zu tragen, um als «Herr Magister» tituliert zu werden.

In Wahrheit ist der deutsche Weg aber gnadenloser als der österreichische. Die Österreicher haben den Adel *verboten*. Und damit dem, was eigentlich abgeschafft werden sollte, größtmöglichen Respekt gezollt. Das Verbot kann man ja nur so deuten, dass der Adel in den Augen österreichischer Republikaner ein anzuerkennendes Faktum ist. Schließlich lässt sich nur verbieten, was es auch wirklich gibt. Der deutsche Weg, Adelstitel zu Namensbestandteilen zu degradieren und wie wertlose Relikte hinter Museumsglas verstauben zu lassen, ist verglichen damit eine Verharmlosung. Bei etwas Bedeutungslosem lohnt es nicht, Hand anzulegen.

Wenn es den Adel also gibt, was uns die Österreicher so eindrucksvoll beweisen, ist die Frage wohl erlaubt: Was ist das, der Adel? Der Begriff ist mit dem Wort «edel» verwandt. Aristokratie bedeutet «Herrschaft der Besten». Der Edle, so heißt es in einschlägigen Schriften, verabscheut Müßiggang, lehnt Feigheit ab, verachtet Verschwendung, legt dafür größten Wert auf Milde und Mäßigkeit.

Niemand kann all dies ernsthaft für sich in Anspruch nehmen. Vielleicht sollte man daher tatsächlich das Führen ehemaliger Adelstitel einschränken. Vor allem, weil es etwas zutiefst Spießiges hat. *Gestatten, Baron von Wrangel!* Man hört geradezu das Zusammenschlagen der Hacken. Und will man sich allen Ernstes als «Freiherr» vorstellen? Als freier Herr? Ein ziemlicher Anspruch. Und «Graf»? Das klingt unseriös, hochstaplerisch, Graf-Bobby-Graf-Dracula-Graf-von-Monte-Cristo … Das passt nicht in unsere Zeit, jedenfalls dann nicht, wenn man einem normalen, urbanen Beruf nachgeht. Mit Berufstätigkeit sind ehemalige Adelstitel ohnehin nicht vereinbar. All die Grafen und Freiherrn, die den Firmen, für die sie arbeiten, ob das nun Banken oder Auktionshäuser oder sonst was sind, erlauben, sich mit ihren historischen Titeln zu schmücken, tragen die stolze Geschichte ihrer Häuser auf ziemlich billige Weise zu Markte. Das gilt erst recht für Selbständige, ob Rechtsanwälte, Immobilienmakler oder Berater jeglicher Spielart, und natürlich für Journalisten wie mich.

Es gibt zu diesem Thema übrigens eine sehr erheiternde Korrespondenz aus den fünfziger Jahren zwischen zwei legendären Snobs, den englischen Schriftstellern Nancy Mitford und Evelyn Waugh. Mitford schrieb an Waugh: «The purpose of the aristocrat is most emphatically not to work for money.» Als Aristokrat habe man nicht des reinen Broterwerbs wegen zu arbeiten. Evelyn Waugh präzisierte die These seiner Freundin: «You should have said, not that aristocrats can't make money in commerce, but that when they do, they become middle-class.» Natürlich können Adelige in normalen Berufen arbeiten, manche sogar sehr erfolgreich. Aber wenn sie es tun, haben sie sich assimiliert und gehören fortan zur Mittelklasse.

Wenn die Unterhaltung also einmal um das Thema Adel kreisen sollte, tun Sie am besten Folgendes: Bezeichnen Sie die letzten Adeligen, die noch standesgemäß auf ihren ländlichen Anwesen leben, als aussterbenden Ureinwohnerstamm, den man unter ein UNESCO-Schutzprogramm für bedrohte Völker stellen müsse. Sie werden in verwirrte Gesichter blicken. Diese Atempause nutzen Sie, um weitere Konfusion zu stiften: Das Schutzprogramm sollte natürlich mit genügend Mitteln ausgestattet sein, um sicherzustellen, dass die Angehörigen dieser alten Familien sich nicht ins Angestelltendasein flüchten müssen. Allerdings hätten die schutzsuchenden Adeligen Gegenleistungen zu erbringen. Sie dürften zum Beispiel weiterhin nur untereinander oder im weiteren Familienkreis heiraten, um die Vermischung mit artfremdem Genmaterial zu verhindern und so spezifische Spleens und kulturelle Eigenarten zu bewahren. Sie müssten natürlich auch auf ihren Landsitzen wohnen bleiben, egal, ob's oben durchs Dach regnet oder die Häuser kaum mehr zu heizen sind. Wer sein Schloss in ein Hotel oder einen Golfklub umbaut, verliert mit sofortiger Wirkung die Privilegien des Artenschutzes. Nach diesem Vorschlag ist es dann ratsam, das Thema zu wechseln.

BUDDHISMUS

Es gibt eine Form von Religionssnobismus, der einem wirklich furchtbar auf die Nerven gehen kann. Langjährige «taz»-Abonnenten, die um die Lebensmitte herum die Schönheit der katholischen (vorkonziliaren!) Liturgie entdecken, ehemalige Waldorf-Schüler, die ihre Kinder plötzlich unbedingt auf Jesuiten-Schulen anmelden müssen. In der Einkommensklasse darüber nerven vor allem die Damen aus München-Bogenhausen oder Hamburg-Pöseldorf, die von ihrer jährlichen Fünf-Sterne-Kur auf Sri Lanka erzählen, das Ganze aber nicht Kur, sondern «Retreat» nennen und von «ihrem» Mönch in ähnlich begeisterten Tönen schwärmen, wie sie es früher, als sie noch knackiger waren, von ihrem Personal Trainer taten.

Buddhismus hat in unseren Breiten ohnehin etwas Artifizielles, etwas Frauenzeitschriftenhaftes, nach dem Motto: «Ein bisschen Spiritualität für den Alltag». So enervierend das auch alles sein mag: Die Höflichkeit gebietet, neoreligiösen Snobs nicht besserwisserisch über den Mund zu fahren. Speziell urbanen Buddhismus sollte man nicht pauschal als Wellness-Religion abtun. Das ist weder besonders originell, noch ist es streng genommen gerechtfertigt. Was ist denn die Alternative zu Spiritualität light? Ein Leben, in dem Bottega Veneta oder der Juwelier Graff die höchste Macht sind? Lieber ein *bisschen* Religiosität als gar keine. Obwohl Buddhismus, und damit sind wir schon mitten in der Materie, mit Glauben eigentlich nicht viel zu tun hat. Es geht vielmehr um Lebenspraxis. Und da kann man eine Menge von diesem

Adelsspross Siddhartha Gautama lernen, der im sechsten Jahrhundert im Grenzgebiet zwischen Nepal und Indien geboren wurde. Wer religiös ist, kann seine Religiosität durch Siddharthas Lehren – und die seiner Jünger – bereichern. Wer areligiös ist, kann durch den Buddhismus zu Einsichten gelangen, die nicht nur das eigene Leben, sondern auch das der Mitmenschen im positiven Sinne auf den Kopf stellen. Auch das alte Vorurteil, der Buddhismus sei beim modernen Menschen deshalb so beliebt, weil es sich um eine zutiefst egozentrische Spiritualität, um eine Ich-mir-selbst-Religion handle, ist bei genauer Betrachtung Unsinn. Die ganze Idee des Karma (Sanskrit für Wirken, Tat) beruht darauf, dass gute Handlungen gute Folgen haben und schlechte Handlungen schlechte. Ein unfreundlicher, selbstsüchtiger Buddhist wäre ein dummer Buddhist, denn er würde dadurch vor allem sich selbst schaden.

Aber der Reihe nach. Erst ein paar Worte zur historischen Person des Buddha. Geboren in die Familie eines Raja, also eines lokalen Fürsten, wuchs der Buddha in – man würde heute sagen – behüteten Verhältnissen auf. Der Legende nach wurde er vollständig von der Welt abgeschirmt, doch das ist wohl ein wenig übertrieben. Im Alter von sechzehn Jahren arrangierte sein Vater eine Ehe, womöglich auch, um den verträumten, nachdenklichen Sohn ein wenig zu erden. Die Ehe blieb, aus welchen Gründen auch immer, dreizehn Jahre kinderlos.

Laut Überlieferung unternahm Siddhartha genau dann, als seine Frau kurz vor der Niederkunft stand, jene «vier Ausfahrten», die ihn dazu veranlassten, der Welt zu entsagen und Mönch zu werden. Während seines ersten Ausflugs sah er von seinem vierspannigen, von einem Wagenlenker gesteuerten Prachtwagen aus einen Greis. Zutiefst bewegt von der Einsicht in die eigene Endlichkeit kehrte der Fürstenspross nach Hause zurück. Bei drei weiteren Ausflügen soll er einen Kranken, einen Toten und einen Mönch gesehen haben. Die letzte Begegnung ließ ihn zum Entschluss kommen, Haus und Familie zu verlassen, um selbst Mönch zu werden. In der Nacht seines Weltverzichts gebar seine Frau einen Jungen. Siddhartha wollte zuvor noch seinen neugeborenen Sohn sehen, doch beim Eintreten in die Kammer seiner schlafenden Frau erlosch die Öllampe. So war es dem Scheidenden unmöglich, einen Blick auf sein Kind zu werfen. Ob die Geschichte stimmt oder nicht, sie enthält bereits einen Kern der buddhistischen Lehre, nämlich: Das Dasein ist Dukkha, Leiden. Und eine der Ursachen für Leid ist der Verlust geliebter Dinge. Am Ende muss alles, was uns ans Herz gewachsen ist, zu Schmerz führen, jede innere Bindung erzeugt Leid. Als er starb (an einer Lebensmittelvergiftung), ermahnte Siddhartha seine Jünger, nicht um ihn zu trauern, schließlich hatte er ihnen beizubringen versucht, sich nicht an Menschen und Dinge zu binden.

Nach der Lehre des Buddhismus ist die Grundbefindlichkeit des Lebens Leiden. Damit sind nicht nur Trauer und Schmerz gemeint, sondern auch die unscheinbaren, kleinen Unzufriedenheiten, mit denen man sich als Mensch herumschlägt. Kurz gesagt: Der Mensch ist nie zufrieden mit dem, was ist. Der Grund dafür, so der Buddha, ist das Begehren. Deswegen predigt er die Loslösung von allem Schönen und Sinnlichen und damit auch von allem Leiden. Der begehrenswerte Zustand ist der des Nicht-mehr-Begehrens, was auf

Sanskrit «Nirwana» heißt. Man erreicht diesen Zustand durch den sogenannten achtfachen Weg. Dazu gehören rechte Ansicht, rechtes Verhalten, der Verzicht auf rauschverursachende Substanzen, der rechte Broterwerb und so weiter. Das sind aber keine «Gebote», sondern eher Instruktionen für heilsame Verhaltensweisen.

Der Buddhismus ist keine Religion in unserem Sinne, es wird kein Gott verehrt wie in den monotheistischen Religionen. Es geht um *Erkenntnis*. Das Wort «buddha» kommt aus dem Sanskrit und bedeutet «erwacht» und «bewusst». Diesen Zustand erreicht nur, wer nicht mehr begehrt. Und das geht am besten über eine Technik, die inzwischen weltweit Karriere gemacht hat und «reine Aufmerksamkeit» oder «Achtsamkeit» heißt. Vorsicht: Die Tatsache, dass Hausfrauen im Taunus und am Titisee diese Terminologie so einfach über die Lippen geht, bedeutet *nicht*, dass es eine geringzuschätzende Kulturtechnik ist.

Achtsamkeit bezeichnet letztlich die Fähigkeit, das Leben wahrzunehmen, und auch das Bewusstsein dafür, dass es nicht die Dinge selbst sind, die einen im Leben aus der Ruhe bringen – sondern die Gedanken *über* die Dinge. Eines der genialsten Bücher, die je über Zen (die fortgeschrittene chinesische Variante des Buddhismus) geschrieben wurden, stammt unter anderem von dem amerikanischen Anwalt Leonard Scheff und heißt «The Cow in the Parking Lot». Dort steht eine Parabel, die diese Einsicht über die menschliche Psyche perfekt auf den Punkt bringt: Sie suchen nach einem Parkplatz. Endlich sehen Sie, wie jemand Anstalten macht, aus seiner Parklücke herauszufahren. Sie setzen den Blinker und warten geduldig. Plötzlich kommt von der anderen Seite ein

Jeep angebraust und fährt auf den soeben frei gewordenen Platz. Als Sie hupen, steigt der Fahrer aus, grinst und zeigt Ihnen den Stinkefinger. Macht Sie das wütend? Nun stellen Sie sich das Gleiche vor, nur dass diesmal statt des frechen Cayenne-Fahrers eine Kuh in die Parklücke trottet und es sich dort bequem macht. Als Sie hupen, hebt die Kuh den Kopf, muht, aber bewegt sich kein Stück. Sind Sie jetzt auch wütend? Wahrscheinlich werden Sie eher lachen.

Das Faszinierende ist: Das Resultat ist in beiden Fällen identisch. Nur einmal fühlt sich Ihr Ego angegriffen, und Sie sind wütend, beim anderen Mal nicht. Das Ergebnis ist dasselbe, geändert hat sich nur, wie Sie darüber *denken*. Es bringt Sie auf die Palme, dass andere Leute Arschlöcher sein können. Wieso? Eine der kürzesten Definitionen von buddhistischer Geisteshaltung stammt von der Nonne Pema Chödrön, übrigens die erste Amerikanerin, die ein tibetisch-buddhistisches Kloster führte: «Ich bin nicht okay. Du bist nicht okay. *Das* ist okay.»

Hier noch eine kleine, bekanntere Parabel. Sie handelt von Hakuin Ekaku, einem der berühmtesten Zen-Meister überhaupt, der als einer der großen Erneuerer des Zen-Buddhismus im achtzehnten Jahrhundert gilt. Er lebte in einem kleinen Dorf, führte ein einfaches, genügsames, kontemplatives Leben. Die Menschen im Dorf versorgten ihn mit Speisen und milden Gaben. Eines Tages wurde das schönste Mädchen im Dorf schwanger. Aber es wollte nicht verraten, wer der Vater des Ungeborenen ist. Auf Druck der Eltern nannte es schließlich Hakuin. Empört gingen sie zum Meister und konfrontierten ihn mit diesem Vorwurf. Alles, was er dazu sagte, war: «Es ist, wie es ist.» Der Ruf von Meister Hakuin war schnell dahin, er wurde nicht länger mit Spenden bedacht. Um für seinen Lebensunterhalt und den des Mädchens und des Kindes zu sorgen, musste er nun der harten Arbeit auf dem Reisfeld nachgehen. Nach einem Jahr konnte es das Mädchen nicht länger ertragen und verriet seinen Eltern den Namen des wirklichen Vaters. Sofort liefen sie zu Hakuin, baten ihn um Verzeihung. Und wieder war seine Antwort: «Es ist, wie es ist.»

Wie jede Parabel ist die Geschichte natürlich überspitzt. Die Vorwürfe der Eltern nahm er genauso gelassen hin wie ihre Entschuldigungen. Weil sein Ego nicht davon abhing, wie die Menschen über ihn dachten. Womöglich wird er sich gefragt haben, was die unverhoffte Vaterschaft ihm bringen mag. Sie könnte sich ebenso als Glück herausstellen. Ebenso wie harte Feldarbeit eine wertvolle Prüfung sein könnte. «Wer weiß?» Dieses «Wer weiß?» hatte er sich selbst zu Herzen genommen. Er entgegnete es einst einem Gutsbesitzer, als der ihm verzweifelt berichtete, dass sein Stallbursche das Tor offen gelassen hatte und sein wertvollster Hengst davongaloppiert war. Ein paar Tage später kehrte der Hengst in den Stall zurück, mit drei wilden Stuten im Gefolge.

Im Wesentlichen geht es im Buddhismus um Bewusstheit, um das Gewahrwerden einer Dimension im Menschen, die tiefer liegt als die Gedanken. Meist bewegen sich unsere Gedanken vor allem in der Vergangenheit. Oder in der Zukunft. Aber selten im Hier und Jetzt. Aber nur dort ist, so der Buddha, das Leben. Deswegen sind die Teezeremonie, die Kunst des Bogenschießens, die Kunst des Papierfaltens Zen-Übungen. Ihr Ziel ist die Handlung selbst. Tu das, was du tust, mit voller Hingabe.

Statt nun weiter über Buddhismus zu dozieren, möchte ich lieber ein Gespräch wiedergeben, das ich vor ein paar Jahren mit einem Mann geführt habe, der wie kein Zweiter den Menschen auf der ganzen Welt zu mehr Achtsamkeit verholfen und sie von der Illusion befreit hat, ihre Gedanken, die Radiostation in ihrem Kopf, seien identisch mit ihrer Identität. Eckhart Tolle. Er ist wahrscheinlich der berühmteste Deutsche außerhalb von Deutschland. Seine Bücher verkaufen sich auf der ganzen Welt in Millionenauflagen. Besonders populär ist er in Amerika. Laut «New York Times» ist er der einflussreichste spirituelle Lehrer des Landes, Eckart von Hirschhausen begründete das auf die ihm eigene Art so: «Die Amerikaner lieben ihn auch wegen seines leicht deutschen Akzents, weil sie denken: Das ist Buddhismus plus überlegene deutsche Technik.» Meine Frau und ich durften ihn einmal in seinem Haus auf einer kleinen kanadischen Insel besuchen. Als ich ihm endlich gegenüberstand, glaubte ich zunächst, Meister Yoda aus «Star Wars» vor mir zu haben. Er ist nicht sehr groß. Und unfassbar sympathisch. Hier ein kleiner Mitschnitt unseres Gesprächs:

Warum finden wir Menschen es eigentlich so schwer, glücklich zu sein?

Die Menschen neigen dazu, das Glück immer in der Zukunft zu suchen. Der Mensch lebt, als sei irgendein Moment in der Zukunft von größerer Bedeutung als der jetzige. Er sucht das Glück nicht hier. Er glaubt, das Glück sei woanders. Das ist die eigentliche Tragik. Wenn man unzufrieden ist mit dem, was man gerade tut oder wo man gerade ist, redet man sich ein: Heute Abend, wenn ich endlich Feierabend habe, *dann* wird es besser sein. Oder man sagt sich: Wenn nur endlich schon Wochenende wäre … Oder man erhofft sich sein Glück vom nächsten Urlaub. Oder man redet sich ein: Wenn das gelingt, wenn ich dies und das bekomme, dann bin ich glücklich. Und der gegenwärtige Moment? Der wird als Hindernis gesehen! Als etwas, das es zu überwinden gilt. Im schlimmsten Fall rebelliert man sogar gegen den jetzigen Moment, sieht ihn nicht nur als Hindernis, sondern sogar als Feind. Was bedeutet das aber? Es bedeutet, dass man das Leben selbst als Hindernis oder gar als Feind betrachtet.

Aber es gibt doch tatsächlich Momente, da wünscht man sich, dass die Zeit einfach nur vergeht. Was zum Beispiel, wenn man schlimme Schmerzen hat? Oder wenn man fürchterlich unter dem Jetzt leidet, etwa im Krieg? Muss man das dann hinnehmen?

Ich würde nie sagen: Das musst du hinnehmen! Ich glaube aber, dass die Möglichkeit besteht, zu einer Einsicht des «Es ist, wie es ist» zu gelangen. Paradoxerweise geschieht es ja immer wieder, dass es gerade Menschen in widrigen Momenten gelingt, über sich hinauszuwachsen, dass gerade dann, wenn alles kollabiert, wenn man gezwungen ist, seinen Widerstand aufzugeben, so etwas wie Frieden einsetzt.

Aber ich kann doch an meinen Sorgen nicht vorbeischauen!

Sind es Sorgen? Oder sind es Probleme? Ich sage das, weil es oft so ist, dass einen die ständigen Sorgen sogar davon abhalten, wirkliche Lösungen anzugehen. Es gibt Situationen, die sind schwierig. Der erste Fehler ist es, den Anspruch zu haben, ein Leben ohne Probleme zu führen. Wenn man das einsieht, hat man ein Teil des Problems schon gelöst. Jemand Kluges hat einmal gesagt: History as one damn thing after the other. Das kann man auch über das Leben sagen: One damn thing after the other! Das Leben besteht aus Herausforderungen. Niemand ist frei davon. Und das ist gut so.

Das Trachten nach der Abwesenheit von Unglück ist das eigentliche Unglück?

Unglücklich machen uns, wenn man genau hinsieht, oftmals nicht so sehr die Herausforderungen selbst, sondern die Gedanken über diese Herausforderungen, also die Etiketten, mit denen wir diese Herausforderungen versehen. Wie heißt es bei Shakespeare? There is nothing either good or bad, but thinking makes it so! Sorgenmachen führt zu nichts. Besonders nicht um drei Uhr morgens, wenn man sich im Bett wälzt.

Gibt es Alltagsübungen, die dabei helfen können, bewusster zu leben?

Man kann auch Dinge, die man sowieso jeden Tag tut, als Übung begreifen. Zum Beispiel wenn du dir die Hände wäschst. Tu es bewusst! Das ist etwas sehr Schönes. Das warme Wasser, die Seife. Das, was man tut, egal, was es ist, mit ganzer Hingabe zu machen, das ist das Geheimnis.

Eine mehr als zweitausendfünfhundert Jahre alte Tradition in drei Worten: bewusst Hände waschen! So etwas auf einer Cocktailparty zu bringen, das ist unschlagbar!

ERFOLG

Dies ist das populärste Thema unserer Tage. Um meinen Protest dagegen zum Ausdruck zu bringen, fasse ich mich demonstrativ kurz und ersuche Sie in aller gebotenen Dringlichkeit: Sobald das Gespräch um dieses Thema kreist, torpedieren Sie es bitte, so gut Sie können!

Eine Möglichkeit: Sie nehmen das Glas Ihres Gegenübers ins Visier, schütten den Inhalt *Ihres* Glases in *seines*. Dadurch verursachen Sie eine furchtbare Sauerei. Besonders dann, wenn Sie – was ich zu Ihren Gunsten annehmen will – einen Old Fashioned Cocktail in der Hand halten und Ihr Gegenüber zum Beispiel einen Champagner oder Dry Martini. Daraufhin erklären Sie der staunenden Runde, diese kleine Überschwemmung sei leider notwendig gewesen, um die Absurdität des Themas Erfolg zu demonstrieren. Sie hätten nämlich gerade *erfolgreich* ein Glas zum Überlaufen gebracht.

Die bessere, weil dezentere Möglichkeit besteht darin, Gilbert K. Chesterton zu zitieren. Von ihm stammt das wahrscheinlich Witzigste, was zu dieser elenden Frage je zu Papier gebracht wurde. Es erschien 1908 in dem Essayband «All Things Considered» unter dem Titel «The Fallacy of Success» (und ist dank des Berliner Berenberg Verlags auch auf Deutsch zugänglich). Offenbar herrschte schon damals die bis heute andauernde Plage einschlägiger Ratgeberliteratur.

Chesterton schreibt: «Es gibt nichts, das nicht erfolgreich wäre. Dass ein Ding erfolgreich ist, heißt einfach, dass es ist; ein Millionär ist erfolgreich, insofern er ein Millionär ist, und ein Esel, indem er Esel ist. Jedem lebenden Menschen ist es gelungen zu leben, jeder Tote mag erfolgreich Selbstmord begangen haben.» Dann richtet Chesterton die Kanonen seines barocken Intellekts auf die Ideologie der Geldverehrer und erinnert an König Midas, der zwar alles, was er anrührte, zu Gold machte, aber deshalb der Möglichkeit beraubt war, Schinkensandwiches zu essen, «im Übrigen hatte er Eselsohren und versuchte, wie jeder andere prominente und reiche Mann, diesen Umstand zu verbergen».

Der wohl idiotischste aller Erfolgskulte ist die «Denkschule», die Mitte der Nullerjahre in dem Film und dem Begleitbuch «The Secret» ihren Niederschlag fand. Dieses Buch ist sehr erfolgreich darin, das Leben von Menschen zu ruinieren. Es wird gepredigt, man müsse nur möglichst intensiv an seine Ziele glauben, um sie zu erreichen. Das Fatale daran: Im Leben gehen viele Dinge schief. Die Anhänger von Erfolgskulten, wie sie nur in Gesellschaften denkbar sind, deren Existenz gesichert ist, sind dafür unzulänglich gerüstet. Menschen, die in ihrem Leben wirklich Außergewöhnliches erreichen, praktizieren in der Regel exakt das Gegenteil von dem, was «The Secret» und ähnliche Think-positive-Prediger fordern. Sie nehmen das Leben als Möglichkeit wahr, Probleme zu meistern und dabei eine gute Figur zu machen.

Wer gern wissen möchte, wie Leute agieren, die Höchstleistungen erbringen müssen, für die gibt es genau *ein* Buch. Es stammt aus der Feder eines Mannes, der die Welt von ganz oben gesehen hat, vom Astronauten Chris Hadfield («Anleitung zur Schwerelosigkeit – Was wir im All fürs Leben lernen können»). Dort erfährt man, dass Astronauten jeden kleinen Fehler beim Training zu schätzen wissen – weil daraus Lehrbeispiele werden, die anderen wiederum helfen, ähnliche oder gleiche Fehler zu vermeiden. Man erfährt, wie systematisch Katastrophenszenarien simuliert werden – um ebenjene Katastrophen möglichst zu verhindern. Man lernt, dass es womöglich tödlich endet, wenn man sich in lebenswichtigen Situationen «Best-Case-Szenarien» ausmalen würde. Ich durfte Hadfield einmal interviewen. Er gab mir einen Satz mit auf den Weg, den ich seither in brenzligen Momenten zu beherzigen versuche: «Es gibt keine Situation, die so schlimm ist, dass man sie nicht selbst verschlimmern könnte.»

Hadfields Astronautenbericht ist das einzige Buch, das ich als Erfolgsratgeber durchgehen lasse – weil es keiner ist. Für Bücher, die Erfolgsratgeber sein wollen, gilt die Feststellung Chestertons: «Niemand würde es wagen, ein Buch über Elektrizität zu verfassen, das einem buchstäblich keine einzige Silbe über die Elektrizität mitteilt; niemand einen Artikel über Botanik vorlegen, der demonstrierte, dass der Verfasser nicht weiß, welches Ende einer Pflanze in der Erde steckt. Und doch ist unsere moderne Welt voll von Büchern über Erfolg und erfolgreiche Leute, die keinen vernünftigen Gedanken und kaum einen einzigen sinnvollen Satz enthalten.»

FRANZOSEN

Es ist noch gar nicht lange her, da musste man, wenn man etwas auf sich hielt, fließend Französisch sprechen. Dann folgte eine Zeit, in der es zum guten Ton gehörte, schlecht *über* Franzosen zu sprechen. Ob in Aachen oder Zwiesel, ob auf Borkum oder in Garmisch-Partenkirchen, die Menschen beschäftigten sich in geselligen Runden mit Vorliebe damit, Frankreich zu verunglimpfen. Leider ist dieser deutsche Sport völlig aus der Mode geraten. Das ist sehr, sehr schade. Das Konversationsthema «der Franzose» ist ausgestorben. Kaum einer spricht mehr Französisch, kaum einer redet mehr über Frankreich. Dieses stolze Land, über das zu schimpfen für ganze Generationen von Deutschen eine Leidenschaft war, scheint sich mitsamt den benachbarten Benelux-Staaten zugunsten eines supranationalen Gebildes namens EU aufzulösen. Wir Deutschen haben das gleiche Problem. Aber wenn Deutschland sich auflöst, weint uns niemand eine Träne nach. Ein Ende Frankreichs hingegen wäre ein echter Verlust.

Der einzige Vorteil des Ganzen: Man verfügt heutzutage über ein echtes Distinktionsmerkmal, wenn man wenigstens so *tun* kann, als sei man frankophil. Heute genügt es, «pardon» statt ordinär «sorry» zu sagen, schon gilt man als elitär. Alors, mit welchem Wissen über Frankreich kann man also punkten, selbst wenn man zu den bedauernswerten Gestalten gehört, die eine Bouillon nicht von einer Bouillabaisse unterscheiden können?

Einige Frankophilie-Punkte sammelt schon mal derjenige, der mit der weitgehend vergessenen Tatsache aufwarten kann, dass es in Frankreich eine der ersten Hochkulturen der Menschheit gab, die in einem Atemzug mit Babylon und Ägypten genannt werden muss. Nur wer das weiß, kann auch verstehen, warum französische Taxifahrer und Kellner uns Ausländer grundsätzlich verachten. Und für diese Geringschätzung ein hohes Trinkgeld erwarten, das streng genommen auch kein Trinkgeld, sondern eher ein Lösegeld ist. Oder ein Schmerzensgeld dafür, dass sie sich mit uns befassen mussten. Wenn man weiß, wie unfassbar altehrwürdig die französische Kultur ist, kann man Sätze verstehen wie den des großartigen (und komplett irren) Schriftstellers Léon Bloy: «Frankreich ist so sehr das erste der Völker, dass alle anderen, wer sie auch seien, sich ehrenvoll bedacht schätzen müssen, wenn sie das Brot seiner Hunde essen dürfen.»

So wie Ostafrikaner stolz darauf sein dürfen, dass in ihrer Heimat der Ursprung der Menschheit liegt, so wissen auch die Franzosen, dass die ältesten – knapp zwei Millionen Jahre alten – Spuren menschlicher Existenz in Europa auf französischem Boden gefunden wurden. Damals, als das, was wir heute Skandinavien, Deutschland und Großbritannien nennen, noch unter einer dicken Eisschicht begraben lag, gab es in Frankreich schon so etwas wie Kultur. Davon zeugen grob bearbeitete Kiesel und Knochen, die in den Höhlen der französischen Berge gefunden wurden. Der größte Teil des heutigen Frankreichs, einschließlich des Pariser Beckens, bestand zwar noch aus Steppen und unendlichen Wäldern, aber bereits die allerersten Franzosen verstanden es damals, sich warme Mahlzeiten zuzubereiten, das beweisen Feuerstellen in den Grotten von Vallonet in der Nähe von Nizza.

Als viele Jahrtausende später dann peu à peu die Neandertaler, die Leute also mit der fliehenden Stirn und den wulstigen Augenbrauen, von einer völlig neuen Spezies verdrängt wurden, dem Homo sapiens, wusste niemand so genau, worauf der Erfolg des neuen Menschen beruhte. Bis heute wird darüber gerätselt. Dabei ist die Antwort recht einfach: Der erste europäische Homo sapiens war Franzose! Ab etwa 35 000 vor Christus lebten in Frankreich die ersten Menschen des Kontinents, die alles in allem dem heutigen glichen. Sie waren es, die uns in den Höhlen des Périgord erste Zeugnisse ihres unfassbaren Kunst- und Formensinns hinterließen. Auch in Nordspanien findet man ein paar dieser berühmten Kunstwerke, aber wahrscheinlich stammen auch die von Franzosen, die sich (auf dem Weg in ein gutes Lokal?) in den Pyrenäen verlaufen hatten. Und als im vierten vorchristlichen Jahrtausend die Chassey-Kultur mit ihren geheimnisvollen, aus riesigen Steinblöcken errichteten Bauwerken entstand, gründeten auch die Sumerer in Mesopotamien die ersten Städte der Menschheit. Zwar hinterließ uns die Chassey-Kultur keine schriftlichen Zeugnisse, auch entwickelte sie nicht wie die Sumerer so etwas wie Bürokratie – aber kann man ihr deshalb den Rang einer frühen Hochkultur absprechen? Franzosen mögen Bürokratie nun mal bis heute nicht, und wenn sie Dörfer statt Städte gründeten, lag das wohl daran, dass sie sich wie die heutigen Franzosen in der Provinz schlicht wohler fühlten. Landwirtschaft wurde damals jedenfalls bereits genauso systematisch betrieben wie in Mesopotamien, und statt irgendwelcher brutaler Götter verehrte man hier – sehr viel zivilisierter – eine Fruchtbarkeitsgöttin. Auch da zeigt sich eine gewisse Kontinuität. Später nahm diese Rollen die Muttergottes ein. Noch später war es Johanna von

Orléans, und sehr viel später folgten Catherine Deneuve und Laetitia Casta.

En bref: Erst wenn man Frankreich als Wiege der Zivilisation zu würdigen weiß, auf einer Augenhöhe mit Mesopotamien, versteht man auch die Franzosen. Plötzlich wird klar, warum ein Franzose, wenn er eine Menschenmenge sieht, sich ganz unwillkürlich vorn anstellt, egal, ob Gottfried von Bouillon auf seinem Kreuzzug oder eine Pariser Dame am Fahrkartenschalter an der Gare du Nord. Man versteht, warum Franzosen alles, was die «boches» (die Deutschen), die «rosbifs» (die Briten) und der Rest der Welt aus reiner Notwendigkeit tun – essen zum Beispiel oder sich kleiden –, zu Fragen der Kultur erheben und auf künstlerische Höhen treiben. Man versteht auf einmal, warum Franzosen über diese seltsame Sicherheit im Urteil verfügen und so eigensinnig und unbelehrbar sind. Die Franzosen haben ein absolut einmaliges und beneidenswertes Bewusstsein für ihren eigenen Wert. Sie fühlen sich per se geadelt – und zwar nicht wegen irgendwelcher Titel, der Franzose versteht vielmehr dank seiner zivilisatorischen Schulung die menschliche Existenz an sich als Adel. Niemals würde es deshalb einem Franzosen einfallen, die Natur zu überhöhen, wie wir Teutonen es tun, niemals würden sie wie Hölderlin davon träumen, sich in der Natur aufzulösen («Wenn ich auch zur Pflanze würde, wäre denn der Schaden so groß?»), dafür sind sie viel zu stolz darauf, Menschen – genauer: Franzosen – zu sein.

Überhaupt versteht man die Franzosen am besten, wenn man ihr Verhältnis zur Natur betrachtet. Ein prachtvoller englischer Garten versucht, die Natur nachzuahmen. Franzosen zähmen die Natur, formen sie nach ihrem Willen. Wo wir

Deutschen das Kolossale und Überschwängliche lieben, schätzen die Franzosen das Maß. Für den Franzosen definiert genau das Zivilisation: inwieweit es gelingt, die guten Dinge des Lebens im Überfluss zu genießen und sich dennoch durch Maßhalten das Leichte, das Schöne und die Würde zu bewahren.

Auch beim Essen und Trinken ist für Franzosen das Maß das Gesetz des Genusses. «Das Menü ist der Ausdruck des französischen Zivilisationsgedankens beim Essen», schreibt Friedrich Sieburg in seinem unschlagbaren Klassiker «Gott in Frankreich»: «Es gilt nicht, ein Gericht zu vertilgen und sich damit die Genugtuung der Sättigung zu verschaffen; die Wonne des Essens liegt in der durchdachten Steigerung einzelner Elemente, an denen nur gekostet wird.» Ein wunderschöner Gedanke: Wenn ein Franzose Weinbergschnecken oder ein Pot-au-feu genießt, *isst* er nicht, er *kostet.*

Dieser Sinn für das rechte Maß spiegelt sich im französischen Blick für das Schöne. Paris ist eine der gigantischsten Metropolen der Welt – und doch pflegt sie wie keine Stadt der Welt Bescheidenheit und Understatement. Genau deshalb fühlen sich Bohemiens hier seit jeher am wohlsten. Überall auf der Welt ist es wichtig, eine gute Adresse zu haben. In Paris ist das genauso. Nur dass Paris ausschließlich aus guten Adressen besteht. Jeder Pariser redet mit leuchtenden Augen von seinem Quartier, egal, wie laut oder schmutzig es dort sein mag. Wenn wir Deutschen sagen: «Es stinkt», sagt der Pariser schwärmerisch: «Es hat Atmosphäre.» Wenn wir finden, eine Gegend sei zu laut, nennt der Pariser sie «zentral»; was für uns «fernab» ist, ist für ihn «im Grünen». Auch als Habenichts gibt man sich in Paris wenigstens den

Anschein einer zivilisierten Existenz, genießt mittags ein wohlgeordnetes Menü, mag es auch noch so dürftig sein, und lebt im Bewusstsein, über das größte und schönstmögliche Wohnzimmer der Welt zu verfügen: die Stadt selbst.

Hier ein Argument, mit dem man sich automatisch als Premier-Cru-Frankophilist qualifiziert – sogar ohne ein Wort Französisch zu sprechen: Die Urtragödie Europas besteht darin, dass die Römer, nachdem sie Gallien im ersten Jahrhundert vor Christus eroberten und romanisiert hatten, von der Niederlage des Varus (im Jahre neun nach Christus) so geschockt waren, dass sie darauf verzichteten, Germanien zu erobern. Wie viel Leid wäre uns erspart geblieben, wie viel angenehmer könnte unser aller Leben sein, wenn wir damals romanisiert worden wären, wenn die Römer an der Elbe statt am Rhein ihre Grenze gezogen hätten? Wir wären heute alle Römer.

Genauso gut könnte man sich ein anderes Szenario ausdenken: Gut sechzig Jahre *vor* der Schlacht im Teutoburger Wald fand knapp achthundert Kilometer südwestlich davon, unweit des heutigen Dijon, ein Kampf statt, der die Römer ebenfalls an die Grenzen ihrer Fähigkeiten brachte: die Schlacht um Alesia. Unter der Führung des Keltenfürsten Vercingetorix erlitten Cäsar und seine Truppen mehrere schwere Niederlagen. Am Ende standen sich, so behauptet es Cäsar im «Gallischen Krieg», siebzigtausend römische und achtzigtausend gallische Soldaten gegenüber. Die moderne Geschichtsschreibung vermutet, dass Cäsar ein elender Aufschneider war und die Zahl der römischen Truppen die der Gallier weit übertraf. Jedenfalls endete das Ganze in einer bitteren Niederlage für die Gallier, Vercingetorix wurde eingekerkert, in Ketten durch Rom geschleift und hingerichtet. Was nun wäre gewesen, wenn es Vercingetorix gelungen wäre, Rom eine ähnlich herbe Niederlage beizubringen wie sechzig Jahre später Hermann der Etrusker? Was, wenn Rom nach der Schlacht um Alesia auf Gallien verzichtet hätte wie nach der Hermannsschlacht auf Germanien?

In Frankreich wird bis heute darum gestritten, ob der Triumph Roms ein Glücksfall war oder die Katastrophe der französischen Nationalgeschichte schlechthin. Verdankt Frankreich seine feinsinnige Kultur der Romanisierung? Frankreich wurde ja, als Rom schon längst im Zerfall begriffen war, sogar zum eigentlichen Zentrum der lateinischen Kultur. Was wir heute als McDonaldisierung der Welt beklagen, muss man allerdings als delikat bezeichnen im Vergleich zu dem, was Rom praktizierte. Die gleichmachende Gewalt, mit der Rom einst alles niederwalzte, was unrömisch war, würde, wenn es heute geschähe, von der UNO verurteilt und von den Medien als Kulturmord bezeichnet werden. Der im neunzehnten Jahrhundert populäre nationalistische Historiker Jules Michelet beklagte einst wortgewaltig, was im ersten nachchristlichen Jahrhundert in Gallien geschehen war, das keltische Gallien sei damals «wie Atlantis untergegangen». Die Druiden wurden hingerichtet oder setzten sich nach Britannien ab, die keltische Sprache verschwand ebenso wie die keltische Religion, eigentlich wurden keltische Elemente nur im Volksaberglauben und im heidnischen Märchen- und Sagenschatz, zumindest in Spuren, konserviert. Die gallische Elite hat sich jedenfalls schnell mit den neuen Machtverhältnissen arrangiert. Der in Lyon geborene römische Kaiser Claudius (der von 41 bis 54 nach Christus regierte) sorgte zum Beispiel schnell dafür, dass Gallier zu römischen Senatoren aufsteigen konnten. Aus der keltisch-gallischen Elite wurde rasch eine gallo-römische Elite. Ebenso machte sie später übrigens ihren Frieden mit den von Westen hereinbrechenden Franken, die sich im Mittelalter zu den neuen Herren des Landes aufschwangen. Die Franzosen arrangierten sich immer bestens mit den gerade Herrschenden.

Gibt es etwa auch hier eine gewisse Kontinuität in der Mentalität der französischen Elite?

Diesen Satz bitte sofort wieder vergessen! Wenn Sie so etwas auch nur hinter vorgehaltener Hand flüstern, machen Sie das ganze frankophile Kapital, das Sie mühsam angehäuft haben, mit einem Schlag zunichte.

GOTTESTEILCHEN

Manchmal passiert es, dass man sich in einem Gespräch intellektuell verheddert. Man sagt dann plötzlich Dinge, die man selbst nicht mehr genau versteht. In solche Situationen manövriert sich, wer bei Leuten, von deren Klugheit und Bildung er sich eingeschüchtert fühlt, einen guten Eindruck hinterlassen will. Das hat meist, um es bildungsbürgerlich auszudrücken, den adversen Effekt. Da bleibt dann nur noch die Schubumkehr, also der Rückzug auf das Allerbanalste («Haben Sie schon die russischen Eier probiert? Absolut köstlich!») oder die Flucht nach vorn. Die Quantenphysik!

Das Phantastische an diesem Thema ist, dass es genau fünf Menschen gibt, die sich damit auskennen. Einer davon lehrt in Paris, ein Zweiter in Wien, der Dritte und Wichtigste ist untergetaucht (er arbeitet an irgendeinem geheimen Projekt für die US-Regierung), ein weiterer hat sein Labor im Kernforschungszentrum CERN bei Genf seit Jahren nicht mehr verlassen. Der Fünfte ist meines Wissens verrückt geworden. Es ist so gut wie unmöglich, die Quantenphysik wirklich zu verstehen. Das macht sie als Smalltalk-Thema unverzichtbar. Es geht um Fragen, die eigentlich widersinnig sind. Zum Beispiel: Können Objekte gleichzeitig an verschiedenen Orten sein? Kann eins plus eins gleich eins sein? Kann uns die Natur verarschen?

Die Quantenphysik hat die Gesetze der Alltagslogik gesprengt und eignet sich insofern gut für diverse Gesprächssituationen. Ein Begriff wie der des Gottesteilchens ist eine wahre Blendgranate. Man kann damit sofort und sehr effektiv – nur nicht für sehr lange – Zeit gewinnen. Um eine Blendgranate fachmännisch handhaben zu können, muss man allerdings zuvor die Gebrauchsanweisung zumindest grob überflogen haben. Hier ein paar Grundlagen, stark gerafft:

Physiker, das ist ihr Schicksal, wollen die Welt erklären. Im Altertum befasste man sich dafür noch mit Alltagsobjekten. Mit der Zeit gelang es, immer tiefer und tiefer in die Materie einzudringen. Den griechischen Philosophen Demokrit, der um 470 vor Christus geboren wurde, trieb zum Beispiel folgendes Gedankenexperiment um: Was geschieht, wenn man ein Stück Holz oder Tuch immer wieder in der Mitte durchteilt? Irgendwann, behauptete er, werde man an einem Körperchen ankommen, das sich nicht mehr zerkleinern lässt. Diesen kleinsten aller Bausteine nannte er «Atom» (a-tomos heißt unteilbar). Heute weiß man, dass die allerkleinsten Bausteine die Elementarteilchen sind – aus ihnen bestehen die Atome. Eines dieser Elementarteilchen ist das Elektron, das um die Atomkerne kreist und heutzutage deshalb so beliebt ist, weil seinetwegen Metalle Elektrizität leiten können. Ohne diese kleinen Lümmel würde kein Toaster funktionieren, und das wäre in einer Welt ohne Elektronen noch das kleinste Problem. Ein anderes Elementarteilchen ist das Photon, das ebenfalls hoch angesehen ist, weil wir ohne diese Lichtteilchen nichts sehen könnten, also den Toaster erst gar nicht finden würden.

Demokrit lebte sehr gesund und wurde sagenhafte hundert Jahre alt, dennoch hat er leider nicht mehr erlebt, wie man eine fundamentale Tatsache über seine Miniteilchen herausfand, nämlich dass sie in zwei unterschiedlichen Erscheinungsformen auftreten: als Partikel und als Wellen. Der Erste, der feststellte, dass Licht aus kleinen Partikeln besteht, die man wie Bälle irgendwo abprallen lassen kann, war – um 1635 herum – der französische Gelehrte René Descartes. Isaac Newton bestätigte dies in seinem Buch «Opticks» im Jahr 1704. Grundsätzlich empfiehlt es sich übrigens, Feststellungen, die von Newton stammen, als gegeben zu akzeptieren. Einer der wenigen, die dennoch fürchterlich über ihn lästerten, war ein gewisser Goethe aus Weimar. Aber das steht auf einem anderen Blatt und muss hier nicht weiter interessieren.

Der Nächste, der das Wissen um die Bausteine der Natur weit voranbrachte, war der englische Forscher Thomas Young. Thomas Young, geboren 1773, war ein Genie. Im Alter von zwei Jahren konnte er lesen, mit zwölf beherrschte er neben seiner Muttersprache bereits Latein und Hebräisch. Mit vierzehn schrieb er sein erstes Buch, seine Autobiographie. Zwei seiner Leistungen machten Young für die Wissenschaftsgeschichte unsterblich: Ihm gelang es als Erstem, altägyptische Hieroglyphen zu entziffern. Und er dachte sich eine Versuchsanordnung aus, die bis heute in Laboren Anwendung findet: das Doppelspalt-Experiment.

Er stellte eine Metallplatte auf, die er mit zwei schmalen Schlitzen versah. Dahinter positionierte er eine Leinwand. Dann beleuchtete er die Metallplatte und beobachtete, wie das Licht seinen Weg durch die Schlitze auf die Leinwand fand. Dabei machte er eine bahnbrechende Beobachtung: Obwohl Licht aus Partikeln besteht, verhielt es sich in seinem Experiment wellenartig. Wellen können, im Gegensatz zu Partikeln, «interferieren», sich also überlagern, hochschaukeln oder, wo Wellental und Wellental aufeinandertreffen, gegenseitig auslöschen. Auf seiner Leinwand hinterließ das Licht ein Muster aus Verstärkungen und Auslöschungen – der Beweis für die Wellennatur des Lichts. Nur: Young zog gar nicht in Zweifel, dass Lichtstrahlen aus Partikeln bestehen, die zurückgeworfen und über Band gespielt werden können. Das war längst hundertfach bewiesen. Er hatte aber gezeigt, dass Lichtteilchen sich seltsamerweise eben *auch* wie Wellen verhalten *können*.

Den Physikern des zwanzigsten Jahrhunderts ist es gelungen, den Geheimnissen der kleinsten Bausteine der Natur – also den Geschehnissen innerhalb der Atome – immer mehr auf die Schliche zu kommen. Mit Max Planck nahm die Quantenphysik ihren Anfang. Schon zuvor war bekannt, dass Atome Energie aufnehmen und abgeben können. Und dass deshalb Herdplatte oder Toaster funktionieren. Was man nicht wusste, war, wie die Energie transportiert wird. Planck fand heraus, dass Energie nicht kontinuierlich weitergegeben wird, sondern immer nur in winzigen Portionen, Quanten.

Dank immer raffinierterer Messmethoden ist es schließlich gelungen, Youngs Doppelspalt-Experiment auf die Spitze zu treiben. Richtig spannend wurde es, als man anfing, Elektronen durch den Doppelspalt zu jagen. Da stellte man nämlich fest, dass sie auf der Leinwand Spuren hinterließen, wie sie für Partikel – vergleichbar mit Gewehrkugeln – charakteristisch waren. Das taten sie aber nur, wenn man ihnen beim Flug durch den Doppelspalt zusah. Sah man nicht hin, verhielten sich die Elektronen anders und hinterließen auf der Leinwand Spuren von Wellen. Verhalten sich Elektronen also anders, wenn sie sich beobachtet fühlen? Seltsam wurde das

Ganze, als man anfing, eine der Öffnungen abzudichten. Die Elektronen flogen plötzlich so, als wüssten sie, dass es nur noch einen Spalt gibt. Als könnten sie sich miteinander verständigen. Gespenstisch wurde es, als man feststellte, dass manche Elementarteilchen – eigentlich ja unteilbare Partikel – gleichzeitig durch zwei Schlitze in der Platte fliegen und anschließend als einzelnes Teilchen auf der Leinwand ankommen können. Auf unsere Welt übertragen ist das so, als würde ich gleichzeitig mit dem Zug und mit dem Auto von München nach Berlin fahren, um mich mit mir selbst am Ku'damm zu treffen und dort, wieder mit mir vereint, in Ruhe eine Tasse Kaffee trinken.

Narrt uns also die Natur, wenn wir versuchen, sie in ihrem Innersten zu beobachten? Will sie verhindern, dass man ihr in die Karten schaut? Richard Feyman, Nobelpreisträger des Jahres 1965 und einer der großen Physiker des zwanzigsten Jahrhunderts, der selbst Dutzende Doppelspalt-Experimente mit Elementarteilchen durchgeführt hat, sagte in seinen Vorlesungen immer wieder: «Es ist alles sehr mysteriös. Und je genauer man es sich anschaut, umso mysteriöser erscheint es.» Zumindest eines der seltsamsten Rätsel wurde mittlerweile gelöst: Werner Heisenberg hat herausgefunden, warum sich Energie vor unseren Augen anders verhält als hinter unserem Rücken. Er ersann die sogenannte «Unschärferelation». Seine These: Jede Messung, jede Beobachtung stellt einen Eingriff dar und verfälscht das, was man eigentlich beobachten will. Die Behauptung, dass man die Hoffnung, Dinge exakt messen zu können, aufgeben müsse, stellte das Selbstverständnis der Wissenschaft in Frage – eine Nachricht, die von der Physikergemeinde erst einmal verdaut werden musste –, er erhielt dafür 1932 den Nobelpreis. Übrigens lässt sich das Heisenberg'sche Experiment auf jeder Party nachvollziehen, indem Sie eine Cocktailtomate in die Luft werfen und mit dem Mund auffangen. Es wird Ihnen nur gelingen, wenn niemand hinsieht.

Albert Einstein war die ganze Quantenphysik zutiefst suspekt. Er sagte, unser Wissen sei zu unvollständig, um die letzten Geheimnisse, die sich in den Atomen abspielen, lösen zu können. Er sprach von «verborgenen Größen», die in der Natur wirkten. Das Gottesteilchen? Das, was Peter W. Higgs entdeckte (und dafür prompt 2013 den Nobelpreis kassierte), ist jedenfalls nicht das Gottesteilchen. Es war «nur» ein weiteres, wenn auch zentrales Elementarteilchen.

Was also sind «Gottesteilchen»? Das weiß niemand. In dem Begriff spiegelt sich die menschliche Sehnsucht, die letzten Geheimnisse der Natur zu begreifen. Wenn es Gottesteilchen tatsächlich gibt, dann sind sie der göttliche Funken, der das Leben schenkt. Aber wie geht man ihm auf den Grund? Verfügen nur Menschen über ihn? Und manche Tiere? Und Pflanzen? Ist es nicht längst bewiesen, dass Pflanzen miteinander kommunizieren, sich übers Wetter und Fressfeinde austauschen können, ja, sogar dass es besonders kluge und kommunikationsfreudige Pflanzen gibt wie den Wilden Tabak und die Kiefer, aber auch relativ dumme und maulfaule wie Mais und Weizen? Und wenn in Pilzen und Holz Leben steckt, warum dann nicht in Steinen? Und in Objekten? Im Märchen gab es das ja schon immer. Eine sehr lustige Passage in Heimito von Doderers «Kürzestgeschichten» berichtet davon, wie angeblich unbeseelte Objekte frech mit ihm wurden. Eine Teekanne biss den Schriftsteller in den linken Fuß («Der Biss gelang ihr durch Vorstrecken des Schnabels und Fallenlassen mehrerer heißer Tropfen»). Doderer beschreibt dann ausführlich, wie er «die Beißerin» erst habe auskühlen lassen und dann unter wütendem Brüllen gegen die Wand geschleudert habe. Für ihn stehe «außer Zweifel», dass der gesamte Vorgang von zahllosen stillen Äuglein im Zimmer beobachtet worden sei, «denn in diesem Raume blieb ich durch fast ein volles Jahr von allen Kniffen und Pfiffen, Bissen, Nücken und Tücken der insitzenden Objekte verschont». Die Frage, ob Objekte Seelen haben – ob sie «leben» –, gehört klassischerweise nicht zum Gegenstandsbereich der Physik. Aber das muss ja nicht so bleiben.

HOMOSEXUALITÄT

Der Smalltalk-Profi zeigt seine ganze Virtuosität, wenn er es schafft, durch geschickte Kombination von Themen Situationen zum eigenen Vorteil zu wenden. Verkehrt man in gebildeten Kreisen, kann es einem zum Beispiel passieren, dass man ein Pauschalthema anstößt – wie das Internet – und die Konversation in eine lähmende Endlosschleife gerät. Das ist der Moment für einen Joker: ein Thema, das maximale Aufgebrachtheit garantiert, um das Gespräch zu reanimieren. Sollte sich daraus ein Disput ergeben, kann man alsbald als Retter auftreten und die Gemüter mit einem Chloroformthema befrieden, zum Beispiel, indem man das Gespräch auf Fernsehserien lenkt. Oder auf Helmut Schmidt. Manche Themengebiete sind sogar vielfach verwendbar, sie eignen sich als Pauschal-, Joker- oder Chloroformthema, je nachdem, mit wie viel Nonkonformismus man sie zu würzen entschlossen ist.

Homosexualität ist so ein Thema.

Befindet man sich auf einer Cocktailparty und die Sprache kommt darauf, muss man sich dem unerschrocken stellen. Jeder muss heutzutage eine Meinung dazu haben. Wer sich zu entziehen versucht («von mir aus darf jeder in seinen vier Wänden …»), wirkt schnell suspekt. Je nach Laune und Absicht steht es Ihnen jedoch frei, wie Sie sich äußern.

Wollen Sie zum Beispiel der jungen Akademikerin gefallen, die Ihnen eben noch so interessiert zugehört hat, ist jede als homophob deutbare Anmerkung zu unterlassen. Sie sprechen am besten über das antike Griechenland und die

Selbstverständlichkeit, mit der dort das Dasein als Lehrer mit erotischen Interessen an Schülern einherging. Oder, noch banaler, Sie erzählen, dass es ja auch im Tierreich Beispiele für gleichgeschlechtliche Liebe gebe, etwa unter Delfinen, das Ganze also «vollkommen natürlich» sei und es nur «wir Menschen» seien, die so ein Aufsehens darum machen. Sie können sich auch – und damit wird es schon einen Tick interessanter – ein wenig darüber auslassen, wie sich das, was eine Kultur als abweichendes Sexualverhalten betrachtet, im steten Wandel befindet. Das ist zum Beispiel am Begriff «Sodomie» festzumachen. Bis vor etwa zweihundert Jahren galt noch jedwede sexuelle Handlung, die nicht der Fortpflanzung diente, als sodomitisch (sogar heutzutage unter braven Eheleuten völlig gängige Sexualpraktiken, die hier einzeln zu diskutieren kein Raum ist). Dann durchlief das Wort eine seltsame Begriffsverengung. Es bezeichnete plötzlich nur noch penetrativen Sex zwischen Männern. Heute würde man sich hüten, Homosexuelle der Sodomie zu zeihen, man versteht darunter eigentlich nur noch sexuelle Handlungen mit Tieren. Wie sich moralische Vorstellungen wandeln, ist also schon an der Bedeutung einzelner Worte abzulesen. Was gestern noch «pervers» war, ist morgen schon Plauderthema am Frühstückstisch. Das ist im Kern auch die Aussage von «The Origins of Sex» von Faramerz Dabhoiwala, dem gepriesenen 536-Seiten-Wälzer des Popstars unter den Oxford-Historikern.

Im gesellschaftlichen Kontext wird, wenn es um Homosexualität geht, unweigerlich jemand den Satz sagen: «Ich habe nix gegen Schwule, aber ich möchte nicht, dass die Kinder in der Schule lernen, dass das alles normal sei, und mein

Sohn dann nach Hause kommt und mich fragt, wie schwuler Sex funktioniert.» Es gibt nun verschiedene Möglichkeiten zu reagieren. Am besten, Sie nicken höflich und denken sich Ihren Teil. Wenn der Satz aber aus dem Mund von jemandem kam, der Ihnen schon den ganzen Abend auf die Nerven fiel, sagen Sie freundlich: «Die Gesellschaft sollte das Thema also weiter unter den Teppich kehren, nur damit Sie nicht in Verlegenheit kommen, fünf Minuten mit Ihrem nervenden Kind zu reden?»

Die hinterhältigere Variante des obigen «Ich-habe-zwar-nix-gegen-Schwule»-Satzes geht nach dem Komma so weiter: «... aber mir gehen die ständigen Outings von Prominenten auf die Nerven. Von mir aus können die treiben, was sie wollen, ich will das alles gar nicht wissen.» Klingt herrlich aufgeschlossen, ist aber ziemlich perfide. Jeder informierte Mensch sollte wissen, dass die offensive Sichtbarkeit von Lesben und Schwulen kein Selbstzweck ist, sondern ein Akt der Selbstbehauptung.

Im Dritten Reich starben Tausende Homosexuelle in Arbeits- und Konzentrationslagern. Viele wurden Opfer von Menschenversuchen. Kein homosexuelles KZ-Opfer wurde entschädigt, der berüchtigte Paragraph 175 wurde erst 1994 gestrichen. Noch in den fünfziger Jahren hatten Staatsanwälte der Bundesrepublik regelrechte Verfolgungswellen in Gang gesetzt und damit die Stimmung im Land vergiftet, Karrieren von Ehrenleuten zerstört, Schmach und Hass verbreitet, bürgerliche Existenzen vernichtet.

Erst seit relativ kurzer Zeit kann man als Schwuler in Deutschland einigermaßen angstfrei leben – das vergessen gern jene, die sich über angeblich «penetrant» zur Schau getragene Homosexualität echauffieren. Ein Freund von mir hat das in einem Essay durch folgende Rechnung greifbar gemacht: «Wer 2014 sechzig Jahre alt wurde, war schon fünfzehn, als 1969 von der ersten Regierung Willy Brandts der berüchtigte Paragraph 175 des Strafgesetzbuches revidiert wurde, der gleichgeschlechtliche Handlungen zwischen Personen männlichen Geschlechts mit bis zu sechs Jahren Gefängnis bestrafte.» Der Paragraph blieb übrigens bestehen, homosexuelle Handlungen wurden lediglich *straffrei*. Erst 1994 wurde er, wie erwähnt, ersatzlos gestrichen.

Die Folgen für die Moral, die die Kriminalisierung der Homosexualität in Deutschland hatte, sind längst vergessen. (Nicht so sehr die Folgen für die Moral der Homosexuellen selbst. Die waren «nur» zu Heimlichtuerei gezwungen. Berlin galt als Eldorado für Schwule, die öffentlichen Toiletten Berlins hießen bald im Volksmund «Gustaf-Gründgens-Gedächtnishallen».) Fatal waren die moralischen Folgen aber vor allem für die Sittenwächter. Der Paragraph 175 entlarvte ihr Denunziantentum, sie diskreditierten sich selbst durch üble Nachstellungen und Erpressungen. Wie man in den 1922 erschienenen Memoiren des langjährigen Berliner Chefs des Homosexuellendezernats, Hans von Tresckow, nachlesen kann, war die Berliner Polizei gar nicht so sehr mit der Verfolgung von Schwulen beschäftigt – Tresckow war eher Chef eines Erpressungsdezernats, dessen Arbeit darin bestand, hochstehende Berliner Homosexuelle ohne öffentliches Aufsehen von Erpressern zu befreien und entsprechende Affären möglichst diskret zu lösen.

Wie sehr sich die Gesellschaft durch die Kriminalisierung der Homosexualität selbst schädigte, war spätestens sichtbar, als die ersten öffentlichen Hetzkampagnen das Reich erschütterten. Ausgerechnet das SPD-Parteiorgan «Vorwärts», dessen Name eigentlich auf Fortschrittlichkeit schließen lassen sollte, war verantwortlich für einen besonders hässlichen Fall. Der Industrielle Friedrich Alfred Krupp wurde mit einem Artikel attackiert, der beschrieb, was ihn mit einem Hotelpagen auf der Insel Capri verband. Seine bürgerliche Ehre war ruiniert. Er war ruiniert. Eine Woche nach Erscheinen des rufmörderischen Texts war Krupp tot. Seine Ärzte attestierten einen «Gehirnschlag». Der Höhepunkt des denunziatorischen Klimas war die Eulenburg-Affäre von 1906, bei dem es Starjournalisten wie Maximilian Harden vor allem darum ging, Kaiser Wilhelm II. und seinen ganzen – angeblich verweiblicht-liberalen Freundeskreis – zu diskreditieren.

Nach solch einem leidenschaftlichen und doch informierten Vortrag ist Ihnen die Gunst der subtil umworbenen Akademikerin eigentlich schon sicher. Wenn Sie aber merken sollten, dass die junge Dame (oder der junge Herr?) kein Interesse an Ihnen hat, Sie also jede Hoffnung auf sexuelle Handlungen, die der Fortpflanzung oder anderen Zwecken dienen, ohnehin fahrenlassen müssen, können Sie vom Konsenskurs abweichen. Sie stehen nun glaubhaft als nichthomophob da, was Ihnen den Spielraum eröffnet, rein praktische Bedenken gegen sexuelle Handlungen zwischen Menschen gleichen Geschlechts anzumelden. Sagen Sie so etwas wie: «Ich habe keine moralischen Argumente gegen Homosexualität, aber praktische. Die weiblichen primären Geschlechtsorgane passen einfach geometrisch nicht zueinander. Und die von Männern noch weniger.» Für restlose Verwirrung können Sie sorgen, wenn Sie schließlich erläutern, warum es abwegig ist, bei der Suche nach moralischen Hardlinern in Sexfragen immer auf die katholische Kirche zu zeigen. Für die katholische Kirche ist tatsächlich jede Form von sexueller Befriedigung sündhaft, die nicht auf Fortpflanzung aus ist. Homosexuelle Handlungen sind laut Katechismus «in keinem Fall zu billigen», aber ebenso wenig sind es allerlei andere, weit verbreitete und tolerierte heterosexuelle Praktiken, die sozusagen nicht zum Ziel führen. Verweisen Sie auf der Suche nach moralisch-ethischen Keulenschwingern lieber auf den in liberalen Kreisen verehrten Karl Barth, der in der Homosexualität den Weg in die Unmenschlichkeit, eine «Erscheinung der Dekadenz, des Zerfalls» zu erkennen glaubte.

Was die katholische Kirche betrifft, ist die Sache vergleichsweise simpel: Es gibt allerlei Dinge, die aus ihrer Sicht verwerflich sind. Das Anprangern von sittlichen Verfehlungen hat meist mehr mit eigenen Wünschen und Neigungen als mit Theologie zu tun. In Dantes «Inferno» schmoren die Wollüstigen relativ weit oben, die Verräter aber ganz weit unten im Höllenfeuer. Mit manchem, was als Sünde bezeichnet wird, schadet man nur sich selbst. Mit anderem schadet man sich *und* anderen. Und vor allem: Manche Sünden sind vergnüglicher als andere. Es ist wie in dem alten jüdischen Witz:

In der Synagoge hängt eine Tafel, auf der steht: «Die Frau seines Nächsten zu begehren, ist ebenso verboten, wie in der Synagoge unaufmerksam zu sein.» Darunter hat einer gekritzelt: «Beides versucht, kein Vergleich!»

JAGD

Ein Steinzeitmensch, der ständig an seinem Faustkeil-Smartphone rumgefummelt hätte, wäre damals, in der guten alten Zeit des Pleistozäns, schief angesehen worden. Die Leute waren damals kommunikativer als heute. Und das, obwohl es eigentlich nur ein einziges Smalltalk-Thema gab: die Jagd. Sie war die erste Beschäftigung, der erste Beruf des Menschen. Man saß nach Feierabend in der Höhle beisammen, das Feuer flackerte, und während man noch an den letzten Bärenknochen nagte, erzählte man sich von seinen Jagderlebnissen. Heute ist das anders. Die letzten verbliebenen Karnivoren können allenfalls noch beantworten, welches Biosiegel die Plastikverpackung trägt, die sie aus dem Kühlregal nehmen. Der Rest kaut Seitan-Wurst und runzelt die Stirn über die Naturferne des modernen Menschen. Heute über die Jagd zu sprechen, verlangt Mut. Das Thema eignet sich eigentlich nur noch, um seine Gesprächspartner zu provozieren.

Ich weiß, wovon ich rede. Man Vater war mehr als nur ein leidenschaftlicher Jäger. Sein Leben bestand aus der Jagd. Die Hochzeitsreise meiner Eltern ging nicht in irgendein exotisches Luxushotel, sondern auf eine Jagdhütte in Tirol. Dort verbrachten sie die Nächte zu dritt, gemeinsam mit dem für das Revier zuständigen Förster. Mein Vater schaffte es seltsamerweise dennoch, vier Kinder zu zeugen, auch wenn er sich wahrscheinlich ebenso über Jagdhunde gefreut hätte. Meine Geschwister und ich reagierten auf die unser Leben beherrschende Jagd zumeist mit dezidiertem Desinteresse. Ich wurde sogar zum Jagdgegner. Nicht aus ideologischen oder ödipalen Gründen, sondern weil ich in meiner Kindheit schlicht eine Überdosis Wald genossen hatte. Während meine Klassenkameraden wegen des angeblich unmittelbar bevorstehenden Waldsterbens Tränen in den Augen hatten und über sauren Regen jammerten, verwendete ich einen Großteil meiner Energie darauf, dem Wald zu entkommen. Wenn ich aber Zeit mit meinem Vater verbringen wollte, blieb mir nichts anderes übrig, als ihn auf die Pirsch oder auf den Hochstand zu begleiten. Dort durfte ich keinen Mucks machen, auch Atmen war untersagt. Von meinem Vater habe ich hauptsächlich gelernt, mich wie ein Tier zu verhalten (zumindest im Wald). Anschleichen, ducken, Geräusche vermeiden, der Natur anpassen. Mein Vater schien seine ganze Umgebung aus der Perspektive des Tieres zu betrachten – genau das machte ihn wohl zu einem so guten Jäger und mich zu einem experten Jagdverächter.

Die Jagd eignet sich insofern perfekt als würziges Smalltalk-Thema, als dass man damit *alle* Anwesenden gegen sich aufbringen kann, Jäger und Jagdgegner gleichermaßen. Den meisten Menschen, die heutzutage auf die Jagd gehen, Zahnärzte, Rechtsanwälte und Vorstandsmitglieder von DAX-Konzernen, ist Golf schlicht zu gewöhnlich geworden, sie sehen Natur in der Regel als etwas Käufliches oder Konsumierbares, müssen also eigentlich den Kulturmenschen und Naturverächtern zugerechnet werden. Die Leute wiederum, die Jagd ablehnen, bezeichnen sich gern als naturverbunden und sehen unwissentlich – oder wissentlich? – darüber hinweg, dass es schlicht nichts Naturnäheres gibt als die Jagd. In seinem berühmten Essay «Über die Jagd» bezeichnete José

Ortega y Gasset diese als «Ferien vom Menschsein». Damit ist eigentlich alles gesagt. Der Städter, der sich aus der «urväterlichen Nachbarschaft» mit Tieren, Pflanzen und Gestein entfernt hat, kann eigentlich nur durch die Jagd wahrhaft zur Natur zurückkehren. Dazu genügt es eben nicht, Gärtner, Wanderer, Jogger oder Mountainbiker zu sein – man muss, so der Philosoph, mit der Natur eins werden. Und das gelingt nur, indem man alles Animalische in sich wachruft. Um ein guter Jäger zu sein, muss man sich dem Tier nicht nur anpassen, man muss die «mystische Verbundenheit» mit ihm suchen. Ortega y Gasset: «Der Verfolger kann nicht verfolgen, wenn er nicht sein Schauen mit dem des Verfolgten vereinigt. Das heißt, die Jagd ist die Nachahmung des Tieres (...). In dieser mystischen Einheit mit dem Wild entwickelt sich unmittelbar eine Ansteckung, und der Jäger beginnt, sich wie jenes zu verhalten.» Der Mensch, konstatiert er, habe, seitdem er Ackerbau betreibe und sesshaft wurde, all die Fähigkeiten verloren, die ihn einst bestimmten, den Geruchssinn, den Orientierungssinn, das Fährtenlesen ...

Mein Vater aber hatte in dieser Hinsicht wahrscheinlich einen Evolutionssprung verpasst. Er verfügte über einen Beuteinstinkt, der in alten Abenteuerromanen nicht dem edlen Waidmann, sondern meist dem Wilderer zugeschrieben wird – weil die Tiefe seines jagdlichen Wissens und Könnens etwas Fremdes, etwas Archaisches hatte. Für meinen Vater war es, im Gegensatz zu den meisten anderen Jägern, die ich kennengelernt habe, übrigens auch nebensächlich, ob oder wie viel Wild er erlegte. Oft erklärte er mir auf dem erlösenden Nachhauseweg, nachdem wir Stunden auf einem Hochstand ausgeharrt hatten, ohne uns auch nur zu bewegen, dass eine Jagd, die immer erfolgreich sei, keine Jagd sei. Der ganze Reiz bestand für ihn darin, dass die Überlegenheit des Menschen im Wald nahezu aufgehoben ist. Jedes Mal, wenn er ohne Beute nach Hause kam, war es für ihn wie eine Bestätigung dieses Gesetzes. Tötete er dann doch ein Tier, war es kein Triumph, sondern sehr, sehr ernst. Wenn ich daran zurückdenke, wie er zielte und schoss, spüre ich noch heute die seltsame Unruhe, die er dabei ausstrahlte. Als er dann das erlegte Wild aufbrach und vor meinen Augen die dampfenden Innereien entnahm, hatte dies fast schon etwas Sakrales. Er ehrte das Tier, dessen Blut er vergossen hatte. Der Tod behielt für ihn immer seinen Schrecken.

Auf die Gefahr hin, die jagenden Rechtsanwälte unter den Lesern zu verärgern: Das Ethos, das meinen Vater, diesen so innig mit der Natur verwachsenen Menschen, bestimmte, ist der Jagd, wie sie heute – als Sport – praktiziert wird, komplett verlorengegangen.

Über den Ursprung seiner Jagdliebe hat mein Vater – mir gegenüber zumindest – natürlich stets geschwiegen. Wenn ich ihn auf die Vorbehalte meiner Klassenkameraden oder Lehrer gegen seinen Lebensinhalt ansprach, erklärte er mir das Wesen der Jagd recht nüchtern als «Dienstleistung». Im Kern gehe es, predigte er, um die Hege und die Pflege des Forstes und darum, die heute aus unseren Breitengraden weitgehend verschwundenen Predatoren – den Wolf, den Luchs, den Bären – zu ersetzen, um so für das natürliche Gleichgewicht im Wald zu sorgen. Das war natürlich Unsinn oder, um es respektvoller zu formulieren, eine Rationalisierung. Flucht aus der Gegenwart, Abkehr vom urbanen Angestelltendasein, das war sein Antrieb. Gerade Letzteres muss er als Etagenadeliger der ersten Generation als besonders schmerzhaft empfunden haben. Sein Vater – und all seine Ahnen – waren neben den Wettinern die größten Waldbesitzer im heutigen Sachsen. Er selbst war Lohnempfänger des Deutschen Jagdschutzverbandes und später der Jagdzeitschrift «Die Pirsch». Er besaß keinen einzigen Baum, war bis zur Wiedervereinigung 1989, also fast zeit seines Lebens, immer nur «Jagdgast» (so hieß auch eines seiner Bücher). Das ganze Gerede von der Jagd als Dienst an der Natur war nur ein Vorwand für das, was sie ihm wirklich war: ein Akt der Auflehnung – gegen das Städtische, gegen das Kleinbürgerliche, gegen die Gegenwart. Wenn ich, der ich fast mein ganzes Erwachsenenleben nur in Großstädten verbracht habe, heute hinaus in die Natur gehe und so hyperspießig durch den Wald jogge, dann muss ich oft an meinen Vater denken und empfinde dabei nicht selten einen gewissen Neid. Einem Städter wie mir bleiben die animalischen Seiten des Daseins, mit denen er als Jäger verwoben war, verschlossen. Er verfügte über einen inneren Kosmos, über ursprüngliche, natürliche Instinkte, die bei mir schon längst verschüttet sind.

Die sogenannte Jagdkultur, die für meinen Vater, seine Freunde, für Familien wie meine so eine zentrale Rolle spielte, war durchaus dekorativ – aber ihre Aufgabe war es, einer Sache, die im Kern wild und roh ist, durch edle Regelhaftigkeit einen zivilisatorisch-kultivierten Anstrich zu verleihen. Weder mein Vater noch irgendeiner meiner Verwandten hätte je zugegeben, dass die Jagd ihnen das gleiche archaische Glücksgefühl beschert wie schon unseren prähistorischen Ahnen.

Die von ihnen bemühten ökologischen Argumente – wie Hege und Pflege der Natur – sind Vorwände: Ein Waldbesitzer, dessen Herz an der Jagd hängt, muss den Wildbestand künstlich hoch halten – und das geht immer auf Kosten der Natur, der Bäume, der Vegetationsvielfalt. Das Rehwild verhält sich im Wald nämlich exakt so wie Urlauber beim Frühstücksbuffet auf der MS Europa. Erst picken sie sich die Delikatessen raus, den Lachs, den feinen Aufschnitt – im Wald sind das die jungen Ulmen, Erlen und Kirschen. Erst wenn die abgefressen sind, begnügt man sich mit den langweiligen Brötchen mit Erdbeermarmelade, also den Buchen und Fichten. Ein großer Wildbestand, wie ihn Jäger schätzen, ist mit einem gesunden, an Baumarten reichen Wald nicht vereinbar. Jeder Waldbesitzer muss sich entscheiden, wem er den Vorrang gibt: der Jagd *oder* dem Forst. Für die meisten Waldbesitzer, mit ihrem bis heute feudalen Selbstverständnis, hat die Jagd eindeutig Vorrang. Jagd in ökologisch ausgeglichenen Revieren macht schlicht weniger Spaß und lässt sich – was ein wichtiger Faktor ist – schlecht an Anwälte und Zahnärzte verkaufen.

Seit der Mensch Ackerbau und Viehzucht betreibt und sein Überleben nicht mehr vom Jagdtier abhängt, seither ist die Jagd, zumindest so, wie sie bei uns betrieben wurde, keine Notwendigkeit mehr. Es mag ein uraltes und daher bewahrenswertes Kulturgut sein, aber im Kern ist es bestenfalls ein edles Hobby und schlimmstenfalls ein Sport. Mehr noch: Wenn man Werner Herzogs Film «Die Höhle der vergessenen Träume» sieht und die dort gezeigten prähistorischen Malereien, wenn man ins British Museum oder den Louvre geht und die Jagddarstellungen früher Kulturvölker betrachtet, bekommt man eine Ahnung davon, welche Bedeutung die Jagd einst hatte. Die gejagten Tiere waren für die frühen Menschen Träger eines göttlichen Lebensgeheimnisses. Sie sahen in ihnen ein Gegenüber, das man zwar zu töten, aber für das vergossene Blut auch zu versöhnen gezwungen war. Der moderne Jäger – so muss man den Menschen seit Beginn der antiken städtischen Kultur nennen – hat davon allenfalls symbolische Gesten bewahrt.

Und außerdem fußt das, was man weihevoll Waidgerechtigkeit nennt, auf einem historischen Erbe, das weder edel noch glamourös, sondern eher beschämend ist. In der feudalen Jagdkultur stand immer nur ein möglichst hoher Wildbestand im Mittelpunkt. Immer auf Kosten der Natur. Und auf Kosten der Menschen, die sich von der Natur ernährten. Nur so ließ es sich möglichst erquicklich jagen. Dieser Umstand war sogar der Auslöser der Bauernaufstände im Mittelalter. Die künstlich schnelle Vermehrung des Wildes – verbunden mit dem Verbot für die Bauern, sich gegen die Schädlinge zu wehren – führte die Bauern direkt ins Elend. Sie mussten zusehen, wie das Wild abends auf den Feldern äste, das Getreide vernichtete und oft in einer einzigen Nacht die Ernte einer ganzen Saison zerstörte. Die Folge waren Hungersnöte. Um die Jägerei nicht zu behindern, waren den Bauern sogar Zäune verboten. Kurfürst Albrecht von Brandenburg rühmte in einem Brief an seinen Sohn aus dem Jahre 1480 den Bestand an Wildschweinen, erklärte aber auch sehr prägnant, warum sie noch geschont werden mussten: «Wiewohl sie den Leuten Schaden tun, wollen wir sie doch sparen, das wir zu jar auch zu jagen haben.» Wer aus der Notlage heraus zum Wilderer wurde, bezahlte das mit dem Leben. Die Strafen wurden, mit der Verschärfung der Eigentumsrechte ab dem vierzehnten Jahrhundert, immer drastischer. Kurfürst Moritz von Sachsen etwa ließ einen Wilderer auf einen Hirsch binden und hetzte diesen mit Hunden durch den Wald.

Mit der «Poesie der Jagd» hatten die großen jagdlichen Hoffeste des siebzehnten, achtzehnten und neunzehnten Jahrhunderts jedenfalls wenig am Jagdhut. Üblicherweise wurde das Wild auf engstem Raum zusammengetrieben, damit die vornehmen Herren es bequem erlegen konnten. Eine der schlimmsten Verirrungen war das sogenannte «Fuchsprellen», das besonders am sächsischen Hof beliebt war. Zum Vergnügen der hohen Herrschaften wurden Füchse durch den Schlosshof gejagt, wo sie, wenn sie über ausgelegte Netze liefen, durch ruckartiges Ziehen nach oben geschleudert wurden. Beim Aufprall auf die Erde brachen sich die Tiere alle Knochen. Entweder verendeten sie sofort oder wurden, wenn sie verletzt fortkrochen, von einem Jäger erledigt. Um das Plaisir für die erlauchten Zuschauer ein wenig in die Länge zu ziehen, wurde der Schlosshof vorher mit Sand überschüttet. Geprellt wurden nicht nur Füchse, sondern auch Hasen, Dachse, Wildkatzen, Biber und Frischlinge. Auch gab es Tierkämpfe in der Jägerei des achtzehnten und frühen neunzehnten Jahrhunderts, die man sich von den alten Römern abgeschaut hatte. Der Herzog von Cumberland brachte zum Beispiel Hirsche und Tiger in einen abgeschlossenen Waldteil von Windsor, um sie zum Vergnügen der Hofgesellschaft miteinander kämpfen zu sehen.

Die Regelhaftigkeit der Jagd unserer Tage verdanken wir nicht, so schön es auch wäre, irgendeiner hehren jagdlichen

Tradition, sondern der steigenden Bedeutung von Land- und Forstwirtschaft. Und der Tatsache, dass Familien wie meine irgendwann nicht mehr tun und lassen konnten, was sie wollten. Revolutionen hatten für den Adel verheerende Folgen – und zumindest einen konkreten Gewinner: das Wild und den Wald.

Das Waidrecht, wie es heute in Deutschland gilt, wurzelt interessanterweise übrigens noch immer im Feudalwesen. Zu verdanken ist das Hermann Göring und seinem Reichsjagdgesetz von 1934, das von der Bundesrepublik weitgehend übernommen worden ist. Ausgerichtet ist es nicht auf den Schutz von Fauna und Flora – sondern, über ein Punktesystem, auf die Belohnung großer Trophäen. Das Sammeln von Trophäen ist immerhin eine Tradition, die bis in die Steinzeit zurückreicht. Die unserer Urahnen allerdings waren Teil eines Opferkultes, dessen tieferer Sinn es wohl gewesen ist, die Tierwelt – von der man abhängig war – zu verehren und gnädig zu stimmen. Heutzutage haben Geweihe keine kultische, sondern nur noch dekorative Funktion. Ihr Dienst in den Empfangsräumen von Golfklubs und teuren Landhotels besteht hauptsächlich darin, Wirtschaftsanwälten das wohlige Gefühl von Arriviertheit zu vermitteln.

PFERDERENNEN

Pferderennen sind das eine – das einzige – Wissensgebiet, das augenblicklich für die höchsten und allerhöchsten Kreise qualifiziert. Wenn Ihnen auf einer Cocktailparty zufällig die Queen, der Emir von Dubai oder der Aga Khan begegnen, können Sie ihnen – und allen anderen Anwesenden – den Abend retten, wenn Sie das Neueste aus dem Galopprennsport zu berichten wissen. Um wirklich kompetent über dieses Thema reden zu können, hilft es allerdings sehr, Araber zu sein. Oder in Newmarket in der englischen Grafschaft Suffolk aufgewachsen zu sein. Hier finden seit dem zwölften Jahrhundert Pferderennen statt, hier hat der Jockey Club seinen Sitz, hier stehen das Staatsgestüt, das nationale Zuchtzentrum für Vollblüter und das nationale Pferderennmuseum, zum Frühstück wird Hafer serviert, und die Einwohner grüßen sich mit freundlichem Wiehern.

Wie aber kann man sich durchschummeln, wenn man weder Araber noch Eingeborener von Newmarket ist? Zunächst ist es wichtig, keine blöden Fragen zu stellen. Verboten sind zum Beispiel Sätze wie «Wetten Sie auch?» oder «Gibt es wirklich Insidertipps?» oder «Waren Sie schon mal in Ascot?». (Das traditionsreichste Galopprennen der Welt, das Derby, findet übrigens nicht in Ascot, sondern in Epsom statt.)

Dann sollten Sie ein paar grundlegende Fakten kennen: Wenn von «Pferderennen» die Rede ist, sind klassische Galopprennen gemeint, nach den Regeln, wie sie im achtzehnten Jahrhundert für jenes Derby in Epsom kodifiziert wurden. Es gibt noch andere Sorten von Pferderennen, zum Beispiel das risiko- und ruhmreiche Jagdrennen (Steeplechase) und das piefige Trabrennen, aber das soll uns hier nicht ablenken.

Der Sinn des klassischen Galopprennens ist nicht einfach ein plumper Leistungsvergleich wie bei jedem anderen Sport. Das ganze Unterfangen hat ein höheres Ziel. Eigentlich handelt es sich um ein fortwährendes genetisches Experiment: Pferderennen dienen der Suche nach den besten Hengsten und Stuten für die Zucht. Je erfolgreicher ein Rennpferd, desto ruhmreicher seine spätere Karriere als Zuchtpferd. Galopprennen sind die Jagd nach einem Ideal: dem ultimativ-perfekten Pferd, das zwei eigentlich kollidierende Eigenschaften miteinander vereint – auf der einen Seite Schnelligkeit und Agilität, auf der anderen Seite Robustheit und Ausdauer.

Noch ein paar wichtige Fakten: Pferderennen gibt es seit den alten Griechen. Schon Homer beschreibt sie in der Ilias. Bei den Olympischen Spielen der Antike ritten die Jockeys nackt. Die älteste Tradition haben Pferderennen aber bei den Wüstenvölkern Vorderasiens. Jedenfalls waren es die Assyrer im nördlichen Mesopotamien, die erstmals systematisch Pferde züchteten. Und die Perser verdankten ihren Aufstieg zur ersten militärischen Weltmacht dem Umstand, dass sie reiten konnten und damit über die erste Wunderwaffe der Weltgeschichte verfügten. Als erster Pferdeflüsterer der Geschichte gilt Simon von Athen, er leitete im fünften Jahrhundert vor Christus die erste historisch belegte Reitschule. Sein Buch «Peri hippikes» (Über die Reitkunst) ist leider nur in Fragmenten erhalten, aber vielleicht das einzige Sachbuch, das nicht nach ein paar Jahren überholt war, sondern seit nunmehr sechsundzwanzig Jahrhunderten Gültigkeit besitzt. Simon von Athen lehrte, dass es bei wahrer «Horsemanship» – so nennt man in berittenen Kreisen die Kunst, mit Pferden umzugehen – nicht darum geht, den Willen eines Pferdes zu brechen, sondern darum, Vertrauen zwischen Reiter und dem von Natur aus ängstlichen und misstrauischen Tier aufzubauen.

Die Römer, die sich von den Griechen und den Persern die Leidenschaft für Pferde abgeschaut hatten, hielten in Britannien Rennen ab. Das erste offiziell dokumentierte Pferderennen auf englischem Boden fand im Jahr 210 im Norden in Netherby (Yorkshire) statt. Der Aufstieg Englands zur Galopprenngroßmacht begann aber erst im achtzehnten Jahrhundert – und ist mit drei Namen verbunden. Im Grunde genügt es, genau diese *drei* Namen zu kennen, um sich in Gesellschaft von Kennern eine Weile über Wasser zu halten. Die Namen lauten: Byerley Turk, Darley Arabian und Godolphin Arabian. Sämtliche etwa zweihunderttausend heute im Galopprennsport eingesetzten Vollblüter tragen das Blut eines dieser drei legendären Hengste in sich.

Byerley Turk war ein Araberhengst, der im Großen Türkenkrieg Ende des siebzehnten Jahrhunderts einem osmanischen Krieger gestohlen wurde. Nach anderer, freundlicherer Lesart gehörte das Pferd zur Kriegsbeute. Jedenfalls geriet es in den Besitz eines englischen Offiziers namens Robert Byerley, der die Besonderheit des Hengstes sofort erkannte, ihn nach England mitnahm und das stattliche Tier zur Zucht einsetzte. Der Araberhengst aber vermisste seine grazilen arabischen Artgenossinnen. Die Zahl der robusten englischen Stuten, die er zu decken bereit war, ist jedenfalls sehr überschaubar. Immerhin war einer seiner wenigen Nachkommen, der 1758 abgefohlte Hengst Herod, weniger wählerisch, er gehörte zu den legendärsten Zuchtpferden der Rennsportgeschichte und trug maßgeblich zur Entstehung jener neuen Rasse bei, die man Englisches Vollblut nennt.

Der zweite berühmte Ahne des Englischen Vollbluts, Darley Arabian, hieß ursprünglich «Ras el Fedowi» (der Eigensinnige) und wurde von einem syrischen Scheich an einen britischen Konsul verkauft. Araber behaupten bis heute, der Scheich sei von dem britischen Diplomaten Thomas Darley übers Ohr gehauen worden. Das wäre eine Sensation in der morgenländischen Wirtschaftsgeschichte. Jedenfalls wurde das Pferd nach Yorkshire gebracht, nahm selbst nie an einem Rennen teil, deckte aber bis ins hohe Alter von dreißig Jahren Hunderte Stuten, deren Fohlen später für ihren außerordentlich schnellen Galopp berühmt waren. Einer der unmittelbaren Nachkommen von Darley Arabian ist übrigens der mehrfach von George Stubbs porträtierte Fuchshengst Eclipse (1764–1789), der bis heute – mit achtzehn Siegen in achtzehn Rennen – eines der legendärsten Rennpferde der Geschichte ist.

Der dritte und wohl berühmteste Ahne ist aber der 1724 gefohlte Berberhengst Sham, der als Godolphin Arabian in die Geschichte einging, weil er über Umwege – angeblich war er ursprünglich ein Geschenk des Herrschers von Tunis an Frankreichs König Ludwig XV. – in den Besitz der englischen Adelsfamilie Godolphin kam. Das Leben dieses Tieres bietet Stoff für Romane (darunter Marguerite Henrys «König der Winde»), berühmt ist Godolphin aber auch deshalb, weil der heute erfolgreichste Rennstall der Welt, Godolphin Racing, seinen Namen trägt. Der Rennstall mit dazugehörigem Gestüt hat seinen Sitz in Newmarket, die Jockeys tragen hellblaue Racing Silks. Es ist im Privatbesitz von Scheich Mohammed bin Rashid Al Maktoum, dem Herrscher von Dubai. Allein 2013 hat Godolphin Racing weltweit 228 Siege errungen, ist sozusagen Real Madrid, FC Barcelona und Bayern München in einem. Würde man die Spieler dieser Vereine in einem fort genetisch miteinander kreuzen (unter Einbeziehung dafür unabdingbarer Top-Athletinnen), erränge man wahrscheinlich ähnliche Erfolge wie Godolphin Racing.

Neben diesen drei großen Namen können Sie zwischendurch die anderer berühmter Pferde fallenlassen und damit den Eindruck erwecken, Sie wüssten um die Geschichte des Galopprennsports: Nearco und Ribot, zwei Rennpferde des Züchters Federico Tesio, der den Sport bis in die Fünfziger prägte, Seabiscuit, der inmitten der US-Wirtschaftskrise in den dreißiger Jahren zu einem Symbol des gesellschaftlichen Aufstiegs wurde, Nijinsiki, der Ende der sechziger Jahre als Wunder der Natur galt. Aber das bekannteste Rennpferd aller Zeiten ist vermutlich der irische Hengst Shergar. Nicht nur, weil er das Derby in Epsom 1981 mit zehn (!) Längen Vorsprung gewann – ein bis heute ungebrochener Rekord. Der Grund für seinen Ruhm ist seine zutiefst traurige Geschichte. Für Smalltalk geeignet ist Shergars Geschichte nur, wenn keine zartfühlenden Zuhörer zugegen sind. Wenn Ihnen das Leid von Tieren auf die Seele schlägt, sollten Sie jetzt besser weiterblättern.

Shergar gehörte dem Aga Khan und wurde in Irland gezüchtet und trainiert. Er galt als spektakulärstes Rennpferd seiner Zeit. Als der Jockey Lester Piggott 1981 auf Shergar das irische Derby gewann, konnten die Kommentatoren kaum fassen, wie problemlos die beiden die Konkurrenz abhängten. «Der siegt ja im leichten Übungsgalopp», schrie der BBC-Reporter damals ins Mikrophon. Shergar war Irlands Nationalheld. Auf dem Höhepunkt seines Ruhmes verkaufte der Aga Khan vierunddreißig Anteile an dem Pferd zu einem Preis von je zweihundertfünfzigtausend Pfund (damals umgerechnet mehr als eine Million Mark) an verschiedene Besitzer weltweit, behielt aber sechs Anteile für sich. Das Pferd hatte damals also einen Wert von umgerechnet etwa vierzig Millionen Mark.

An einem nebligen Wintertag des Jahres 1983 wurde Shergar entführt – und tauchte nie wieder auf. Bis heute ist sein Schicksal rätselhaft. Am 8. Februar 1983 war ein schwer bewaffnetes, mit Balaclavas vermummtes paramilitärisches Kommando auf dem Ballymany-Gestüt westlich von Dublin erschienen, hatte Jim Fitzgerald, Shergars Pfleger, gezwungen, seinen Zögling in einen Pferdetransporter zu verladen und mitzukommen. Nach drei Stunden mit dem Lauf einer Maschinenpistole an der Schläfe wurde Fitzgerald auf offener Strecke aus dem Auto geworfen.

Shergar blieb verschwunden. Zwei Verhandlungsversuche zwischen den Entführern und dem Aga Khan scheiterten – nicht zuletzt weil sich die verschiedenen Besitzer des Pferdes nicht einig werden konnten. Einer von ihnen, Sir John Astor, erklärte Jahre später in einem Interview: «Wir wollten verhandeln. Aber wir hätten niemals Lösegeld gezahlt.» Sie fürchteten, dass sonst jedes Rennpferd auf der Welt zu einem potenziellen Entführungsopfer werden würde. Der Aga Khan war angeblich anderer Meinung. Aber nach den zwei gescheiterten Kontaktversuchen meldeten sich die Entführer nicht mehr. Wahrscheinlich war Shergar längst tot. «Wenn die Entführer keine Erfahrung mit einem derart hochgezüchteten und nervösen Geschöpf hatten», sagte später sein Pfleger Fitzgerald, «hat Shergar in dem Versteck vielleicht verrückt gespielt, und sie bekamen Angst vor ihm. Oder er hat sich verletzt und wurde dann von seinen Entführern aus Gnade erschossen.» Trotz unterschiedlichster Theorien ist bis heute nicht bekannt, wer die Entführer waren. Manche behaupten, es sei die neapolitanische Mafia gewesen. Ein Racheakt für einen missglückten Deal, bei dem sich ein dubioser Geschäftspartner des Aga Khan übervorteilt gefühlt hatte. Andere sagen, der pferdeverrückte libysche Diktator Gaddafi sei der Drahtzieher hinter der Entführung gewesen.

Das Szenario, das inzwischen als das weitaus plausibelste gilt, geht auf die These des IRA-Aussteigers Sean O'Callaghan zurück. In seinem Enthüllungsbuch «The Informer» belastete er die irische Terrororganisation, genauer, den IRA-Führer Kevin Mallon, der für kriminelle Geldbeschaffung zuständig war. Mit dem Lösegeld für Shergar, so O'Callaghan, sollten Waffenkäufe finanziert werden. Die IRA-Führungsebene habe damals geglaubt, es sei unkomplizierter, ein Pferd als einen Menschen zu kidnappen – außerdem habe man gehofft, auf diese Weise die Öffentlichkeit nicht so sehr gegen sich aufzubringen. Eine schwere Fehleinschätzung in diesem pferdeversessenen Land. Die IRA-These wurde später von weiteren Aussteigern bekräftigt – und hat der IRA selbst unter überzeugten Republikanern viele Sympathien gekostet.

Der Tiefpunkt: Vor wenigen Jahren behauptete ein ehemaliger IRA-Insider gegenüber einem Reporter des Londoner

«Sunday Telegraph», den Tod Shergars bezeugen zu können. Er sagte: «Shergar wurde mit Maschinenpistolen hingerichtet. Es war grauenhaft. Überall war Blut, das Pferd ist auf seinem eigenen Blut ausgerutscht. Es wurde viel gebrüllt und geflucht, weil das verdammte Tier einfach nicht sterben wollte.» Tatsächlich muss man die Anatomie eines Pferdes ziemlich genau kennen, um zu wissen, wo genau man die Waffe ansetzen muss, um das Tier zu töten, ohne dass es unnötig leidet. Am Kopf ist es eine Stelle nicht größer als ein Daumennagel. Wenn es stimmt, was der IRA-Mann sagte, muss das arme Geschöpf auf elendigste Weise verblutet sein.

Die Menschen im County Leitrim, an der Grenze zu Nordirland, wo Shergar nach seinem Todeskampf angeblich verscharrt worden ist, hüten viele Geheimnisse aus der Zeit des jahrzehntelangen Terrorkampfes. Das Geheimnis um Shergar ist womöglich eines der grausamsten.

Eines zumindest verbindet die meisten Briten und die meisten Iren: Abscheu vor diesem feigen Terrorakt. Und die Verehrung für ein Pferd, das zu seiner Glanzzeit eine Art Wirklichkeit gewordener Pegasus war. Jedes Jahr im August wird in Ascot der «Shergar Cup» ausgetragen. Ein Rennen, das der Erinnerung an dieses einmalige Tier gewidmet ist.

SEX

Darf man auf Partys über Sex reden? Selbstverständlich. Es gilt allerdings die alte Faustregel: Je größer die Story, desto kleiner der Schwanz. In Englands besserer Gesellschaft wird grundsätzlich nicht über Sex geredet. Dafür ist Promiskuität hier nach Cricket die über alle Klassengrenzen hinweg beliebteste Sportart. In keinem Land aber wird mehr mit Sex geprahlt, darüber gesungen und geschrieben als in Spanien, und nirgendwo sind die Männer treuer und die Frauen schwieriger ins Bett zu kriegen.

Generell wird die Bedeutung von Sex im täglichen Leben überschätzt. Elektrisierend ist vielmehr die *Vorstellung* von Sex. In der Praxis aber ist Sex aufwendig, anstrengend und zeitraubend. Nach Sigmund Freud ist nicht Sex, sondern die *Sehnsucht* danach die Triebfeder menschlichen Seins schlechthin. Ohne diese Sehnsucht gäbe es keine Kunst, keine Kultur. Wenn der Troubadour vor dem Fenster seiner Angebeteten sang, wollte er ja nur das eine. Ohne den Liebesgesang der Troubadoure gäbe es weder europäische Literatur noch klassische Musik, keinen Mozart, keinen Elvis ... Der Orgasmus ist das Ziel der Ziele, aber entscheidend und erotisch ist der Weg dorthin. Der Orgasmus selbst ist dann eine ziemlich ernste Sache. Das haben als Erstes die Franzosen kapiert, die den Orgasmus «le petit mort», den kleinen Tod, getauft haben. Im Moment des «Kommens» kommt man nämlich nicht (zu sich), sondern *geht* vielmehr – aus sich heraus. Neurobiologen sagen, dass im Hirn dabei tatsächlich Ähnliches geschieht wie während einer Nahtoderfahrung: Man tritt aus seinem Körper regelrecht heraus. Für wenige Sekunden ist man befreit von aller Lebenslast, von allem Denken, von allem Irdischen.

Dass es also die *Idee* der körperlichen Vereinigung und des Orgasmus ist, die uns antreibt, und nicht die Vereinigung selbst, erklärt auch den Erfolg von Büchern wie «Fifty Shades of Grey». Die meisten würden es in der Praxis wahrscheinlich eher als lästig empfinden, ständig ausgepeitscht zu werden, die Vorstellung aber – als Gedankenspiel – kann anregend wirken. Auch der Erfolg von Youporn (täglich mehr als sechzig Millionen Klicks) ist nur dadurch zu erklären, dass die Vorstellung von Sex die Menschen (genauer: die Männer) mehr interessiert als der Sex IRL («in real life»). Die Folgen sind fatal. Wenn es stimmt, dass die Sehnsucht nach Sex der innerste Motor des Menschen ist, berauben sich Männer durch Youporn & Co. dieses urmenschlichen Antriebs. Durch Internetpornographie wird ein menschlicher Instinkt betrogen, sein Erlöschen begünstigt. Die Griechen nennen das, was wir Ansicht nennen, «idéa», die Idee. Wenn uns die Idee von Sex antreibt und durch «idéa», die Ansicht, bereits verwirklicht wird, ersetzen wir das handgreifliche Erfassen durch das bloße Bild. Wir erschaffen uns ein digitales Schlaraffenland, in dem wir per Mausklick etwas bekommen, dem wir zuvor hinterherjagen mussten, für das wir Mühe aufwenden und um das wir werben mussten. Mittlerweile hat sich die abstumpfende Wirkung von Digitalsex herumgesprochen. In Amerika entstand die NoFap-Bewegung («fapping» ist ein Slangausdruck für Selbstbefriedigung), deren berühmtester Exponent nicht etwa irgendein moralisierender Evangelikaler ist, sondern der Gangsta-Rapper 50 Cent. Über Twitter versorgt er seine Fans mit konkreten Ratschlägen, wie sie sich aus der Onaniesucht befreien können. Auf einer Internetseite schildern Abstinenzler ihre Erfahrungen und schwärmen von ihrem suchtbefreiten Leben.

Pornosucht ist fast ausschließlich ein Problem von Männern. Sind Männer fauler? Weniger am realen Sex interessiert als Frauen? Die Sexualwissenschaft hat kürzlich – zum Entsetzen der Männerwelt – mit ein paar sehr hartnäckigen Gerüchten aufgeräumt. Etwa dem, dass Männer immer auf der Suche nach Sex, Frauen dagegen eher monogam sind. Die Kanadierin Meredith Chivers hat anhand mehrerer Versuchsanordnungen gezeigt, dass Frauen viel schneller erregbar sind als Männer – aber in unserer Gesellschaft dazu erzogen wurden, ihre Lust zu leugnen. In einem ihrer Experimente wurde die sexuelle Erregung von Frauen gemessen, während ihnen unterschiedlichste Sexvideos gezeigt wurden. Manche Clips zeigten Gruppensex, manche Gewaltszenen, andere Sex von Männern mit Männern. Alle Videos führten, deutlich messbar, zu Erregung. Aber als sie auf einem Fragebogen ankreuzen mussten, was sie als ansprechend empfanden, blieben die Fragebögen leer. Der Unterschied zwischen dem, was Frauen fühlen, und dem, was sie sich – bedingt durch kulturelle Prägung – zu fühlen erlauben, ist enorm. Bei Männern ist es genau andersherum. Sie prahlen viel – sind aber in Wahrheit gar nicht so leicht in Wallung zu bringen.

Der New Yorker Wissenschaftsjournalist Daniel Bergner hat die wichtigsten Erkenntnisse der vergangenen Jahre auf diesem Feld in einem Buch («What Do Women Want?») zusammengefasst. Wer sich das Bild der braven, keuschen, von der Gesellschaft auf Monogamie ausgerichteten Frau bewahren will, sollte es nicht lesen. Die dort aufgeführten Studien sind – für Männer – erschütternd. So ist zum Beispiel längst nachgewiesen, dass Männer auch nach Jahren noch Vergnügen am Sex mit der gleichen Frau haben. Bei ihr erlischt die Lust an ihm nach fünf Jahren fast komplett. Männer kommen, entgegen aller kulturellen Klischees, mit Monogamie bestens klar. Frauen überhaupt nicht. Das war die längste Zeit der Menschheitsgeschichte auch völlig unproblematisch. Die Lebenserwartung – vor allem die der Männer – war nicht sonderlich hoch.

Was Männer für Frauen attraktiv macht, ist ebenso wissenschaftlich erforscht. Frauen entscheiden sich für den, der Verlässlichkeit und Sicherheit ausstrahlt – ein Eindruck davon machen sie sich angeblich innerhalb einer Hundertstelsekunde. Und sie entscheiden sich bevorzugt für agile Jäger. Faule Männer, die sich ihren Jagdinstinkt wie bereits beschrieben abtrainieren, haben im sexuellen Wettbewerb also ziemlich schlechte Karten. Genau darin, in der Bereitschaft, jede Mühe auf sich zu nehmen, in der Entschlossenheit, Frauen wirklich erobern zu wollen, liegt übrigens auch der Erfolg großer Playboys. Echte Caballeros, Kavaliere, interessieren sich tatsächlich für Frauen und werden deswegen von anderen Männern gern als «Frauenversteher» abgetan. Caballeros haben Erfolg bei Frauen, weil sie ihre Gesellschaft wirklich lieben, weil sie, wie gute Jäger, die Fähigkeit haben, sich in ihre «Beute» hineinzuversetzen. Weil sie sich wirklich mit ihnen *beschäftigen*. Deshalb sind sie anderen Männern auch so suspekt.

Ich will das anhand von zwei Exemplaren illustrieren. Es

sind Aly Khan und Porfirio Rubirosa. Die beiden waren – konkurrenzlos – die größten Playboys des zwanzigsten Jahrhunderts. Ihre große Zeit hatten sie unmittelbar vor und nach dem Zweiten Weltkrieg, in der Glanzepoche des internationalen Jetsets. Beide starben, wie es sich gehört, bei Unfällen in schnellen Autos. Aly Khan sagte von sich: «Ich muss einfach Frauen um mich herum haben, um funktionieren zu können. Das Leben bedeutet mir ohne Frauen nichts.» Der Sohn und Erbe des Ismailitenführers Aga Khan verbrachte sein Leben mit der Jagd nach schönen Frauen. Die Klatschspalten der Zeit ernährten sich von seinen Affären und Ehen. Alys Playboykarriere begann, als ihn sein Vater mit achtzehn nach London schickte, um ihn dem mütterlichen Einfluss zu entziehen. Der Aga Khan stattete seinen Sohn mit einem Stadtpalais samt Personal, einer stattlichen Apanage und ein paar Tipps bezüglich des Galopprennsports aus – und überließ ihn seinem Schicksal. Binnen kürzester Zeit wurde er zum Hassobjekt aller jungen aristokratischen Männer Londons – und zum Sehnsuchtsobjekt aller jungen Damen.

Seine berühmteste Eroberung neben Rita Hayworth (die er immerhin Orson Welles ausspannte!) war Lady Thelma Furness, damals die Favoritin des Prince of Wales. Sie begegneten sich bei einer Party in New York. Er überredete sie zu einem Dinner zu zweit am nächsten Abend. Und am darauffolgenden Abend wieder. Als er erfuhr, dass ihre Rückkehr nach London unmittelbar bevorstand, bekniete er sie, die Abreise zu verschieben. «Nein, ich muss morgen zurück», sagte sie lachend. Als sie am nächsten Tag an Bord des Schiffs ging und ihre Kabine betrat, war diese voll von roten Rosen, an jedem Strauß hingen Liebesbotschaften wie «You left too soon», «Love, Aly», «See you in London». Am nächsten Morgen klingelte das Telefon in ihrer Kabine. Es war Aly: «Hello, Darling, wollen wir zusammen frühstücken?» Er hatte sich, ohne dass sie es merkte, ebenfalls eingeschifft. Im London der fünfziger Jahre gehörte es für die Damen gewisser sozialer Strata zum guten Ton, mit Aly in Verbindung gebracht zu werden. Was ihn zur Legende machte, war seine Verführungskunst, die Art, wie er ihnen den Hof machte. Wenn eine Frau ihn interessierte, legte er ihr die Welt zu Füßen, schenkte ihr Juwelen, entführte sie an die Riviera. Einmal ließ er ein Opernorchester mitsamt Tenor zum Frühstück in den Garten einer Umworbenen schmuggeln, um sie mit einer Liebesarie zu wecken.

Sein Sohn, Karim Aga Khan IV., das gegenwärtige Oberhaupt der Ismailiten, wurde nie zu einer Playboylegende – dazu fehlte ihm das Charisma. Er war auch nie suave. Ein leider unübersetzbares Wort. Es beschreibt eine Mischung aus Eleganz, Charme, Gewandtheit und Smartheit. Roger Moore als James Bond war suave. Daniel Craig ist es nicht.

Der Inbegriff von Suaveness war der aus Santo Domingo stammende Señor Porfirio Rubirosa. Er erfüllte jedes Klischee des Lateinamerikaners. Evelyn Waugh bezeichnete ihn als einen jener «geschmeidigen Jünglinge von leicht suspekter Geschmacksrichtung aus Botschafts- und Gesandtschaftsgebäuden». Rubirosa war jedenfalls niemand, dessen Gesellschaft andere Männer besonders schätzten. Er war fünfmal verheiratet, darunter 72 Tage lang mit der Woolworth-Erbin Barbara Hutton, dem klassischen «poor rich girl». Seinen Aufstieg in die Gesellschaft verdankte er seiner ersten Ehefrau, Flor de Oro (Goldblüte), sie war die Tochter des dominikanischen Diktators General Rafael Trujillo. Zur standesgemäßen Versorgung platzierte der Diktator seinen Schwiegersohn im diplomatischen Dienst. Erst in Berlin, dann in Paris, später in Buenos Aires, wo er so frech war, mit Evita Perón anzubandeln, der Frau des Präsidenten. Er löste damit eine diplomatische Krise zwischen der Dominikanischen Republik und Argentinien aus. Bis heute bezeichnet man in Argentinien übergroße Pfeffermühlen, wie man sie aus Restaurants kennt, als «Rubirosa» – in Anspielung auf dessen primäres Geschlechtsmerkmal. Man sagt, Rubirosa habe sich täglich durch die Einnahme eines geheimnisvollen Pulvers aus japanischen Pilzen gestärkt, um die Virilität zu erhalten, für die er legendär war. Wahrscheinlich war es nur ein Gerücht, das von einem seiner missgünstigen Konkurrenten in Umlauf gebracht wurde. Aber wie mir aus berufenem Munde versichert wurde, war es mit Rubirosas Fähigkeiten als Liebhaber gar nicht so weit her. Viel entscheidender als seine amourösen Leistungen waren nämlich auch bei ihm: die Bereitwilligkeit und Fähigkeit, auf eine Frau einzugehen, sie zu umgarnen. Verraten hat mir das Zsa Zsa Gabor. Auch sie war für kurze Zeit mit ihm liiert. Er verließ sie für die vergleichsweise langweilige Ava Gardner. Als ich Zsa Zsa über Rubirosa ausfragte, sagte sie: «Darrrrling», und blickte verträumt, «natüüüüürlich war er ein guter Liebhaber. Aber ich hatte noch viel bessere! Doch wenn man mit Porfirio zusammen war, hatte man immer das Gefühl, das wichtigste, interessanteste und begehrenswerteste Geschöpf auf der ganzen Welt zu sein. Das ist viel sexyer als Sex!»

ZEIT

Alle jammern, dass sie keine Zeit haben. Wenn das Gespräch auf das Thema Zeit kommt, ist es an der Zeit, ein paar intellektuelle Nebelkerzen in die Runde zu werfen. Seitdem Menschen denken können, grübeln sie über die Zeit nach. Was genau Zeit ist, kann niemand so genau sagen.

Die klassische Newton'sche Weltsicht, nach der sie etwas Konstantes, Unveränderliches sei, wurde von Albert Einstein über den Haufen geworfen. Er war dreiundzwanzig Jahre alt und hatte gerade seinen ersten Job angetreten: technischer Experte dritter Klasse beim Patentamt in Bern. Er wohnte damals, gemeinsam mit seiner späteren Frau Mileva, in der Kramgasse 49. Jeden Morgen fuhr er mit der Straßenbahn in sein Büro. Jeden Morgen stand er an der Haltestelle, mit Blick auf den Zytglogge, jenen berühmten, aus dem Mittelalter stammenden Glockenturm mit seiner prachtvollen astronomischen Uhr. Und weil es damals noch keine Geräte gab, mit denen man seine Mails checken konnte, hatte er Zeit, sich Gedanken zu machen, und so kam er eines Tages auf eine ziemlich abwegige Idee. Es hörte sich in seinem klugen Gehirn sicher anders an, aber vereinfacht lautete der Gedanke etwa so: «Jeden Morgen sehe ich diese öde Uhr da oben am Glockenturm. Um die Uhrzeit wahrzunehmen, muss die Information vom Glockenturm erst einmal als Lichtreiz den Weg zu meinen Augen finden. Die Geschwindigkeit, mit der diese Information reist, ist verdammt hoch, Lichtgeschwindigkeit eben. Was nun, wenn ich in der Straßenbahn sitze, die sich vom Zytglogge wegbewegt – und zwar ebenso *ver-*

dammt schnell? Wenn sich die Tram, in der ich sitze, genauso schnell vom Turm entfernen würde, wie der Lichtreiz braucht, um hinterherzukommen? Dann bleibt, aus meiner Sicht, die Zeit stehen! Da drüben spaziert ein Herr gemütlich auf dem Trottoir. Während für mich in der lichtschnellen Tram die Zeit anhält, tickt sie für ihn auf dem Trottoir normal weiter.» Die Zeit, meinte Einstein, hänge vom Blickwinkel ab, ist also etwas Relatives. Der Kern der Relativitätstheorie war geboren. Später wies Einstein nach, dass unsere Einteilung in jetzt, früher und später ebenso relativ ist. Kommt drauf an, wo man sich befindet. Ein Stern explodiert irgendwo im fernsten All. Hat man das Pech, gerade auf diesem Stern ein gemütliches Lunch einzunehmen, wird es jäh unterbrochen. Das Licht, das bei dieser Explosion entsteht, braucht dann tausend Jahre, bis es uns auf der Erde erreicht. Bis wir also davon erfahren, ist das Essen längst kalt.

Aber muss das stimmen, nur weil Einstein es behauptet hat? Dass Zeiterfahrungen relativ sind, hätte er auch einfacher haben können. Der Berliner Volksmund weiß schon lange: «Eine hübsche Person zehn Sekunden lang zu küssen, ist relativ kurz. Zehn Sekunden auf einer heißen Herdplatte zu sitzen, ist relativ lang.» Hätte Newton sich von Einstein beirren lassen, oder wäre er, wie es seine Art war, dabei geblieben, dass zehn Sekunden immer zehn Sekunden sind, egal, wo, wie oder wann? Zumindest in unserem Universum? Und um auf die Straßenbahn zurückzukommen: Bleibt die Zeit selbst stehen, nur weil es die wichtigste Uhr Berns und alle anderen Uhren tun? Ist es nicht vielmehr die *Information* über die fortschreitende Zeit, die den Mensch nicht erreicht? Geht die Zeit nicht unbeirrt ihren Gang? Egal, was man sieht? Das sagt einem eigentlich der gesunde Menschenverstand – andererseits: Will man sich mit Einstein anlegen?

Absolutes Wissen kann es nicht geben. Es liegt im Wesen der Wissenschaft, immer nur zu vorläufigen Ergebnissen zu gelangen. Mit der Zeit beschäftigen sich ganze Wissenschaftsdisziplinen. Sie wären überflüssig, wenn es in diesem Zusammenhang keine weißen Flecken mehr gäbe. Die Frage, ob Einstein die Zeit selbst mit ihrer Wahrnehmung verwechselt hat, ist also erstens idiotisch und zweitens völlig berechtigt. Vielleicht ist die Wahrnehmung von Zeit nämlich gar kein physikalisches, sondern ein psychologisches Problem. Von Andy Warhols alter Freundin, der Autorin Frances Lebowitz, stammt der Satz: «Wenn du die fünfzig überschritten hast, ist alle drei Monate Weihnachten.» Für Kinder ist eine Woche eine Ewigkeit. Wenn mein Sohn mich fragt: «Wann ist mein Geburtstag?», nützt ihm auch ein «Nur sieben Mal schlafen!» nicht, es scheint ihm – nein, es *ist* für ihn – ewig weit weg. Für mich dauert eine Woche höchstens drei Tage. Psychologen konnten dieses unterschiedliche Empfinden inzwischen sogar messen. In Versuchsanordnungen hat man immer wieder Teenager, junge Erwachsene und Alte schätzen lassen, wie lange eine Minute dauert. Die Teenager ließen ganze Minuten verstreichen, bis sie «Jetzt» riefen. Die jungen Erwachsenen lagen meist richtig. Ab dem sechzigsten Lebensjahr verschätzten sich die Probanden um bis zu dreißig Sekunden.

Vielleicht ist Zeit, in letzter Konsequenz, also gar nicht messbar. Oder sie ist eine Illusion und der Begriff bereits der vergebliche Versuch des Menschen, etwas zu benennen und damit festzuhalten, das göttlich und somit weder greifbar noch messbar ist: das Jetzt. Im Zen-Buddhismus gibt es Übungen, um mit der unendlichen Dimension des Zeitlichen in Verbindung zu treten – in dem man das, was man tut (Sie erinnern sich: Händewaschen zum Beispiel), ziellos, mit äußerster Hingabe tut. Manche behaupten, damit kann die Wahrnehmung der Zeit – das Jetzt – zum Stillstand gebracht werden.

Weil die Zeit – über alle Zeiten hinweg – schon immer ein Mysterium war und wohl immer (immer?) ein solches bleiben wird, lässt sich so ziemlich alles über die Zeit behaupten. Und das Gegenteil davon. Das funktioniert natürlich nur so lange, bis einem jemand in die Quere kommt, der sich auskennt. Aber die drücken sich meist so unverständlich aus, dass man sie zumindest auf gesellschaftlichem Parkett nicht fürchten muss. Wer zum Beispiel erklärt, Hawkings «Eine kurze Geschichte der Zeit» gelesen zu haben, lügt wahrscheinlich. Es ist das meistverkaufte nicht gelesene Buch der Welt. Es ging millionenfach über die Ladentische und wurde in vierzig Sprachen übersetzt. Gelesen wurde es aber nur von genau vierzig bedauernswerten Menschen. Den Übersetzern. Die taten es aus beruflichen Gründen und gingen danach meines Wissens alle in Therapie. Ich habe es sogar mit der Version für Dummies versucht («Die illustrierte kurze Geschichte der Zeit») und musste mich danach mit Migräne aufs Sofa legen. Seine Autobiographie wiederum (um jetzt mal etwas Nettes über den Autorenkollegen zu sagen) ist äußerst verständlich. Und unterhaltsam. Dort bringt er auf den Punkt, warum man Zeit nicht manipulieren kann und es demnach auch nie (wieder so ein umstrittenes Wort!) so etwas wie Zeitmaschinen geben wird: «Wenn dem so wäre, würde es bei uns schon längst von Touristen aus der Zukunft wimmeln.»

Warum – und wann – haben wir überhaupt damit angefangen, die Zeit messen zu wollen? Die erste Hochkultur, auf deren To-do-Liste die Zeitmessung ganz oben stand, war die der Maya. Geradezu besessen waren sie davon. Sie hatten sogar *zwei* Kalender, einen heiligen und einen profanen. Der heilige war als Geheimwissen der Priesterkaste und den Herrschern vorbehalten. Die Maya waren bereits in der Lage, komplizierte arithmetische Berechnungsprobleme zu lösen, sie hatten Astronomen, die erstaunlich genau die Planetenbewegungen vermessen konnten. (Und doch betrieben sie einen unfassbar grausamen Aufwand, opferten Zigtausende unschuldige Menschen in umständlichen Zeremonien, um sicher zu sein, dass die Sonne am nächsten Tag wieder aufgeht.)

Möglich, dass schon andere Kulturen vor den Maya sich mit Zeitmessung beschäftigten, sie hätten dann aber weniger (blutige) Spuren hinterlassen. Wann diese Obsession der Menschen also entstand, ist unklar. Das Warum hingegen nicht. Unsere Ahnen waren darauf angewiesen, die Bewegung der Sonne, das Kommen und Gehen der Jahreszeiten zu verstehen. Zumindest seit sie sesshaft wurden. Nur so konnten sie bestimmen, wann zu säen, wann zu ernten ist. Die alten Ägypter etwa berechneten auf diese Weise das alljährliche Nilhochwasser.

Es dauerte aber noch fast tausendfünfhundert Jahre, bis es den Leuten in den Sinn kam, Tageszeiten genauer zu bestimmen. So etwas wie «Uhrzeit» interessierte in der Antike niemanden. Auch im Mittelalter genügte den Leuten die grobe Bestimmung mit Sonnenuhren. Um kürzere Zeitspannen zu messen, verwendete man Wasser- oder Sanduhren. Die ersten halbwegs genauen Uhren gibt es überhaupt erst seit etwa zweihundert Jahren, also menschheitsgeschichtlich gesehen seit gerade erst. Unser Universum existiert seit knapp vierzehn Milliarden Jahren. Was vorher war, ob es vorher Zeit überhaupt gab, kann niemand beantworten. Ohne Raum keine Zeit. Oder doch? Das Faszinierende an selbst der ausgeklügeltsten Astrophysik ist, dass sie irgendwann gegen eine Wand der kompletten Ahnungslosigkeit prallt. Aber eines steht fest: Eine Zeitlang ist die Welt ganz gut ohne Zeitmessung ausgekommen.

Wie ist das heute? Unser heutiges Leben hängt nicht mehr vom Rhythmus ab, den uns Saat- und Erntezeit einst vorgaben. Das Essen kommt längst aus riesigen, künstlich belichteten Gewächshäusern. Auch müssen wir keine Viehherden mehr weitertreiben, weil bald der Winter kommt; die Temperatur, bei der wir unsere Nutztiere halten, wird von Computern gesteuert. Eigentlich verwunderlich, dass wir unser Leben noch immer nach der Uhrzeit ausrichten. Vielleicht tun wir es aus Gewohnheit. Oder aus menschlichem Ordnungssinn. Damit wir uns um drei bei Starbucks treffen können und der eine nicht auf den anderen warten muss. Schade eigentlich. Warten kann nämlich die schönste Zeit des Lebens sein. Man darf nur nicht das Vergehen der Zeit herbeisehnen, sondern einfach die geschenkte Pause im täglichen Treiben genießen. Wenn mein Freund Eckhart Tolle, den ich an anderer Stelle schon erwähnt habe, auf jemanden gewartet hatte und der sich dafür entschuldigte, pflegte er zu sagen: «No worries. I wasn't waiting. I was enjoying myself.»

Sich mit sich selbst begnügen. Wer das kann – ohne die Zeit durch das Rumfummeln an allerlei Geräten töten zu müssen –, beherrscht die vielleicht wichtigste Kulturtechnik überhaupt.

Ist es nicht eigentlich ziemlich egal, wie spät es ist? Die Geschäfte sind ohnehin inzwischen fast rund um die Uhr geöffnet. Sonn- und Feiertage gibt es zwar noch, aber unterscheiden sie sich von anderen Tagen? Zur Ruhe kommen wir auch dann nicht. Wir leben in einer 24/7-Welt. Früher war New York die Stadt, die niemals schlief, heute trifft das selbst schon auf Graz oder Bielefeld zu. Die Medienindustrie hat das längst begriffen. Früher gab es die Morgenzeitung und manchmal Nachmittags- und Abendzeitungen. Die Zeitung, für die ich arbeite, bietet rund um die Uhr den gleichen Nachrichtenflow. Wenn wir ins Bett gehen, stehen am anderen Ende der Welt die Kollegen auf und aktualisieren unsere Storys, schreiben dort weiter, wo wir aufgehört haben. Wir treffen uns auch nicht mehr zu morgendlichen Konferenzen, um «den Tag» zu besprechen. Jetzt ist immer Konferenz, in ständig wechselnder Besetzung. Wir in der Zeitungsbranche sind die Ersten, die es begriffen haben: Es gibt keine Zeit. Es ist schlichtweg immer Jetzt.

ZIGEUNER

Hier noch ein letztes Thema, mit dem man garantiert jedes gemütliche Beisammensein stören kann. Allein schon die Verwendung des Wortes «Zigeuner» garantiert Ihnen in kultivierten Kreisen empörte Reaktionen, von Stirnrunzeln bis hin zu Tritten vors Schienbein. Wenn man sich aber gut dafür rüstet, kann man den Diskurs furchtlos auf sich nehmen und anschließend triumphierend, mit bewundernden Blicken im Rücken, zum warmen Buffet schreiten.

Dafür muss man zunächst wissen, dass es ignorant und beleidigend ist, das Z-Wort stumpf durch «Sinti und Roma» zu ersetzen. Weil man damit die Lalleri, die Kalé und die Xoraxane, um nur drei von vielen tsiganen Volksstämmen zu nennen, ausschließt. Und weil die meisten seit Generationen in Deutschland angepasst lebenden Sinti nur ungern mit den südosteuropäischen Roma (und ihren zum Teil sehr eigenwilligen, archaischen Sitten) in einem Atemzug genannt werden. Der Fotograf und Buchautor Rolf Bauerdick, der für Südosteuropa das ist, was für den Orient Peter Scholl-Latour war, also einer der wenigen wirklichen Experten, die nicht vom Schreibtisch aus, sondern vor Ort recherchieren, hat es mir so erklärt: «Es ist respektlos, einen Sinto oder eine Sintiza Zigeuner zu nennen, wenn sie nicht so genannt werden wollen. Aber den Begriff Zigeuner per se als herabwürdigend zu bezeichnen, ist die eigentliche Beleidigung.» Die rumäniendeutsche Literaturnobelpreisträgerin Herta Müller schreibt: «Ich bin mit dem Wort Roma nach Rumänien gefahren, habe es in Gesprächen anfangs benutzt und bin damit überall auf Unverständnis gestoßen. Das Wort ist scheinheilig, hat man mir gesagt, wir sind Zigeuner, und das Wort ist gut, wenn man uns gut behandelt.» Der einfachste Beleg dafür, dass das Z-Wort nicht herabwürdigend ist? Die Inschrift auf dem Grabstein des 2007 verstorbenen Josef Demeter lautet «Präsident der Zigeuner». Eine leidenschaftliche Kämpferin für den selbstbewussten Gebrauch des Wortes war auch die 2012 verstorbene Vorsitzende der «Sinti Allianz Deutschland» Natascha Winter. Sie sagte immer wieder: «Ich bin glücklich und stolz, eine echte Zigeunerin zu sein.» Damit schnitt sie sich allerdings vom Mainstream um den Zentralrat der Sinti und Roma ab, der von sich behauptet, die Mehrheit der Bevölkerung mit tsiganen Wurzeln zu repräsentieren, freilich ohne dafür ein Mandat zu haben. «Es geht um Fördermittel», erklärte Natascha Winter, «unsere Kultur wird den Fördergeldern geopfert.» Wer von Zigeunern spricht, bekommt vom Förderkuchen nichts ab, weil der Zentralrat die Deutungshoheit über die Begrifflichkeit monopolisiert. Während des Streits über ein angemessenes Denkmal für die von den Nazis ermordeten Zigeuner sagte der Historiker Eberhard Jäckel, der Begriff «Sinti und Roma» sei erst 1982 durch den Zentralrat in Umlauf gebracht worden: «Der Begriff Zigeuner ist jahrhundertealt, und er ist keineswegs pejorativ. Die Juden haben sich auch nicht umbenannt, weil sie von Antisemiten so bezeichnet wurden.» Er erntete damit einen Shitstorm. Romani Rose, der Vorsitzende des Zentralrats, sprach von einem «Skandal», von «Beleidigung und Demütigung» seines Volkes, auch Historiker sollten fähig sein, hinzuzulernen, und sich «nicht auf die Sprache der Mörder versteifen». Das war allerdings ein Eigentor. Gerade jenem Wissenschaftler, der im legendären Historikerstreit Mitte der Achtziger als der größte Verfechter der These von der verbrecherischen Einzigartigkeit des Holocausts auftrat, der nicht nur Träger des Verdienstordens erster Klasse, sondern auch des Geschwister-Scholl-Preises ist, die «Sprache der Mörder» zu attestieren, war peinlich.

«Wir sind alle Tsigani, den Begriff Roma kennen wir gar nicht», sagte mir auch Crina, eine junge Frau, die mir im Herbst 2013 einen Ort zeigte, den ich leider nicht mehr vergessen werde: Sektor 5, das berüchtigte Ghetto im Süden der rumänischen Hauptstadt Bukarest. Nachdem weltweit der Fall eines blonden Mädchens durch die Presse gegangen war, das unter griechischen Zigeunern aufwuchs – man vermutete, es sei entführt worden, ein Opfer von Kinderhandel –, bat ich meinen Chef, mich auf eine Rechercheреise in den Balkan aufmachen zu dürfen. Ich wollte mich auf die Suche nach real existierenden Zigeunern begeben – aber nicht in deutschen «Gemeinschaftsunterkünften», wie Flüchtlingslager hierzulande heißen. Da war ich als Reporter schon gewesen. Ich wollte dort hin, wo Zigeuner die Bevölkerungsmehrheit ausmachen. Gelesen hatte ich schon viel über dieses geheimnisvolle Volk, das angeblich vor mehr als tausend Jahren aus Indien nach Europa gekommen war – und hier immer am Rande der Gesellschaft blieb. Ich wollte die «Kinder des Windes» besuchen, wie Roger Moreau sie nennt.

Also Rumänien, das Land mit dem weltweit größten tsiganen Bevölkerungsanteil. Sektor 5 besteht aus den Stadtteilen Rahova, Ferentari und Giurgiului und ist das mit Abstand ärmste und erbärmlichste Stadtviertel Europas. Bis dahin hatte ich geglaubt, Slums gebe es nur am Rande asiatischer und afrikanischer Großstädte. Doch die Dritte Welt beginnt nur wenige Autostunden südöstlich von Wien. Wie viele Menschen hier leben, ob dreißig- oder achtzigtausend, weiß keiner. Sie existieren offiziell gar nicht. Sie sind nicht registriert, tauchen in keiner Statistik auf. Ausländern wird davon abgeraten, sich dorthin zu verirren. Kein Taxi bringt einen her. Wenn die Polizei sich blicken lässt, dann hochgerüstet, mit Schutzwesten und in Armeestärke.

Crina, meine Fremdenführerin, war eine sogenannte Vertrauensperson. Eine Vermittlerin zwischen den Bewohnern und den Hilfsorganisationen, die hier noch tätig sind. Sie sagte, sie sei Mitte dreißig. Sie sah aus wie Mitte fünfzig, mit tiefen Ringen unten den Augen, fahler Haut und einem tieftraurigen, harten Gesicht. Wir trafen uns an der U-Bahn-Station Constantin Brancoveanu, benannt nach einem Nationalhelden, der einst von den Türken geköpft worden war. In der Luft lag der Geruch von verschmortem Plastik, Abgas, Müll. Ich musste aufpassen, nicht in die Injektionsspritzen zu treten, die überall herumlagen. Auf den Straßen von Sektor 5 rottet der Abfall vor sich hin. Warum? «Weil es keine Müllabfuhr gibt», so Crina.

Unser Ziel waren die Unterkunftsräume von ASIS, einer lokalen Wohltätigkeitsinitiative. Zehn Minuten zu Fuß. Vorbei an rostenden Fahrgestellen demontierter Autos, Müllhalden und halb verfallenen Plattenbauten aus der Zeit des Diktators Ceauşescu. Hier wohnen oft acht bis zehn Menschen auf zwanzig Quadratmetern. Nur dreißig Prozent der Haushalte haben fließend Wasser, nur zwölf Prozent Elektrizität. Offiziell. Strom zapft man hier illegal. Die Satellitenschüsseln sind mit Fahrradketten an den Fenstern befestigt. Überall streunende, knurrende Hunde, bis auf die Knochen abgemagert. Immer wieder wechselten wir die Straßenseiten. «Die Hunde sind alle herrenlos und gefährlicher als die Menschen», erklärte Crina. Bei der ersten Gruppe junger Männer, die sich uns in den Weg stellte, machte ich mir fast in die Hose, Crina ging einfach weiter, scheuchte sie weg. «Die wollen nur Drogen verkaufen, sie sind harmlos.» Später erfuhr ich, warum sich Crina so angstfrei bewegte. Ihr Onkel ist einer der mächtigsten Sippenchefs im Sektor 5.

Als wir endlich einen Schuppen mit der Aufschrift «ASIS» erreichten, durfte ich dort eine Sozialarbeiterin ausfragen. ASIS, die Asociatia Sprijinirea Integrarii Sociale, versucht, die soziale Abschottung der Zigeuner zu bekämpfen. Die wichtigste Integrationsmaßnahme? Eltern davon zu überzeugen, ihre Kinder zur Schule zu schicken. In Rumänien gilt zwar Schulpflicht, nur ist sie, wie andere Gesetze auch, in Sektor 5 nicht durchsetzbar. Als ich Crina fragte, wo all die Kinder seien, schenkte sie mir nur einen verächtlichen Blick. Es war später Nachmittag. Auf den Straßen hatte ich alte Frauen gesehen, die Maiskolben und Sonnenblumenkerne verkauften. Junge Männer standen rauchend in Gruppen zusammen. Aber nirgendwo waren Kinder. Crina schwieg, als ich mich nach ihnen erkundigte. Meine Frage blieb unbeantwortet.

Sie sagte, dass niemand hier jemals eine Chance auf einen normalen Job bekäme: «Keiner stellt jemanden an, der aus Sektor 5 stammt. Das ist wie eine Brandmarke. Das wirst du nie los.» Die Auskünfte der Sozialarbeiterin von ASIS waren unergiebig. Nur einen einzigen Satz konnte ich nach einer Stunde in meinem Block notieren: «Der Staat interessiert sich einen Dreck für die Menschen hier. Die Einzigen, die sich kümmern, sind NGOs.»

Später am Abend, zurück in der Innenstadt von Bukarest, verriet mir eine Mitarbeiterin der Caritas, wo die Kinder von Sektor 5 seien: «Die werden von ihren Eltern ausgeliehen, besser gesagt: vermietet. An Bandenchefs. Schon Zwölfjährige werden zur Prostitution auf dem Straßenstrich in den Westen geschickt, die Jungs müssen auf Diebestour gehen. Die Clanchefs benutzen die Kinder, weil die Justiz ihnen nichts anhaben kann.» Das entsprach dem, was mir der desillusionierte Rolf Bauerdick vor meiner Abreise gesagt hatte: «Die meisten Opfer der Zigeuner sind selbst Zigeuner, verprügelte Frauen, missbrauchte Mädchen und ausgebeutete Kinder.»

Über Sinteşti, einen Vorort der Hauptstadt, erzählt man sich in Bukarest die unglaublichsten Geschichten. «Da wohnen die Bandenchefs», heißt es. «Die sind unermesslich reich! Die reichsten haben bunte Phantasiepaläste, aber weder Badezimmer noch Toiletten. Die Häuser sind nur Statussymbole, wohnen tun die in Wohnwagen hinter den Häusern!»

In Sinteşti leben viele Kalderasch, das Volk der Eisenhändler und Kesselflicker. Doch dieses Handwerk braucht keiner mehr. Töpfe und Bratpfannen kauft man heute nicht mehr von fahrenden Händlern, sie kommen billiger aus China oder Vietnam. Wenn sie kaputt sind, lässt man sie nicht flicken, sondern kauft neue. Die Kalderasch gehören wortwörtlich zum alten Eisen. Aber sie haben neue Einkommensquellen erschlossen. Darüber zu schreiben, ist politisch nicht korrekt. Es zu ignorieren, ist dumm. «Banden von Kleinkriminellen in ganz Europa werden von Sinteşti aus gesteuert», bestätigte mir ein Bukarester Polizeibeamter der Abteilung

Organisierte Kriminalität. Es seien Familienbetriebe des Verbrechens. Nicht wegen der Straftaten selbst, das seien zumeist Bagatelldelikte, Taschendiebstahl, organisierte Bettelei. «Das Verbrechen ist, dass dafür Kinder missbraucht werden.»

Nirgendwo in Europa leben mehr Zigeuner als in Rumänien. Etwa zwei Millionen sind es. Die rumänische Regierung betreibt, unterstützt von der EU, aufwendige Integrationsprogramme. In jeder Schulklasse sind Plätze für sie reserviert. Das Problem: Die Stühle bleiben oft leer. Die Kinder dürfen nicht zur Schule, sie müssen für die Sippenchefs Geld ranschaffen. Wenn sie bei uns in der Kriminalitätsstatistik auftauchen, heißt es verschwurbelt: «Der Anteil von Kindern und Jugendlichen unter den Straftätern ist rasant gestiegen.» Oder: «Der gewachsene Anteil Nichtdeutscher unter den Tatverdächtigen ist darauf zurückzuführen, dass es sich um reisende Tätergruppierungen handelt.»

Ich bat den Taxifahrer, vor einem der Zigeunerpaläste zu halten. Es hatte ein besonders hübsch verziertes Zinkblechdach und besonders viele Überwachungskameras. Als ich ausstieg, fühlte sich eine alte Frau mit Kopftuch und bodenlangem Rock, die gerade noch friedlich Laub zusammengekehrt hatte, offenbar von mir gestört. Sie ging mit dem Besen auf mich los. Andere Frauen, mit schwarzen Zöpfen, knallbunten Röcken, kamen hinzu, übertönten die Alte noch in ihrem Gezeter.

Sekunden später raste ein dunkler BMW-Geländewagen heran und vollführte neben uns eine Vollbremsung. Heraus stürmten vier Männer in Lederjacken. Meine Rettung: ein frauenfeindlicher Witz. «Sind bei euch alle Frauen so laut?», fragte ich auf Deutsch. Einer der jungen Männer hatte mich offenbar verstanden, lachte laut und musste für die anderen übersetzen. Die stimmten in sein Gelächter ein. Aus dem Haus mit dem bunten Blechdach war inzwischen ein Herr mit dickem Bauch und dicker Rolex auf die Straße getreten. Die Männer traten zur Seite, die Frauen hörten zu geifern auf. Es war der Bulibascha, der Sippenchef. «Ein schönes Haus haben Sie da», sagte ich, und auf den Mercedes vor der Garage zeigend: «Und ein schönes Auto. Ein deutsches!» Der junge Mann übersetzte. Er übersetzte auch seine Antwort. «Haut ab!» Nur zwei Fragen, bitte! Er nickte maßvoll. «Bei uns im Westen fürchten sich alle, dass Zigtausende von euch zu uns kommen. Was sagt ihr dazu?» – «Die Grenzen sind schon seit Jahren offen», sagte der Bulibascha, «ihr habt keine Ahnung.» Meine letzte Frage: «Womit verdient ihr euer Geld?» Er drehte sich um, gab den Männern ein Handzeichen. «Geh jetzt! Schnell!», rief der düstere Übersetzer. Mein Taxifahrer wirkte blass, hatte riesige Schweißflecken am Rücken. Ich musste ihm den fünffachen Preis bezahlen, damit er mich überhaupt hierherfuhr. Er hatte es sich verdient.

Weit weg von den Elendsvierteln Bukarests, hinter den Karpaten, in Transsilvanien, habe ich sie dann aber doch noch gefunden. Zigeuner, die so leben, wie man es aus alten Geschichten kennt. Außerhalb eines winzigen Dorfes im Szeklerland führten mich Freunde in die Siedlung von György Lakatos. Neben ihm in der Sonne Tee zu trinken, ihm beim Korbflechten zuzusehen, war für einen Großstädter wie mich, der sonst kaum stillsitzt, ohne am Smartphone rumzufummeln, wie eine Therapie. Hier gibt es keinen Strom. Keinen Handyempfang. Und scheinbar keine Zeit. Wie alt György war? «Etwa sechzig», sagte Ilonka, seine Frau. Dragan, der Sohn, muss um die dreißig gewesen sein. Seine zahlreichen Kinder liefen in Lumpen rum, zerrten am Esel, der faul in der Sonne stand. Dragans Frau Eva war erst zwanzig. Und sehr hübsch. Stolz zeigte sie ihren Babybauch. «Es wird ein Junge, mein dritter», sagte sie. Woher sie wusste, dass es ein Junge wird? «Die Katze hat es mir verraten», sagte sie. Gutes Stichwort. «Kann hier im Dorf jemand die Zukunft vorhersagen?», fragte ich. Ilonka forderte mich auf, in ihre Hände zu spucken und einen Geldschein hineinzulegen. Ich tat, was sie mir sagte. Dann spuckte sie selbst auf ihre Handfläche und zerknüllte meinen Zehneuroschein. Dann riss sie mir ein Haar aus. Es verschwand ebenfalls in ihrer Faust. Sie murmelte unverständliche Worte und verkündete dann: «Du wirst sehr reich werden!» Alle lachten.

Und die alten Traditionen? Ich wollte wissen, ob sie noch gepflegt werden. «Gibt es hier zum Beispiel einen Zigeunerfürsten, einen sogenannten Vojda?» – «Wir hatten einen», sagte György, «wir gehören zum Stamm der Lakatos, der Hufschmiede. Aber als der letzte Vojda starb, haben wir keinen neuen gewählt. Die Jungen kennen die alten Traditionen nicht mehr.»

So traurig ich in Bukarest war, so wehmütig wurde ich im Szeklerland. Transsilvanien ist wunderschön. Es sieht ein wenig aus wie das hügelige Voralpenland im Allgäu. Nur ohne große Straßen, Strommasten und Designer-Outlets. Pferdekarren statt Autos, Kinder, die mit selbstgebasteltem Spielzeug statt mit Handys beschäftigt waren. Wie es bei uns vor hundert Jahren gewesen sein muss. Aber schon in zehn Jahren wird sich auch hier einiges verändert haben. Wie seine Kinder später einmal Geld verdienen sollen, wollte ich von

Dragan noch wissen. Er sah mich nur verständnislos an. Unten im Dorf, in Magyarhermány, redet man nicht gut von den Zigeunern. Man duldet sie nur am Rande des Dorfes. «Die stehlen einem die Ernte vom Feld», sagte mir ein alter Bauer. Ein Lehrer erzählte, dass die Kinder nur manchmal in die Schule gehen, und «wenn sie kommen, hören sie auf nichts, was man ihnen sagt». Mit Bewunderung hingegen spricht man hier im Dorf vom Nachbarstädtchen Bellin. Dort wurde mit EU-Geld ein Integrationsprogramm umgesetzt, um aus den Zigeunern «gute Rumänen» zu machen. Ich habe mir Bellin dann angesehen. Ich sah dort Menschen in sauberen Häusern, mit gepflegten Vorgärten. Die Kinder gingen alle brav in die Schule, die meisten Eltern hatten Arbeit. Die Jugendlichen aber antworteten hier auf die Frage, ob sie stolz darauf sind, Zigeuner zu sein: «Unsere Eltern sind vielleicht Zigeuner. Wir nicht mehr! Zigeuner kriegen keine Jobs!»

Etwa sieben Millionen EU-Bürger haben, kulturell gesehen, tsiganen Hintergrund. Nur: Ist man überhaupt noch Zigeuner, wenn man sich nicht mehr als solchen sieht? Vor etwa tausend Jahren kamen sie nach Europa, heißt es zumindest in alten Schriften. Sie wurden gehasst und verfolgt. Weil sie anders sind und weil wir das nicht ertragen können.

Wenn bei Ihnen das Gespräch auf Zigeuner kommt und jemand sagt, dass man sie besser integrieren müsse, können Sie ihm antworten, dass sich das «Problem» bald von selbst erledigt haben wird. Was übrig bleibt, sind Menschen, die zwar «integriert», aber kulturell entwurzelt sind und von der Gesellschaft weiterhin als Außenseiter abgelehnt werden. Sozialer Aufstieg wird bei uns meist mit dem Verlust der kulturellen Identität bezahlt.

DIE CHLOROFORMTHEMEN

Ich fahre mit dem Fahrstuhl. Die Tür öffnet sich. Eine Kollegin, die ich eigentlich mag, steigt hinzu. Sie sucht immer das Gespräch, weiß aber nie so recht, wie sie das anstellen soll. «Na?», sagt sie meistens. «Na!», lautet dann meine Antwort. Eigentlich perfekt. Wie ein Zuzwinkern, nur lauter. Hunde würden sich in solchen Situationen einfach kurz beschnüffeln. Das ist im Berufsleben aber unpassend. Der Betriebsrat versteht in diesen Dingen keinen Spaß. Diesmal sagt meine Kollegin: «Ach, was ich dich schon immer fragen wollte: Was hältst du eigentlich von der katholischen Kirche?» Jetzt haben wir noch genau drei Stockwerke, um zweitausend Jahre Kirchengeschichte zu erörtern. Schwierig. Solche Situationen gibt es oft, Schweigen wäre unhöflich, ein einfaches «Na?» scheint zu wenig, aber ein abendfüllendes Thema anzuschneiden, ist ebenso unangemessen.

Eine andere Situation: Auf einer Party wird man jemandem vorgestellt. Auch jetzt wäre Beschnüffeln ideal. «Sind Sie öfter hier?» ist der Klassiker. Ist aber reichlich banal. In einer alten Benimmfibel für DDR-Diplomaten habe ich die Empfehlung gefunden, auf offiziellen Empfängen die Gäste aus fernen Ländern zu fragen: «Sind Sie schon lange hier?» Und dann: «Haben Sie sich schon an die deutsche Küche gewöhnt?» Auch nicht wirklich der Renner.

Und dann gibt es jene Momente, in denen es vernünftig erscheint, keine Aufmerksamkeit auf sich zu lenken, in denen man sich unauffällig unter die Leute mischen und sich erst recht nicht als Cleverle hervortun will. Der ideale Smalltalk in solchen Momenten ist so amüsant, dass man ihn fortsetzen will, aber doch banal genug, um ihn ohne Frustration unter den Beteiligten abbrechen zu können.

Aber wie macht man das? Welche Themen sind dafür geeignet? Das nun folgende Kapitel bietet dafür hoffentlich ausreichend Material.

Die geplänkelhafte Form von Smalltalk ist vergleichbar mit Vogelgezwitscher, dem Schnurren von Katzen, mit Impromptus von Schubert, mit wiederkehrenden Harmonien. Es geht gar nicht so sehr darum, *was* man sagt. Ein Großteil der Kommunikation geschieht in Momenten wie diesen ohnehin nonverbal. Letztlich beschnüffeln wir uns eben doch. Nur ein bisschen subtiler.

Bevor wir zu den einzelnen Themen kommen, möchte ich noch eine ganz praktische Technik verraten. Sie ist ideal für Momente, in denen man Zeit überbrücken muss, aber nicht weiß, womit. Ich nenne es den Papageientrick. Das letzte Wort wird einfach wiederholt. Der Trick funktioniert am besten, wenn man Menschen vor sich hat, die sich selbst sehr wichtig nehmen. Das geht dann etwa so:

Wichtigtuer: «Ahh, war gestern im Theaaaater!»

Profi antwortet: «Theater?»

Wichtigtuer fährt fort: «Diese ganzen modernen Regieeinfälle! Furchtbar! Und das Bühnenbild! Ein Grauen!»

Profi: «Ein Grauen?»

In den meisten Fällen wird der Wichtigtuer das nicht merken, er wird monologisieren, bis man einen passenden Moment gefunden hat, ihm zu entkommen.

Die nun folgenden Themen Chloroformthemen zu nennen, ist eigentlich ungerecht. Ich habe den Begriff deshalb gewählt, weil er ihren einlullenden Charakter betont. Aber Chloroform führt zu Bewusstlosigkeit, und die will man ja eigentlich nicht herbeiführen. Der ehrenvollere und passendere Ausdruck wäre eigentlich «Theriakthemen». Theriak war ein im Altertum verbreitetes opiumhaltiges Allheilmittel, das bei allen gängigen Beschwerden eingenommen wurde, von manchen auch nur zur Verbesserung des Allgemeinbefindens. Die Themen, die auf den folgenden Seiten stehen, tun genau das: Einhelligkeit herstellen und dadurch das Allgemeinbefinden heben.

Unverfängliche Themen müssen übrigens auch nicht notwendigerweise geisttötend und langweilig sein. Man spielt sich Bälle zu, aber eben keine Schmetterbälle, sondern eher Federbälle. Die hohe Kunst besteht darin, Themen mit großem Konsenspotenzial zu wählen und sein Gegenüber damit dennoch zu amüsieren.

Ich bleibe dabei: Die schlimmste Sünde des Smalltalk ist, seine Gesprächspartner zu langweilen. Im alten Rom kannte man für Langweiler den Begriff «molestus», was ziemlich treffend und bezeichnend ist, denn molestare heißt nicht nur belästigen, sondern auch verletzen. Langweiler fügen uns geradezu körperliche Schmerzen zu. Horaz hat uns in einer seiner Satiren das Porträt eines typischen Langweilers hinterlassen, der «molestus» sagt dort: «Ich weiß, du bist nur darauf versessen, mich loszuwerden, ich sehe das deutlich. Aber gib dir keine Mühe, ich hänge mich an dich wie eine Klette.» So ist der Langweiler. Er hindert uns an der Flucht. Er schnürt uns mit seiner Geschwätzigkeit und seinem langatmigen, ziellosen Gerede die Kehle ab. Er legt Wert auf vollkommen überflüssige Detailgenauigkeit. «Es muss im Sommer 89 gewesen sein. Oder war es Frühjahr? Na ja, egal. Mein Schwager und ich … vielleicht war auch meine Schwester dabei, egal, also mein Schwager und ich. Oder eben mein Schwager, meine Schwester und ich, das spielt jetzt keine Rolle …» Hihilfe! Trotzdem muss man mit solchen Leuten geduldig sein. Das ist das einzig wirksame Gegenmittel. Sobald der Langweiler merkt, dass Sie flüchten wollen, wird er sich noch tiefer in Ihr Fleisch bohren. Also schenken Sie ihm volle Aufmerksamkeit. Meist sind es ganz reizende Menschen. Am besten entwischt man, wenn man ihnen nicht das Gefühl gibt, entwischen zu wollen.

Kann man das lernen – öden Gesprächen scheinbar interessiert zu folgen? Wie spricht man mit Langweilern und schafft es dabei, ein freundliches und aufgeschlossenes Gesicht zu machen? Vom dänischen Königshof ist eine sehr wirksame Trainingsmethode überliefert. Damit die jungen Prinzen und Prinzessinnen lernen, eine harmlose Plauderei aufrechtzuerhalten, mussten sie üben – und zwar mit leeren Sesseln. An den Lehnen waren Karten befestigt mit Aufschriften wie «Der englische Botschafter», «Der Gerichtspräsident».

Wer es schafft, mit einem Möbelstück zwanglos Konversation zu halten, der ist bestens fürs gesellschaftliche Parkett gerüstet. Probieren Sie es gleich zu Hause aus. Unterhalten Sie sich mit Ihrem Sofa über amerikanische Außenpolitik. Es wird Ihnen vermutlich nicht widersprechen. Dann tun Sie das Gleiche, wenn Sie mit einem Nachbarn beim Bäcker in der Schlange stehen und ein paar Minuten zu überbrücken sind. Die Reaktion wird ganz ähnlich sein.

AMERIKANISCHE AUSSENPOLITIK

Natürlich gilt die Grundregel des Smalltalk – nie recht haben zu wollen, aber Originelles zu behaupten und dann halbwegs intelligent vertreten zu können – immer und überall. Aber hier ganz besonders! Der weitaus schlimmste Fehler, den man auf dem Feld der US-Außenpolitik machen kann, ist, sich als Alleswisser zu gerieren. Das wirkt sehr schnell joschkafischerhaft bräsig.

Das Thema ist streng genommen auch kein einwandfreies Chloroformthema mehr. Vorbei die Zeit, in der es zum guten Ton gehörte, die aggressive Außenpolitik der Vereinigten Staaten von Amerika zu beklagen! Die beiden Bush-Präsidentschaften waren aus Smalltalk-Sicht phantastisch. Alle waren sich immer einig. Man kam bestens mit Entrüstungs-Pingpong über die Runden, für das man nur Phrasenversatzstücke verwenden musste, die aus einschlägigen Leitartikeln hängengeblieben waren. Und heute? Inzwischen ist die Lage so unübersichtlich, dass man fast *alles* behaupten kann, ohne unangenehm aufzufallen. Außer vielleicht einen Satz wie «Obama macht alles kaputt, was Bush aufgebaut hat». Das qualifiziert Sie vielleicht für ein «Purple Heart», aber wenn Sie nicht gerade Henry Kissinger heißen, kommen Sie in Deutschland damit nicht durch.

Kissinger habe ich übrigens einmal erlebt. Es war in der Dominikanischen Republik, auf einer Karibikreise mit meinem Schwager Johannes Thurn und Taxis an Bord seiner Segelyacht «Aiglon». Leider musste ich frühzeitig heim, meine Schulferien waren vorbei. Das war schade, denn die «Aiglon» segelte danach weiter nach Kuba, wo mein Schwager seinen alten Bekannten Fidel Castro besuchte. Nur leider eben ohne mich. Meine Begegnung mit Henry Kissinger aber kann mir niemand nehmen. Ich traf ihn bei einem Abendessen im Haus des Designers Oscar de la Renta. Anna Wintour war da, Diane von Furstenberg und andere Größen aus der Textilbranche. Mein Glück war, dass Kissinger sich zwischen all den Modeleuten langweilte und mein Schwager abgelenkt war, denn er war vollends damit beschäftigt, sich mit dem Gastgeber anzulegen. Kissinger gehörte mir also ganz allein.

Mit der penetranten Unbekümmertheit, die junge Leute so anstrengend macht, setzte ich mich zu ihm – er konnte nicht fliehen, denn er war in die Tiefen eines Sofas gefallen, aus dem aufzustehen ihm große Mühe bereitet hätte – und unterhielt mich mit ihm. Fast den ganzen Abend lang. Auf Deutsch. Die späten Achtziger waren außenpolitisch eine übersichtliche Zeit. Wir redeten also hauptsächlich über Fußball. Aber irgendwann sprach ich ihn dann doch auf ein Thema an, dass mich interessierte (im Gegensatz übrigens zu den meisten Westeuropäern damals): die deutsche Teilung. Ich empörte mich darüber, dass Großbritanniens Außenminister in einem Interview zumindest sinngemäß gesagt hatte, die deutsche Teilung gehe ihm am Arsch vorbei. Kissinger teilte meine Entrüstung über diesen diplomatischen Fauxpas. Die Tatsache, dass der Butler gerade mit einem Tablett voll köstlicher Kaviartoasts an ihm vorbeigelaufen war, brachte ihn aber sichtlich mehr in Rage. Als ich seine Aufmerksamkeit zurückhatte, erklärte er mir, dass eine geteilte Welt für die Bewohner der Grenzgegend sicher «inakzeptabel» sei, für den Rest der Menschheit aber eben eine beruhigende Übersichtlichkeit mit sich bringe. Angesichts der auf beiden Seiten aufgebauten Drohpotenziale habe es auch noch nie in der Geschichte eine Situation gegeben, in der ein großer Krieg unwahrscheinlicher gewesen sei.

Kissinger hatte mir damals zwei Dinge prophezeit. Beide klangen lachhaft. Beide sind eingetroffen. 1. Sollte die deutsche Teilung tatsächlich eines Tages enden, so Kissinger, würde das die globale Statik durcheinanderbringen. Die Welt, meinte er, wäre dadurch jedenfalls nicht sicherer oder friedlicher. Das ist mittlerweile Allgemeingut, schon wenige Jahre später sagte Bill Clinton: «Gosh, I miss the Cold War.» Und was Kissingers zweite Weissagung betrifft: Greuther Fürth, seinem Heimatverein, gelang es tatsächlich, in die erste Bundesliga aufzusteigen (wenn auch nur vorübergehend).

Die neueste Prophezeiung Henry Kissingers, geäußert in einem Interview im «Spiegel», geht übrigens so: George W. Bush wird bald von der Geschichte rehabilitiert werden – da er wie kein Zweiter die globale Herausforderung durch den radikalen Islam erkannte und jedem Schurkenstaat klarmachte, dass Zweifel an der Entschlossenheit Amerikas unangebracht sind.

Letzteres jedenfalls hat sich mit Obama geändert. Hier noch eine Prophezeiung, diesmal nicht von Kissinger: So wie der 9. November 1989 und der 11. September 2001 Wendepunkte der Geschichte sind, wird es irgendwann auch der 21. August 2013 sein. Das ist der Tag, an dem in Syrien Giftgas gegen Rebellenhochburgen östlich von Damaskus eingesetzt wurde. Amerikas Präsident Obama hatte zuvor verkündet, der Einsatz von Giftgas sei die «rote Linie», deren Überschreitung seine Regierung zum Einschreiten zwingen werde. Eine Intervention blieb aus. Seither ist bekannt, dass Amerika es nicht einmal mehr mit einem drittklassigen Diktator aufnimmt. «Sollte China sich eines Tages Taiwan einverleiben und Russland nach den baltischen Staaten greifen, wird man sich an diesen 21. August 2013 zurückerinnern», sagt mein Freund, der ehemalige Kriegsreporter Julian Reichelt. «Wo die Macht zurückweicht, hinterlässt sie eine Einladung», schreibt Josef Joffe.

Wie kann man also heutzutage noch halbwegs originell über amerikanische Außenpolitik sprechen, ohne die Partystimmung zu trüben, und dabei doch vermeiden, ausschließlich Banalitäten von sich zu geben? Eine Option ist es, stets das Gegenteil dessen zu sagen, was die Mehrheit meint, aber in höflichem Ton und immer mit der Betonung darauf, dass man falschliegen kann – schließlich sind Sie nicht Kissinger oder Joschka Fischer. Lassen Sie uns das anhand der drei gängigsten Klischees einmal durchexerzieren.

KLISCHEE 1: AMERIKA SCHREITET IMMER NUR EIN, WENN ES UM ERDÖL GEHT.

Dieser Satz, er fällt in Diskussionen über amerikanische Außenpolitik eigentlich immer, berechtigt zur folgenden vorsichtigen Frage: «Wäre es nicht entschieden billiger, Öl einfach zu kaufen, statt es zu erobern?» Jetzt haben Sie genügend Zeit, um sich dem Fingerfood zu widmen. Ihr Gegenüber wird ins Stottern geraten. Wenn Sie ihm zu Hilfe eilen wollen, erzählen Sie vom George-Clooney-Film «Syriana», in dem es um den Kampf um Rohstoffreserven geht. Es fällt dort ein Satz, der erklärt, warum das immer knapper werdende Erdöl wirklich ein Problem ist – für alle, außer

Amerika. Der Finanzberater eines arabischen Kronprinzen, gespielt von Matt Damon, sagt zu seinem orientalischen Boss: «Vor ein paar Generationen habt ihr in der Wüste noch in Zelten gehaust und euch gegenseitig die Köpfe eingeschlagen. Und genau dort werdet ihr bald wieder landen.» Was ein wenig an die berühmte Feststellung von Dubais legendärem Scheich Rashid bin Said Al-Maktoum erinnert: «Mein Großvater ritt Kamele, mein Vater ritt Kamele. Ich fahre Mercedes, und mein Sohn fährt Mercedes. Aber dessen Sohn wird wieder Kamele reiten.» Um seinem kleinen Land die Chance zu geben, das Ende der Ölwirtschaft zu überleben, baute er es in eine Kommerzhochburg um.

Das Erdöl geht zur Neige. Ein Problem ist das für die erdölproduzierenden Länder im Orient. Ein Problem ist das für uns in Europa. Aber für Amerika ist es ein strategischer Vorteil. Seine latent unzuverlässigen Verbündeten im Mittleren Osten sind damit ihres einzigen Druckmittels beraubt, zumal sich Amerika in den vergangenen Jahren – durch neue Bohrmethoden und die hierzulande umstrittene Schiefergasrevolution («Fracking») – eine beachtliche Energieunabhängigkeit verschafft hat.

KLISCHEE 2: AMERIKA STREBT NACH DER WELTHERRSCHAFT.

Ist das so? Warum suchen die Amerikaner dann, sobald sie sie irgendwo ihre Truppen stationiert haben, immer sofort nach einer «Exit Strategy»? Die Römer hatten jedenfalls, als sie Gallien eroberten, keine Ausstiegsstrategie im Kopf. Und die Briten in Indien auch nicht.

Wahrscheinlich ist das überhaupt das Problem Amerikas. Dass es ein Imperium ist, sich aber weigert, sich als solches zu sehen. Kaum sind US-Soldaten irgendwo gelandet, wollen sie wieder zurück nach Oklahoma. Jener kolonialistische Geist, für den einst die Briten berühmt waren, geht ihnen vollkommen ab. «Sie haben vierhundert Jahre Eroberungsinstinkt im Blut», sagte Franklin D. Roosevelt einmal zu seinem Verbündeten Winston Churchill. Er lästerte über die Briten, die überall auf der Welt Land in Besitz nehmen, «auch wenn es sich nur um Felsen oder einen Streifen Sand» handelt. «Ihr Brits wollt einfach nicht verstehen, dass ein Land möglicherweise kein anderswo gelegenes Territorium erwerben will, nur weil die Gelegenheit dazu da ist.»

Was FDR nicht kapierte: Für die Briten, mit ihren Tropenhelmen und Knickerbockern, war das eine Ehrensache. Sie bauten ihr Empire im Bewusstsein auf, der Welt die Zivilisation zu schenken: ein funktionierendes Verwaltungs-, Schul- und Gesundheitssystem, ein Straßennetz, das Cricket-Regelwerk und das Rezept für Bloody Marys. Der amerikanischen Tradition ist das fremd. Der ganze Gründungsmythos der USA fußt auf Antikolonialismus, sie bauen lieber zu Hause Einkaufszentren als irgendwo am Ende der Welt Nationen. Das letzte Mal, dass sie sich über diesen Instinkt hinwegsetzten, war gleichzeitig ihre größte außenpolitische Leistung in der modernen Geschichte: der Sieg über Nazideutschland und der anschließende Marshall-Plan mit dem Aufbau der demokratischen Bundesrepublik. Vielleicht sollten das die Amerikaner öfter wagen, statt immer gleich nach einer «Exit Strategy» zu rufen?

Natürlich kann man Argumente dafür finden, dass Amerika sehr wohl nach der Weltherrschaft strebt. Genauso fundiert lässt sich das Gegenteil behaupten, nämlich dass die Welt sich in Wahrheit nach amerikanischer Herrschaft sehnt. Wahrscheinlich hat es noch nie in der Geschichte eine Weltmacht mit vergleichbarer militärischer Überlegenheit gegeben. Aber beruht Amerikas Dominanz wirklich auf seiner «Firing Power»? Oder eher darauf, dass der freiheitliche Geist und die Kreativität dieses seltsamen Landes Dinge zuwege bringen, die die ganze Welt haben will und die sich daher von ganz allein verbreiten? Niemand zwingt uns ja zu Twitter, Facebook, iPhones, Jeans und Coca-Cola. *Wir* wollen das. Und zwar egal, ob in Berlin, Bagdad oder Addis Abeba. McDonald's-Filialen gibt es übrigens in hundertzwanzig Ländern, US-Militärstützpunkte nur in vierzig.

KLISCHEE 3: AMERIKA KANN AUSSENPOLITIK NUR IM ALLEINGANG.

Stimmt. Zumindest war das lange Zeit so. Der Fachbegriff lautet «Unilateralismus», ist aber nach mehr als einem Glas Weißwein nicht mehr ganz leicht auszusprechen. Nach dem Ende des Kalten Krieges keimte kurz die Hoffnung auf eine neue Weltordnung. Mit der UNO als Weltpolizei. Mit einem frisch geeinten Europa, das sich seiner außenpolitischen Verantwortung stellte. Die «Stunde Europas» endete in Srebrenica, als etwa achttausend bosnische Muslime, die unter dem Schutz der «internationalen Gemeinschaft» standen, von den Truppen des serbischen Generals Ratko Mladić ermordet wurden. Vor den Augen holländischer UN-Blauhelme, die unter französischem Kommando standen. Erst das Massaker von Srebrenica führte dazu, dass Paris, Berlin und London dem Drängen Amerikas nachgaben und die NATO am Ende Jugoslawien bombardierte und dem Balkan eine Friedenslösung aufgezwungen werden konnte. Mit Luftangriffen übrigens, die von den Vereinten Nationen nicht autorisiert worden waren. Erst *nach* Miloševićs Kapitulation verabschiedete der Sicherheitsrat eine Resolution (Nummer 1244), die militärisches Eingreifen erlaubte. Der britische Historiker Nigel Ferguson ist der Meinung, Amerika habe aus dem Kosovokrieg zwei Dinge gelernt: «Dass es möglich war, zuerst zu schießen und sich erst danach um eine Sicherheitsratsresolution zu bemühen.» Und: «Die Erkenntnis des amerikanischen Befehlshabers General Wesley Clark war, dass der Entscheidungsprozess innerhalb der NATO-Strukturen beinahe genauso mühselig ist wie in der UNO.»

Amerikanern war es nach den Erfahrungen der Neunziger schwer zu erklären, warum eine Intervention erst dann legitim sein sollte, wenn sie im Sicherheitsrat sowohl die Zustimmung der Zyniker in Paris als auch der Schlächter vom Tiananmen-Platz gefunden hatte. Wer europäische Außenpolitiker, UN-Diplomaten oder die ominöse internationale Gemeinschaft als ultimative Instanz der Moral sieht, müsste sich zur Bekehrung nur mit dem Völkermord der Hutu an den Tutsi beschäftigen. Und mit der Rolle der UNO, insbesondere Frankreichs, in dieser albtraumhaften Episode der jüngeren Geschichte. Wann immer die internationale Gemeinschaft zuletzt mit Völkermord konfrontiert war, hat sie mit Uneinigkeit reagiert. Oder mit Apathie. Oder beidem. Deshalb ist es so schwer zu entscheiden, ob «Unilateralismus» tatsächlich immer schlechter ist als «Multilateralismus».

Sollte sich die Obama-Doktrin, die den amerikanischen Führungsanspruch explizit relativiert, über dessen Präsidentschaft hinaus durchsetzen, hat die US-Außenpolitik jedenfalls als Smalltalk-Thema ausgedient. In künftigen Auflagen muss dieses Kapitel dann wahrscheinlich durch eines über die Außenpolitik Chinas ersetzt werden.

APOKALYPSE

Es gibt Situationen, in denen es ratsam ist, angenehm dahinfließendes Gesprächsgeplänkel nicht durch Kontroversen zu stören. Dann gilt es, Zeit mit Konsensthemen zu überbrücken. Der Weltuntergang ist ein Thema von ewiger und vermutlich wachsender Aktualität und daher ideal für die behagliche Plauderstimmung. Dass die Welt untergehen wird, ist vollkommen unstrittig. Je eher, desto besser, auch da herrscht weitgehend Einigkeit. Die Steuererklärung ist noch immer nicht erledigt, 327 unbeantwortete Mails lauern im Posteingang, dann die Ausbildungskosten der renitenten Kinder, die nervende Schwiegermutter, der Rücken schmerzt, das Auto wieder in der Werkstatt, jeden Tag der Weg ins Büro, kurz: Wo ist die Erlösung? Die Aussicht auf das Ende, auf das große Reinemachen bedient eine tiefe, kollektive Sehnsucht des überforderten, modernen Menschen nach Befreiung, nach Tabula rasa.

Die gute Nachricht: Der Weltuntergang ist garantiert. Unsere Sonne hat eine berechenbar endliche Lebenszeit. Sie wird verglühen. Bis dahin wird sich ihr Durchmesser und damit ihre Leuchtkraft vergrößern. Die Erde wird schließlich austrocknen, kein Leben wird mehr möglich sein. Die schlechte Nachricht: Das Ganze wird sich noch eine Weile hinziehen. Nach aktuellen Berechnungen rund 1,3 Milliarden Jahre. Zieht man in Betracht, dass die Erde schon fast fünf Milliarden Jahre existiert, ist das zwar relativ bald, bedeutet aber doch noch jede Menge lästige Steuererklärungen.

Apokalyptiker setzen daher auf Asteroiden. Mehr als tausend Gesteinsobjekte im All bezeichnet die NASA als gefährlich. Darunter der Asteroid Apophis. Durchmesser: dreihundert Meter! Würde er uns treffen, hätte das Erdbeben und Tsunamis gigantischen Ausmaßes zur Folge. Sollte der alte Karnevalsschlager also recht behalten? «Am 30. Mai ist Weltuntergang, wir leben nicht mehr lang, wir leben nicht mehr lang!» Apophis wird allerdings erst 2029 nah genug sein, damit wir überhaupt berechnen können, ob er wiederum sieben Jahre später bei uns einschlägt. 2036 also. Europas Raumfahrtbehörde ESA bereitet derzeit die Mission Don Quijote vor, deren Ziel es ist, gefährliche Asteroiden wie Apophis von ihrer Bahn abzulenken. Die ESA warnt bereits, dass die Mission in Verzug geraten ist. Es wird eben überall gespart. Doch selbst so bleibt ein klitzekleines Problem: Asteroideneinschläge richten zwar manchmal fürchterlichen Schaden an (fragen Sie mal die Dinosaurier!), untergegangen ist die Welt davon aber bislang nie.

Aus religiöser Sicht sieht es da sehr viel konkreter aus. Nach buddhistischer Lehre leben wir im «finsteren Zeitalter», der vierten und letzten Epoche nach der Geburt des Buddha. Auch für Hindus hat die Endzeit längst begonnen. Sie nennen unser Zeitalter das «Kaliyuga», die Zeit des Kali. Im Bhagavatapurana («Das alte Buch von Gott»), einer der heiligsten Schriften des Hinduismus, wird das Kali-Zeitalter so beschrieben: «Männer und Frauen werden nur aufgrund oberflächlicher Anziehung zusammenleben, und geschäftlicher Erfolg wird von Betrug abhängen.» Und: «Den Magen zu füllen, wird das Ziel des Lebens sein, und Dreistigkeit wird als Wahrhaftigkeit angesehen werden.»

Wer deswegen jetzt das Ende bevorstehen sieht, der sollte

wissen, dass der fernöstlichen Kosmologie keine linearen Zeitvorstellungen zugrunde liegen, sondern der Weltuntergang immer nur das Ende eines Zyklus bedeutet. Danach fängt alles wieder von vorn an.

Die monotheistischen Religionen unseres Kulturraums sind da radikaler. Für Juden und Christen ist der Weltuntergang wirklich das Ende – und zwar eines mit Schrecken. Keine Schrift hat unsere Vorstellung von der Apokalypse mehr geprägt als das letzte Buch der Bibel, die Offenbarung des Johannes. Die Bildsprache des Apostels ist surrealistisch-psychedelisch, es ist eine wahre Horrorvision. Wird es also genau so kommen, wie der Apostel es beschrieben hat? Wenn es so weit ist, werden dann Bilder des Tieres, das «mit zehn Hörnern und sieben Köpfen» aus dem Meer steigt (Offb 13,1), ganz oben bei «Spiegel Online» stehen und live von N24 übertragen?

Der größte Fachmann auf diesem heiklen Gebiet ist der Theologe Klaus Berger. Von 1974 bis zu seiner Emeritierung 2006 hatte er (als Katholik!) den Lehrstuhl für das Neue Testament an der protestantischen Theologischen Fakultät der Universität Heidelberg inne. Er ist der Ansicht, dass jede wörtlich-konkrete Lesart apokalyptischer Offenbarung das, was uns da erwartet, völlig verharmlosen würde: «Wir dürfen das vom Apostel Johannes beschriebene Horrorszenario nicht wörtlich nehmen. Es steht für das Ende all dessen, was wir uns vorstellen können.»

Aber schrecklich wird's, das garantiert die Offenbarung. Je mehr sich die Kirchen anpassten, desto mehr wurden diese fürchterlichen Aussichten natürlich relativiert, damit die Kleinen sich im Kindergottesdienst nicht erschrecken.

Für Berger ist das aus pädagogischer Sicht bedauerlich: «Wer den Horror nicht mehr darstellen kann, wird auch kaum Sehnsucht nach Seligkeit wecken können.» In seinen Schriften beklagt er aber auch, dass beim üblichen Gebrauch des Wortes Apokalypse das alles Entscheidende übersehen werde: Christlich verstanden ist nämlich das eigentlich Wichtige der Frieden *nach* den furchterregenden Ereignissen! Apokalypse meint wörtlich eine Enthüllung, auf die etwas überaus Erfreuliches folgt: das Sichtbarwerden der – nach einem zugegebenermaßen grässlichen Endkampf zwischen Gut und Böse – endgültigen Herrschaft Gottes. Es ist ein Endkampf, dessen Ausgang bereits feststeht: Das Gute gewinnt!

«Und dann wird Gottes Regiment über all seine Kreatur erscheinen, dann wird der Teufel ein Ende haben, und die Traurigkeit wird mit ihm hinweggenommen sein», heißt es in der Himmelfahrt des Mose, einer hebräischen Schrift aus dem ersten Jahrhundert nach Christus, in der Mose Josua die Zukunft offenbart. «Alle apokalyptischen Texte», sagt Berger, «leben von der Kraft der Hoffnung.» Die Apokalypse wird «die große Richtigstellung» bringen, die Rehabilitierung der Opfer irdischer Macht, die Zeit, in der die Entrechteten endlich zu ihrem Recht kommen. «Er stürzt die Mächtigen vom Thron und erhöht die Niedrigen. Die Hungernden beschenkt er mit seinen Gaben und lässt die Reichen leer ausgehen», wie es im Lobgesang der Jungfrau Maria heißt. Mit der Apokalypse ist nach christlicher Vorstellung der Punkt erreicht, an dem das Reich Gottes wirklich beginnt. Sie ist also etwas höchst Erfreuliches.

Eine Frage bleibt nach dieser überfälligen Klarstellung

noch offen: *Wann* kommt das Ende der Welt? Die Zeitgenossen Jesu Christi lebten in ständiger «Naherwartung», er selbst aber mahnte: «Doch jenen Tag und jene Stunde kennt niemand, auch nicht die Engel im Himmel, nicht einmal der Sohn, sondern nur der Vater. Seht euch also vor, und bleibt wach! Denn ihr wisst nicht, wann die Zeit da ist.» (Mk 13, 32–33)

Papst Silvester II., der von April 999 bis 1003 auf dem Stuhl Petri saß, setzte sich eigensinnig über die Warnung Jesu hinweg und verkündete, dass der letzte Tag am 31. Dezember 999 kommen werde. Die erste Jahrtausendwende muss eine ziemlich hysterische Zeit gewesen sein. Martin Luther sagte sogar dreimal das Ende der Welt voraus: für 1532, 1538 und 1541. Nach seinem dritten Fehlgriff schwieg er. Esoteriker schworen lange auf 2012, Hollywood hat sogar einen erfolgreichen Blockbuster daraus gemacht – doch da ist wieder nichts draus geworden.

Weder in jüdischer noch in christlicher Apokalyptik ist jedenfalls eine zeitliche Festlegung zu finden. Was die Möglichkeit offenlässt, dass wir schon mittendrin sind und es bloß noch nicht bemerkt haben.

DAS FAZ-FEUILLETON

Wenn Sie sich in großstädtischen Milieus herumtreiben, werden Sie – wegen der dort allgegenwärtigen Medienschaffenden – irgendwann garantiert diesen Satz zu hören kriegen: «Man müsste mal einen deutschen ‹New Yorker› machen.» Dies ist natürlich vollkommener Quatsch, ein guter Moment also, um höflich zu nicken. Verblüffend ist, dass jenseits des Atlantiks eine ganz ähnliche Faszination für unsere journalistische Kultur herrscht. Eine Zeitschrift wie der «New Yorker» verdankt ihre Existenz überhaupt erst der Sehnsucht nach europäischem Kaffeehaus-Journalismus.

Das Gras ist immer grüner auf der anderen Seite des Zauns. Würde man allerdings auf einer Cocktailparty in New York sagen, man wünsche sich für Amerika ein tägliches Feuilleton wie das der FAZ, wäre das schon eher nachvollziehbar. Dort gibt es nämlich tatsächlich nichts Vergleichbares. In den «Arts»-Seiten der «New York Times» findet man hauptsächlich Rezensionen; treffende Beobachtungen des Alltagslebens oder gesellschaftspolitische Debatten sucht man vergebens.

Es gibt kein unverbindlicheres Smalltalk-Terrain als das FAZ-Feuilleton. Den neuesten Aufsatz von Minkmar oder Seidl draufzuhaben, ist die sicherste Methode, um seine Teilnahmeberechtigung am intellektuellen Geschnatter dieses Landes zu demonstrieren. Das FAZ-Feuilleton ist ein zuverlässiger Futterlieferant für niveauvollen Smalltalk. Alle wichtigen Themen der Gegenwart, weit über das rein Kulturelle hinaus, egal, ob Politik, Wetter oder Wirtschaft, ob Naturwissenschaft oder Klatsch – *alles* fließt ins Feuilleton ein, geistreich gedeutet von den scharfsinnigsten Autoren des Landes. Erhöht wurde der Mythos des FAZ-Feuilletons durch den viel zu frühen Tod von Frank Schirrmacher, seiner prägenden Gestalt.

Es gab sogar eine Zeit, da schrieben *sämtliche* Autoren, durch deren Brille man die Welt betrachten möchte, in der FAZ. Doch um das Jahr 1997 herum fand ein Exodus der Giganten statt. Viele hatten sich mit Schirrmacher überworfen. Rückblickend war das ein Segen, denn es machte innerhalb des FAZ-Feuilletons Platz für die nachrückende Generation Golf. Und die, die gingen, trugen seinen Geist hinaus in die Welt, in die anderen großen Blätter des Landes. Über die Hintergründe dieses Exodus ist schon viel geschrieben und noch mehr geraunt worden. Die Anklagen reichen von Rufmord über Brudermord bis hin zu Vatermord und eignen sich als Stoff für die wildesten Romane. Einer der Flüchtlinge schrieb unter (alsbald enthülltem) Pseudonym tatsächlich ein Buch, einen Krimi, in dem sein ehemaliger Chef ermordet wurde. Der Autor nannte Frank Schirrmacher natürlich nicht namentlich, aber dass das Mordopfer dessen Züge trug, wurde durch die hektischen Dementi des später bei der «Süddeutschen» tätigen Autors nur noch deutlicher. Die Gewaltphantasien, in denen er sich erging, lesen sich seit Schirrmachers Tod besonders rüde. Aber warum konnte der Mitherausgeber der FAZ überhaupt so einen tiefen Groll hervorrufen? Warum verursachte er so viel Ablehnung? Und sogar Furcht? Es kursieren abenteuerliche Kolportagen über die Gründe, die den einstigen Feuilleton-Chef Joachim Fest dazu bewogen haben sollen, Schirrmacher als Kronprinzen aufzubauen.

Wenn auch nur die Hälfte davon stimmt, war Schirrmacher ein taktisches Genie und konnte menschlich zuweilen ein ziemliches Scheusal sein. Einer der einstigen Widerstandskämpfer im FAZ-Feuilleton schrieb in seinem Nachruf ungewöhnlich offen von Schirrmachers «dämonischer» taktischer Geschicklichkeit, erzählte von Revolten und von Tagen, an denen man das Büro morgens «mit Beklemmung» betrat und abends erleichtert verließ. Ein weiterer Flüchtling erklärte die Ablehnung, auf die Schirrmacher damals traf, anders. Er warf ihm vor, den maßvollen Ton, der die FAZ so angenehm von der Pöbelei der medialen Hysterie-Maschinerie abhob, für immer beerdigt zu haben. Um dem «traditionellen, bildungsbürgerlich eher sotto voce abgestimmten Feuilleton Gehör in der dröhnenden Medienwelt der Moderne zu verschaffen», hätte Schirrmacher oft zu einer Sprache gegriffen, die dem aufgeregten Grundton unserer Gesellschaft entsprach. Wenn Schirrmacher ein Thema für sich entdeckt hatte, so der damalige Wegbegleiter, fehlten in seinen mit Verve und Wucht dahingeschleuderten Essays niemals Formulierungen wie «nie zuvor gesehen» und «noch nicht annähernd begriffen». Das hatte etwas kindlich Begeistertes und Begeisterndes, beanspruchte aber auch eine Deutungshoheit, die anderen auf die Nerven ging.

Gern wird behauptet, es sei Schirrmacher gewesen, der das Ressort aus dem Ghetto der Kulturberichterstattung befreite und es zum zentralen Forum für gesellschaftspolitische Kontroversen machte. Aber das ist falsch. Das Feuilleton als Schauplatz großer Debatten war die Erfindung seines Vorgängers und einstigen Förderers Joachim Fest. Eine der wichtigsten Debatten der achtziger Jahre, der Historikerstreit um die Einzigartigkeit der NS-Verbrechen, wurde auf den Seiten des FAZ-Feuilletons ausgetragen. Fest konnte solche Debatten anstoßen, weil er seine Bühne inhaltlich – und räumlich! – verbreitert hatte. Das war überhaupt eine seiner Bedingungen gewesen, als er das Ressort 1973 übernahm: Es bekam ein eigenes «Buch». Damit hatte er mehr Seiten zur Verfügung, und das Feuilleton wurde endlich ein separat herausnehmbarer Zeitungsteil. Fest war es auch, der damals Marcel Reich-Ranicki von der «Zeit» zur FAZ gelockt hatte. Reich-Ranicki konnte dort als Literaturpapst einen Thron besteigen, den es wiederum ohne den so illustren wie umstrittenen Friedrich Sieburg nicht gegeben hätte. Sieburg war zuvor in Paris Kulturkorrespondent der «Frankfurter Zeitung», der Vorgängerin der FAZ, gewesen und hatte als solcher niemand Geringeren als Joseph Roth beerbt. Der berühmteste Feuilleton-Chef der «Frankfurter Zeitung» war jedoch Siegfried Kracauer, der quintessenzielle Großstadtliterat der zwanziger Jahre. Man sieht: Der Stammbaum ist achtunggebietend.

Als Joachim Fest 1973 die Leitung des Feuilletons übernahm, führte er dort einen Stil ein, der von großer Ernsthaftigkeit geprägt war – womit er von der großstädtischen Feuilleton-Tradition der zwanziger Jahre abwich, die von einem spöttischen, polemischen und ironischen Ton geprägt war. Wie jener von Karl Kraus, Alfred Kerr, Alfred Polgar und vor allem eben von Kracauer. Die Virtuosität, mit der er zufällige Straßenszenen beobachtete und daraus grundlegende Schlüsse über Zeit und Gesellschaft zu ziehen vermochte, ist bis heute unerreicht. Von Karl Kraus stammt der Ausspruch: «Ein Feuilleton schreiben heißt auf einer Glatze Locken drehen.» Für Alfred Polgar war ein Feuilleton (wörtlich: Blättchen) «ein Nichts, aber in Seidenpapier». Joachim Fest setzte hingegen eher auf die akademische Tradition des Feuilletons. In der alten «Frankfurter Zeitung» war das Feuilleton auch ein Forum für zahlreiche Wissenschaftler. Es gibt, um es auf den Punkt zu bringen, zwei Feuilleton-Schulen: Entweder schreibt man für das Kaffeehaus oder für die Akademien.

Das Ernste unernst sagen, die urtümlichen Prärogative des Feuilletons, das war Fests Sache nicht. In seinen Erinnerungen verriet er später, dass sein Vater ihm die Lektüre der «Buddenbrooks» verboten hatte, weil schließlich «Romane etwas für Dienstmädchen» seien. Nur einmal ließ er sich als Feuilletonchef zu einem Akt verspielter Frivolität hinreißen, als er dem Autor Michael Schwarze gestattete, in einem Artikel zu behaupten, die Bundesregierung habe gemeinsam mit den Fernsehanstalten beschlossen, zur Stärkung des Familienlebens an Weihnachten vorübergehend den Sendebetrieb einzustellen. Die Meldung war nicht als Satire zu erkennen, und am nächsten Tag wurden ARD und ZDF von Protestanrufen lahmgelegt, es gab sogar Morddrohungen. Aber das blieb eine wohlgesetzte Ausnahme. Die Kunst der polemischen Überspitzung hatte Fest an das FAZ-Magazin wegdelegiert, das damals freitags dem Blatt beilag, insbesondere an seinen Freund Johannes Gross. Der begnadete Reaktionär hatte dort eine Kolumne («Notizbuch»), die aus einer Sammlung spitzer Aphorismen und Aperçus bestand – und regelmäßig Entrüstungsstürme auslöste. Etwa wenn er Pazifisten als Menschen bezeichnete, die nichts haben, wofür es sich zu kämpfen lohnt, wenn er die politische Prosa von Günter Grass ins Lächerliche zog («den Erzählungen von Rainer Barzel ebenbürtig») oder Adornos berühmten Satz zitierte, dass nach Auschwitz kein Gedicht mehr geschrieben werden könne, und anschloss: «Die Wahrheit ist die, dass Adorno auch vor Auschwitz kein Gedicht schreiben konnte.» Selbst Schiller war vor Johannes Gross nicht sicher. Dessen Ideal von der Bruderschaft aller Menschen bezeichnete er lässig als den «Traum eines Einzelkindes».

Als Frank Schirrmacher am 1. Januar 1994 Fests Nachfolge antrat, war das mehr als nur ein radikaler Wechsel. Eine ganze Generation war komplett übersprungen worden. Er war mit fünfunddreißig der Jüngste, den es in dieser Position je gegeben hatte. Schon die Übernahme des Literaturchefpostens im Alter von neunundzwanzig Jahren war eine Sensation. Das merkte selbst das ferne «Time»-Magazin und führte ihn auf einer Liste der weltweit einflussreichsten Menschen unter dreißig. Bereits erwähnt wurde, dass dieser Einschnitt nicht ohne Traumata verlief. Aber der Stilwechsel war – das müssen heute, zwanzig Jahre später, selbst seine einstigen Widersacher einräumen – dennoch sachte. Zwar gab es manche Momente, in denen die für die «Frankfurter» typisch gewordene Zurückhaltung aufgegeben wurde. Legendäre Ausgaben wie die vom 27. Juni 2000, in der über sechs Seiten hinweg Sequenzen des menschlichen Genoms abgedruckt wurden – aus Anlass von dessen revolutionärer Entschlüsselung. Oder die Ausgabe vom 7. Januar 2003, in der, als Reaktion auf die Angst vor dem drohenden Irakkrieg, auf zwei Seiten sämtliche 426 klinisch festgestellten Ängste aufgelistet wurden («426 Namen der Angst»). Aber diese Happenings entfalteten ihre Wirkung eben deshalb, weil sie Ausnahmen waren.

Seine Kritiker warfen Schirrmacher vor, das bildungsbürgerliche Erbe der FAZ beschädigt zu haben. Dabei war er einer der wichtigsten konservativen Gesellschaftskritiker, der nicht zuletzt die wachsende Übermacht der Technik klarer sah als die meisten seiner Zeitgenossen. George Dyson, dem in Schirrmachers Buch «Payback» vielfach zitierten Wissenschaftshistoriker, schrieb er nach dem Finanzmarktcrash 2008 in einer Mail: «Haben in dieser Krise zum ersten Mal die Maschinen die Kontrolle übernommen? Heute habe ich mich mit dem Finanzminister zum Mittag getroffen. Ich wollte von ihm wissen, welchen Anteil Computer an dieser Krise hatten. Er antwortete, dass fünf lange Tage lang niemand eine Ahnung hatte, was geschehen sei und was kommen werde, dass in dieser Zeit alles von Computer-Programmen gesteuert worden sei.»

Einem Denker, der das vor Augen hatte, apokalyptische und alarmistische Töne vorzuwerfen, ist geradezu unlauter. Zumal er trotz seines zuspitzenden Talents dem strengen, zur Ernsthaftigkeit verpflichteten Stil des Feuilletons sehr wohl treu geblieben war. Nur deshalb konnten seine Zwischenrufe, in denen er dann mitunter tatsächlich entschiedene Worte fand, eine derartige Wirkung entfalten. Er war ein Konservativer, seine frühen Helden waren Ernst Jünger, Stefan George, Rudolf Borchardt, er war ein tief in der deutschen Klassik verwurzelter Bildungsbürger. Seine Belesenheit war überwältigend. Was seine Zeitgenossen verwirrte, war, wie er die Mittel der Moderne nutzte, um die Welt der Tradition zu verteidigen. Das überforderte viele seiner einstigen Mitstreiter.

Obwohl ihm häufig vorgeworfen wurde, das Sotto-voce-Bild des Hauptblattes zu verletzen, bevorzugte Schirrmacher in Wahrheit eine viel subtilere, viel geschicktere Belebungsstrategie für das Feuilleton: Er gründete Satelliten. Die beeinflussten dann das ehrwürdige Hauptblatt in Frankfurt durch eine Art spukhafte Fernwirkung. Er schuf das nach Berlin exportierte Feuilleton der Sonntagsausgabe. Und die Hauptstadtbeilage «Berliner Seiten». Dort durfte sogar ein unseriöser Boulevardmann wie ich anheuern. Heute liest man im Feuilleton der FAZ und vor allem der FAS, ein Erbe Schirrmachers, immer wieder Polemiken, die wirklich an die großen Zeiten des kracauerkerrpolgarhaften Journalismus erinnern. Gleichzeitig, auch das ist ein Erbe Schirrmachers, verhalf er dem Feuilleton dazu, ein Resonanzboden für die großen geistes- und naturwissenschaftlichen Debatten unserer Zeit zu werden. Kurz: Schirrmacher hat ein Feuilleton geschaffen, das die Kaffeehäuser und Akademien miteinander versöhnte.

Aber natürlich, auch das soll zumindest erwähnt werden, gibt es eine Alternative zur allgemein anerkannten FAZ-Feuilleton-Schwärmerei: das FAZ-Feuilleton-Bashing. Wer in Gesellschaft großgeistig wirken will, kann über das FAZ-Feuilleton lästern und schimpfen. Man könnte dann etwa behaupten, «eigentlich nur noch die NZZ» zu lesen. Aber dafür muss man schon ein ziemlicher Snob sein.

FERNSEHSERIEN

Schickt es sich, offen über seine Suchterkrankung zu sprechen? Kommt drauf an.

Am besten redet man in Gesellschaft nur über zweierlei Süchte: Kaufsucht, da kann jeder mitlachen. Und Seriensucht, da kann jeder mitreden. Allerdings sind Serien etwas, über das man sich bitte nicht bildungshuberisch unterhalten sollte. Jaaa doch, wir wissen, dass Fernsehserien die Romane der Jetztzeit sind. Schon Charles Dickens veröffentlichte im neunzehnten Jahrhundert seine Werke häppchenweise in illustrierten Monatsheften, inklusive Cliffhanger und einem «Was bisher geschah». Aber wer will heute noch mit solchem Alltagswissen punkten? Auch hat sich herumgesprochen, dass oscarprämierte Regisseure wie Martin Scorsese («Boardwalk Empire»), Steven Soderbergh («Behind the Candelabra») und Aaron Sorkin («Newsroom») dem Kino den Rücken gekehrt und sich dem Fernsehen zugewandt haben. Dass Serien wie «Six Feet Under» und «Modern Family» mehr als jede forcierte politische Kampagne dazu beigetragen haben, dass homosexuelle Lebensgemeinschaften in Mittelklasse-Amerika nicht mehr als freakig angesehen werden, ist ebenfalls keine neue Erkenntnis.

Bei jedem vernünftigen Menschen setzt sofort der Fluchtinstinkt ein, wenn auf Partys Besserwisser vor einem stehen, die aus Diedrich Diederichsens «Sopranos»-Buch zitieren und mit wissendem Blick erläutern, dass Tony Sopranos Psychotherapeut Dr. Melfi als mahnende Instanz literaturgeschichtlich die Rolle des Chors im griechischen Drama einnehme. Um Himmels willen! Jetzt haben wir endlich mal ein Thema, über das man unangestrengt reden kann! Lasst uns doch einfach mal erzählen, welches unsere Lieblingsserien sind! Das ist übrigens ein unterhaltsames Gesellschaftsspiel, nicht zuletzt, weil es so viel über die Menschen verrät. Fans von «Mad Men» und «Downton Abbey» sind altmodisch und anspruchslos und meist einem kleinen Flirt gegenüber aufgeschlossen. Leute, die «Modern Family» lieben, sind eigentlich immer sympathisch. «Sons of Anarchy»-Fans sind kompliziert, die von «Game of Thrones» Langweiler oder Intellektuelle (schlimmstenfalls beides). «Breaking Bad» war am Ende so ein unfassbarer Erfolg, dass es schon banal ist, darüber zu sprechen, außer man hat etwas Substanzielles daran auszusetzen, dann wird's wieder interessant. Wenn ich über meine Seriensucht berichten müsste, würde ich bei «Twin Peaks» anfangen und via «Six Feet Under» bei «24», «Dexter» und «True Detective» landen, wie eigentlich jeder. Als Journalist mochte ich in grauer Vorzeit mal «Lou Grant» und verfiel später dann Aaron Sorkins «Newsroom». In der Kategorie Humor fing es mit «Cheers» und «Frasier» an. Später holte ich mir meinen regelmäßigen Fix von Larry David und Amy Schumer. Ich liebte auch «Enlightened» von Laura Dern und Mike White, stand damit aber ziemlich allein da, nach zwei Staffeln wurde die Serie wieder abgesetzt. Es ging um eine Frau mit selbstzerstörerischen Tendenzen (gespielt von Laura Dern), die nach einer Psycho-Reha endlich Ordnung in ihr chaotisches Berufs- und Privatleben bringen will und damit natürlich gründlich scheitert. Ästhetisch war wiederum die dritte Staffel von «American Horror Story» eine Offenbarung, jede einzelne Aufnahme hätte eine Doppelseite in der amerikanischen «Vogue» verdient: Jessica Lange als moderne Hexengroßmeisterin strahlte eine ungemein anziehende und zugleich abweisende Eleganz aus, sodass man die Serie trotz schwacher Dramaturgie allein ihrer Mimik und Gestik wegen sehen musste.

Über die «Sopranos» müssen wir, hoffe ich, nicht diskutieren. Dass damit auf einen Schlag alles anders wurde, eine neue Zeitrechnung begann, Fernsehen plötzlich zur ersten Anlaufstelle für denkende Menschen wurde und der Roman als Medium der Gegenwartsanalyse ausgedient hatte, ist Allgemeingut. Als dieses Epos aus dem tristen New Jersey zu seinem plötzlichen Ende kam, hatten wir insgesamt mehr als siebzig Stunden mit Tony und seiner erweiterten Familie verbracht. Nachdem er in Folge 86 gestorben war – und zwar auf die bekannte, zunächst überhaupt nicht nachvollziehbare Weise –, verbrachte ich geschlagene zwei Stunden im Internet, um herauszufinden, was da wohl geschehen war, wie David Chase das wohl gemeint haben könnte, als er mich und Millionen andere völlig unvermittelt, während einer Restaurantszene, mitten aus der Handlung riss und minutenlang vor einem schwarzen Bildschirm sitzen ließ. Viele dachten angeblich, es gäbe eine Sendestörung. Erst nach minutenlangem, qualvollem Starren auf den schwarzen Bildschirm setzte endlich der Abspann ein, dazu das unsentimentale, ein bisschen sinnfreie Lied «Don't Stop Believin'» von Journey. David Chase hat nie darüber gesprochen, was er sich mit diesem Ende gedacht hatte. Er überließ es den Kritikern, vom Schnitt und der Kameraperspektive darauf zu schließen, dass Tony Soprano schlicht von hinten erschossen worden war.

Das verstörende Ende der «Sopranos» war damals sogar

Thema in den amerikanischen Abendnachrichten. Viele Fans der Serie (und erstaunlicherweise sogar manche Kritiker) waren über ihr plötzliches Ende empört. Dabei hatte sie einfach nur die Realität imitiert. Auch im wahren Leben wird der Tod in der Regel nicht mit Trommelwirbel oder Geigenklängen angekündigt, sondern kommt, besonders in der Branche, in der die Familie Soprano tätig war, plötzlich … peng. Andererseits kann ich das Entsetzen dieser Fans sehr gut nachempfinden. Schließlich liegt der Reiz von Geschichten ja darin, dass das Leben in ihnen grundsätzlich mehr Sinn ergibt als in der Wirklichkeit. Wenn die Realität in die Fiktion einbricht, ist das verstörend, denn es nimmt ihr ihre wichtigste, tröstlichste Funktion: Sinn in die Sinnlosigkeit zu bringen.

Vielleicht wollte Chase auch einfach zeigen, wie stark sein Werk zu einer Art Parallelrealität geworden war. Nach dem Ende der Serie, sie war ja immerhin acht Jahre gelaufen, fehlte einem tatsächlich etwas im Leben. Da war eine echte Lücke! Ich tröstete mich damit, dass man ja auch einen Balzac mehr als einmal lesen kann, dass ich irgendwann die «Sopranos» wieder von vorne anfangen würde. Als Tony Soprano, James Gandolfini, dann 2013 auch noch *wirklich* starb, bei einem Zwischenstopp in Rom auf dem Weg nach Sizilien, war ich traurig und vermisste plötzlich ernsthaft einen Menschen, den ich nie kennengelernt hatte, mit dem ich aber eine intensivere Zeit verbracht hatte als mit vielen Menschen aus meinem realen Leben. Er starb, als würde er einem Drehbuch folgen, an einem Herzinfarkt nach einem wohl viel zu üppigen Abendessen. In Zimmer 449 des dekadenten Jugendstil-Hotels Boscolo an der Piazza della Repubblica.

Sehen Sie? Ich bin schon mittendrin, man kann über Serien einfach so vor sich hin brabbeln, ohne dabei wirklich etwas Interessantes, Kontroverses oder Niveauvolles zu sagen. Ein besseres Chloroformthema gibt es nicht. Das Einzige, was inzwischen furchtbar nervt, ist der Distinktionswahn, auf den man bei Partygesprächen über Serien oft stößt. Redet man über «House of Cards», wird man belehrt, dass das englische Original der BBC von 1990, in dem es um den Sturz von Margaret Thatcher geht, doch noch «soooo viel besser» sei. Statt der HBO-Serie «In Treatment» will plötzlich jeder das israelische Original gesehen haben, am besten auf Hebräisch mit französischen Untertiteln. Und um besonders clever zu wirken, kommt einer garantiert mit irgendwelchen skandinavischen Serien an, wirft mit Namen wie «Forbrydelsen» um sich. Alles schön und gut. Nur macht es Gespräche über Serien plötzlich auch sehr anstrengend.

Wie überhaupt in der Post-«Sopranos»-Ära die Serien selbst auch immer anstrengender wurden. Das Phantastische an «Sopranos» war ja nicht zuletzt, wie unprätentiös alles anfing. Der Gag bestand zu Beginn eigentlich nur darin, dass ein Mittelklassemafiaboss in eine Midlife-Crisis rutscht und bei einem Psychotherapeuten Hilfe sucht. Dann kollidierte die erste Staffel, zum Ärger der Macher, mit dem Erfolg des Kinofilms «Analyze This» mit Robert De Niro und Billy Crystal, dem eine ganz ähnliche Idee zugrunde lag. Bemerkenswert war nun, wie sich die Serie vom ursprünglichen Plot emanzipierte, ein Eigenleben entwickelte und sich so peu à peu zum großen Epos entfaltete. Die heutigen Serien sind hingegen von Anfang an als große, literarisch aufgeladene Gesellschaftsdramen angelegt. Statt ihnen die Chance zu geben, sich langsam zu entwickeln, wirken Serien wie «The Boss» von der ersten Folge an anstrengend und überambitioniert. Da sehnt man sich fast schon wieder nach Serien aus den Urzeiten des Fernsehens wie «Die Straßen von San Francisco», die pro Folge eine Story abschlossen, nicht mit sechs Nebenplots nervten und bei denen man, wenn man ein oder zwei Folgen verpasst hatte, mühelos wieder einsteigen konnte.

Diese Entwicklung geht aber nicht nur auf den Fluch des großen Vorbilds «Sopranos» zurück. Dass Fernsehen ein würdiges, kulturelles Medium sein konnte, hatten auch schon große Gegenwartsliteraten wie David Foster Wallace und Jonathan Franzen verstanden. Der inzwischen verstorbene Wallace forderte bereits 1993 seine Schriftstellergeneration auf, Fernsehen als die wichtigste amerikanische Freizeitbeschäftigung nach dem Schlafen anzuerkennen und sich bloß nicht zu fein zu sein, für das Fernsehen zu schreiben. Drei Jahre später veröffentlichte Franzen einen vielbeachteten Essay im «Harper's Magazine», in dem er die Frage aufwarf, ob der klassische Roman im «Zeitalter der Bilder» überhaupt noch eine Daseinsberechtigung habe.

Was heißt das eigentlich für uns, fast zwanzig Jahre später? Mitte der Neunziger war das Fernsehgerät ja tatsächlich der wichtigste Einrichtungsgegenstand in unseren Wohnzimmern. Und jetzt? Fernsehen ist längst auf unsere Tablets und Smartphones ausgewandert. Bald schon werden wir die neusten Serienfolgen auf unsere Oculus-Brillen streamen. Ist das Zeitalter des Fernsehens schon wieder vorbei, und braucht es neue Denker, die erkennen, dass die Zukunft des Geschichtenerzählens den Videospielen gehört? Spiele, in denen wir uns virtuell bewegen werden? In denen sich Geschichten entfalten, die wir interaktiv beeinflussen können? Kommen dank moderner Technik und immer schnellerer Rechner ganz neue Formen des Eskapismus auf uns zu? Werden die Fernsehserien der Neunziger für uns irgendwann ein Kuriosum sein, auf das wir gerührt zurückblicken wie heute auf die Schaubuden, Panoptiken und Nickelodeons aus den Frühzeiten der bewegten Bilder? Dort dürfte jedenfalls ein noch ungeahntes Suchtpotenzial auf uns warten.

HELMUT SCHMIDT

Helmut Schmidt ist für Deutschland das, was für Amerika die Fernsehserie «Mad Men» war. Er steht für eine Zeit, in der man Frauen im Aufzug noch in den Ausschnitt schauen, leere Bierdosen im Park einfach irgendwo hinfeuern und überall rauchen durfte.

Überhaupt: Rauchen!

Wenn Sie davon reden, wie cool Sie Helmut Schmidt finden, können Sie im Smalltalk sozusagen auf Autopilot schalten. Selbst Leute mit Biomarktkundenkarte werden begeistert Geschichten vom Rauchrebellen Schmidt erzählen. Vor ein paar Jahren soll er einmal in einem Konferenzraum der Vereinten Nationen seine Reyno-Menthols aus der Tasche geholt haben und sich – obwohl nirgendwo ein Aschenbecher stand – eine angezündet haben. In New York! Wo vermutlich bereits der Besitz von Feuerzeugen strafbar ist! Schmidt war's egal. Ein Beamter des Auswärtigen Amtes raste los, um mit wachsender Verzweiflung nach einem Aschenbecher zu suchen. Aber da auch die in New York wohl längst verboten sind, musste er sich mit einer Untertasse zufriedengeben. Eine Viertelsekunde bevor Schmidt auf den Boden hätte aschen müssen, schaffte es der Beamte zurück in den Konferenzsaal, um ihm die Untertasse zuzuschieben. Der Kolumnist Franz Josef Wagner, selbst leidenschaftlicher Raucher, bemühte neulich in der «Bild» als Rechtfertigung für sein Laster die ultimative Autorität – *ihn*, Helmut Schmidt: «Er hat Kameraden sterben gesehen mit einer Zigarette im Mund. Die letzten Gefühle der Sterbenden waren Gedanken an Mama und ein letzter Zug an der Zigarette.»

Das ist der Stoff, aus dem die Legende Helmut Schmidt gemacht ist.

Anfang der Nullerjahre saß der Altkanzler auf einem Podium mit Sandra Maischberger in Berlin. Als die Moderatorin ihm vorlas, dass die Jusos auf ihrer Website ein Statement veröffentlicht hätten, in dem sie sich nun, zwanzig Jahre später, endlich auch zum NATO-Doppelbeschluss bekannten, den Schmidt Anfang der Achtziger gegen den erbitterten Widerstand der Parteilinken erkämpft hatte, fragte der Altkanzler, für den das Internet wirklich Neuland war und der mit neumodischen Begriffen wie «Website» nichts anfangen konnte, erst mürrisch nach, worum es hier überhaupt ginge. Als Maischbergers Erörterungen über das World Wide Web nicht fruchten wollten, stellte er schließlich lakonisch fest: «Ich weiß nicht, was das ist, aber wenn das da steht, dann ist das richtig.» Sprach's und blies wie Gandalf einen Rauchring in die Luft. Was für ein cooler Typ!

Ein Kollege von der «Zeit», deren Herausgeber der Altkanzler seit mehr als dreißig Jahren ist, erzählte mir folgende schöne Geschichte über die legendäre «Käsekonferenz» im sechsten Stock des Hamburger Pressehauses (die Käsekonferenz, an der neben dem Chefredakteur und seinen Ressorthäuptlingen auch die Herausgeber teilnehmen, heißt Käsekonferenz, weil sie unter dem Einfluss von Rotwein stattfindet, zu dem traditionell Käse gereicht wird): Jungredakteure, die noch nicht so lang an Bord sind und deswegen oft unsicher, ob sie sich mit ihren Ausführungen auf dem Holzweg befinden oder nicht, können sich an einem ganz einfachen Indikator orientieren: Wenn Schmidt während ihres Vortrages anfängt, an der Plastikhülle seiner Zigarettenschachtel herumzuspielen, ist das ein klares Zeichen dafür, dass das Interesse des Herausgebers spürbar nachlässt. Wenn es sogar so weit kommt, dass er die Steuermarke oben an der Schachtel mit den Fingernägeln abpult, wissen sie, dass sie vollkommen auf dem falschen Dampfer sind und sich eigentlich jedes weitere Wort sparen können. Wenn Schmidt dagegen mitten im Vortrag ruckartig sein Hörgerät lauter stellt, können sie zumindest davon ausgehen, dass sie nicht völligen Blödsinn reden!

Wer bei einer entspannten Konversation also absolut nichts falsch machen will, der sollte das Gespräch möglichst auf Helmut Schmidt lenken. Schmidt vereinigt alles: Preußentum und Sozialismus, Jahrhundertflut und Terrorismusbekämpfung, Westbindung und Chinaschwärmerei, protestantische Wirtschaftsethik und katholische Soziallehre. Er ist der Herr der Mitte, der fleischgewordene Grundkonsens. Und mit ihm alles, was er sagt: China ist die kommende Weltmacht, mit der sollten wir uns gutstellen. Zur EU gibt es keine Alternative. Ein bisschen mehr Disziplin würde uns guttun. Man kann mit Schmidt-Statements einfach nichts falsch machen. Zudem können wir von seiner Gelassenheit lernen. Würde nächste Woche die Apokalypse über uns hereinbrechen, Schmidt würde sich auf ein «Zeit»-Podium im Hamburger Schauspielhaus setzen und, assistiert von Josef Joffe und Michael Naumann als Moderatoren, ein Referat darüber halten, warum jetzt genau der richtige Zeitpunkt für den – von ihm übrigens vor zwanzig Jahren exakt vorhergesagten – Weltuntergang sei.

Wer an politischen Aussagen von Helmut Schmidt herumkrittelt, hat eines – das Wesentliche – nicht verstanden: Es geht bei Schmidt nicht um das «Was», sondern das «Wie». Der englische Staatsphilosoph Thomas Hobbes, der im siebzehnten Jahrhundert Zeuge des Bürgerkrieges zwischen Cromwell und dem Hause Stuart war und dessen ganze politische Theorie darauf ausgelegt ist, dass sich so ein Bürgerkrieg und der damit verbundene Zustand der Gesetzlosigkeit nie mehr wiederholen, hat das so ausgedrückt: *auctoritas, non veritas facit legem*. Zu Deutsch: Die Autorität, nicht die Wahrheit ist das Gesetz. Schmidt steht Hobbes vielleicht näher als alle aktiven Politiker, die wir in Deutschland haben. Zumindest würde keiner von ihnen sich öffentlich zu Hobbes bekennen (wenn seine PR-Abteilung nicht gerade einen Super-GAU erlitten hat). Bei Schmidt ist das anders: Er hat so viel erlebt, dass er das ganze Weltgeschehen immer vom jeweils größeren Übel aus denkt. Es ist paradox: Ausgerechnet jener Mann, der Menschen mit Visionen zum Arzt schicken wollte, dessen ganzes politisches Denken zu 99,8 Prozent von knallhartem Realismus und zu 0,2 Prozent von Moral bestimmt wird (diesen Eindruck vermittelt er zumindest nach außen, denn was wirklich in ihm vorgeht, das verbirgt Schmidt sorgsam vor dem Licht der Öffentlichkeit), gilt in Deutschland als Inkarnation von Moral in der Politik.

Und das vielleicht nicht einmal zu Unrecht. In der Flut von Interviews, Reportagen und Dokus, die über Schmidt gesendet werden, seit ich einen Fernseher besitze, und die im öffentlich-rechtlichen Fernsehen so konstant gut ankommen wie sonst nur Fußballländerspiele, Guido-Knopp-TV und Florian Silbereisen, gibt es eine einzige Szene, in der er uns kurz hinter die eisgraue Fassade des bundesrepublikanischen Übermenschen blicken lässt. Es ist eine Episode aus der Schlussphase des Krieges, in der sein Kommandierender General den jungen Oberleutnant Schmidt kriegsrechtswidrig – die Fronten sind zusammengebrochen, jeder Mann wird gebraucht – auf Urlaub von Bremen nach Ostdeutschland fahren lässt, um gemeinsam mit seiner Frau Loki den nur wenige Monate alten Sohn zu bestatten, der an einer Hirnhautentzündung gestorben war. Die ihn auch in dieser Sendung befragende Sandra Maischberger versäumte als gute Journalistin natürlich nicht, den Altkanzler zu fragen, wie er sich damals denn «gefühlt» habe. Schmidts Antwort: «Ich habe nicht die Absicht, darüber zu sprechen.»

Ich hatte – ich war damals erst siebzehn – übrigens einmal das Privileg, ihn interviewen zu dürfen. Marion Dönhoff hatte mir den Termin vermittelt. Es war für einen Artikel im «Esquire» über die »Zeit«. In meinem Artikel schrieb ich über die Begegnung letztlich nur: «Resümee meines Gesprächs mit Helmut Schmidt? Zwei Stunden Geschichtsunterricht und zehn Zigaretten. Sechs für ihn, vier für mich.» Marion Dönhoff nahm mir das – zu Recht – schrecklich übel. Junge Leute können solch blasierte Arschlöcher sein! Blasiertheit ist etwas, das man sich erst verdienen muss!

HUNDE

Hunde sind immer gut. Wenn über das Wetter schon alles gesagt ist. Als Gesprächsthema ist es das Pendant zu «Keine Angst, der tut nichts».

Hier ein paar servierbereite Portionen überflüssigen Wissens über Hunde. Der erste Mensch im Weltall war 1961 Juri Gagarin. Das hat sich rumgesprochen. Was hingegen wenige wissen: Schon zehn Jahre vor ihm waren die ersten Hunde im All unterwegs. Sie hießen Tsygan und Dezik, Straßenhunde, die irgendwo eingefangen und anschließend jahrelang für ihre Missionen trainiert wurden. Als sie so weit waren, reisten sie in eigens angefertigten Raumanzügen mit blasenartigen Acrylhelmen, die ihnen eine hervorragende Sicht gestatteten. Mit Raketen des Typs R-1 (Kopien der berühmt-berüchtigten deutschen V-2) wurden Tsygan und Dezik hundertundeinen Kilometer in die Höhe geschossen. Beide kehrten wohlbehalten von ihrem Ausflug auf die Erde zurück. Nach der Landung rannten die beiden schwanzwedelnd um ihre Raketenkapseln – als ob sie ahnten, welch historische Sensation ihnen gelungen war. Die Wissenschaftler, die die beiden Hunde bei ihrer Rückkehr in Empfang nahmen, wurden durch begeistertes Gesichterabschlecken von ihnen begrüßt. Dezik war sogar ein weiteres Mal im All, überlebte seine zweite Mission aber nicht. Tsygan wurde mit allen Ehren pensioniert und in die Familie des Raumfahrtwissenschaftlers Anatoli Arkadjewitsch Blagonrawow aufgenommen. Dutzende Hunde und andere Tiere haben in der internationalen Raumfahrt als Vorhut gedient, bevor sich die Menschen selbst nach oben trauten.

Aber nicht nur wissenschaftsgeschichtlich sind Hunde uns voraus. Einer der wichtigsten philosophischen Strömungen des Abendlandes, dem Kynismus (wörtlich «Hundigkeit»), diente der Hund als strahlender Inbegriff der Weisheit. Die Maxime der Kyniker waren hündisch: Bedürfnislosigkeit. Gelassenheit! Im Jetzt leben und sich nicht von trügerischen Idealen und Zielen irremachen lassen. Für den Distinktionswahn ihrer Zeitgenossen (ja, Snobs und Möchtegerns gab's auch in der Antike!) hatten die Kyniker nur ein mildes Lächeln übrig («Scheiß der Hund drauf!»). Der mit Abstand coolste Hund der Kyniker war Diogenes von Sinope, der im vierten Jahrhundert vor Christus lebte, in einer Tonne hauste und Alexander den Großen bat, ihm aus der Sonne zu gehen.

Große Schriftsteller werden, sobald ein Hund in ihr Leben tritt, fast immer seltsam sentimental. Ist es die Sehnsucht nach Treue, die Menschen bei ihren Artgenossen meist ein Leben lang vergeblich suchen? Über kaum ein Wesen schrieb Thomas Mann je wieder so zärtlich wie über seinen Mischling Bauschan in «Herr und Hund». Liebevoll werden darin die Spaziergänge der beiden durch Bogenhausen beschrieben, damals noch ein Münchner Vorort. Thomas Mann muss seinem Gefährten dankbar dafür gewesen sein, dass es ihm immer wieder gelang, ihn, den Geistesmenschen, abzulenken. Die Zeit mit Bauschan («die mich zerstreut und erheitert, die mir die Lebensgeister weckt») war für ihn vielleicht die einzige Möglichkeit, sich aus seinem grandiosen Kopfgefängnis zu befreien, die innere Gedankenradiostation, die permanent auf Sendung ist, abzuschalten. Als Bauschan starb, sorgte Mann dafür, dass in einer Münchner Zeitung sogar ein «sehr schöner Nekrolog, betitelt ‹Bauschan› mit einem dicken Kreuz dahinter» erschien. Ernest Hemingway hatte in den Fünfzigern einen Spaniel namens Blackie an seiner Seite. Wie es sich für Hemingway gehört, endete diese Männerfreundschaft traurig. 1957 lebte er auf Kuba, seiner Wahlheimat, und zu dieser Zeit war der alte Blackie bereits weitgehend blind und taub. Eines Tages stürmten Soldaten des Diktators Batista Hemingways Anwesen. In seiner bedingungslosen Treue stürmte der alte und völlig ungefährliche Blackie wütend bellend auf die Eindringlinge los – und wurde von einem Soldaten erschossen. Hemingway machte sich deswegen ein Leben lang Vorwürfe. Sogar der sonst – gegenüber Menschen – eher gefühlsarme Truman Capote entwickelte gegenüber Hunden so etwas wie Zärtlichkeit, was auch eine seltsam sentimentale Passage im sonst so brutalen Romanfragment «Erhörte Gebete» erklärt, in der ein herrenloser Welpe, der als Braten für ein koreanisches Restaurant vorgesehen war, einer reichen Lady zuläuft, von ihr gerettet wird und fortan in ihrem Boudoir in der Upper East Side wohnt. Die Bulldogge Maggie – nicht Gloria Vanderbilt – war wahrscheinlich Capotes einzige echte Freundin.

Martin Walser bemerkte, immerhin ein wenig nüchterner und wahrscheinlich vollkommen zu Recht: «Nach einiger Erfahrung halte ich es für möglich, dass wir von Tieren so viel lernen können wie sie von uns.» Was uns zur eigentlich interessantesten Frage bringt: Wann – und vor allem warum – wandelte sich der Wolf vom wild lebenden Raubtier zum besten Freund des Menschen? Angeblich haben sich Hunde erst durch das Zusammenleben mit Menschen das Bellen angewöhnt. Bevor Hunde ihre Symbiose mit den Menschen eingingen, konnten sie nur heulen und jaulen. Sie lernten bellen, um uns damit etwas zu sagen, zum Beispiel, dass Gefahr droht. Ein faszinierender Gedanke. Wie also konnte es zu einer derart rührenden menschlich-tierischen Partnerschaft kommen?

Die Indianer sagen, dass es so war: Vor langer, langer Zeit taten sich einmal ein Waldwolf und ein Steppenwolf zusammen. Sie wurden Freunde und gingen fortan nur noch gemeinsam auf die Jagd. Irgendwann aber wurde das Wild knapp, und sie litten fürchterlichen Hunger. Sie hatten bereits seit Tagen nichts gefressen und waren völlig entkräftet, als sie am Wigwam einer Indianerfamilie vorbeikamen. Die Indianer hatten gerade einen fetten Hirschbraten auf dem Feuer. «Lass uns reingehen und fragen, ob sie uns etwas abgeben», sagten sie zueinander, «vielleicht werden sie uns verjagen, vielleicht werden sie uns sogar töten, aber wenn wir nicht bald etwas zu beißen kriegen, müssen wir ohnehin sterben.» Mit letzter Kraft schleppten sie sich zum Wigwam, und zu ihrem Erstaunen waren die Menschen freundlich. Sie gaben ihnen zu essen und einen Schlafplatz am Feuer. Die Hunde blieben eine Nacht und dann eine zweite. Irgendwann sagte der Steppenwolf zu seinem Kameraden: «Wir sollten hier bleiben. Die Menschen sind gut zu uns. Es gibt keinen Grund, zurück in die Wildnis zu gehen.» Das hörten die Menschen und freuten sich. Sie machten sich daran, den beiden eine eigene Hütte zu bauen. Der Waldwolf aber beobachtete, dass währenddessen die Fleischvorräte unbewacht waren. Er schlich sich hin, schnappte alles Fleisch, das er finden konnte, und versteckte es in einer Felsspalte. Zu seinem Freund sagte er: «Wir haben jetzt mehr Fleisch, als wir brauchen. Heute Nacht bringen wir es fort und gehen zurück in die Freiheit!» Der Steppenwolf war traurig: «Warum bestiehlst du die Menschen? Sie waren doch gut zu uns. Gib das Fleisch zurück!» Da machte sich der Waldwolf über seinen Freund lustig, verspottete ihn dafür, dass er nicht mehr das tun wolle, was Wölfe immer schon getan hatten. Die Menschen bemerkten, was geschehen war, richteten ihre Waffen auf den Waldwolf und sagten: «So dankst du uns für unsere Gastfreundschaft? Wir könnten dich jetzt töten. Aber deines Freundes wegen wollen wir dich am Leben lassen. Scher dich davon und komm nie wieder. Wenn wir dich noch einmal in unserer Nähe sehen, werden wir dich töten!» Der Waldwolf floh in die Wälder, der Steppenwolf blieb bei den Menschen. Sie fütterten ihn, dafür bewachte er das Lager, besonders nachts, wenn sie schliefen. So wurde aus dem Steppenwolf allmählich der Hund. Und zwischen dem Waldwolf und den Menschen herrscht seit jenem Tag Feindschaft.

Wie so oft nehmen alte Sagen und Märchen spätere Forschungen ziemlich präzise vorweg. Tatsächlich wurde lange angenommen, dass Wölfe und Menschen zusammenfanden, als Letztere vor etwa zwanzigtausend Jahren sesshaft wurden. Man ging davon aus, dass die Landwirtschaft die Wölfe in die Dörfer lockte und sie so domestiziert wurden. Mittlerweile vermutet man aber, dass die Freundschaft sogar gut fünfzigtausend Jahre älter ist und Wölfe bereits dem Jäger und Sammler auf der Suche nach Nahrung folgten.

Hunde wie Wölfe besitzen die unter Tieren seltene Fähigkeit, vom Zusehen zu lernen, sich kluge Dinge abzuschauen. Haben manche Wölfe, des Jagens müde, uns also einfach imitiert – und sind uns so nähergekommen?

Der Wiener Philosophieprofessor und Hundeliebhaber Erhard Oeser stellt in seinem Buch «Hund und Mensch» die interessante These auf, es sei genau andersherum gewesen. Nicht der Wolf habe den Menschen imitiert, sondern der Frühmensch den Wolf, genauer: seine soziale Intelligenz. Darin sieht Oeser den entscheidenden Beitrag zur Menschwerdung des Affen.

Tatsächlich zeigen jüngste genetische Studien eine erstaunliche räumliche und zeitliche Koinzidenz von «Hominisation» und «Canisation». Gut möglich, dass die Zusammenarbeit beider Arten, ihre sich ergänzenden Sinne und Fähigkeiten, erst das Erfolgsmodell Homo sapiens möglich machte.

Oeser geht sogar noch weiter: Die Caniden, die hundeartigen Vorfahren der Haushunde, hätten unseren Urahnen vor hunderttausend Jahren erstmals Formen sozialer Kooperation beigebracht, die über den engsten Familienverband hinausreichten. Demnach guckten sich die frühen Menschen von den Wolfsrudeln etwas ab, das für sie zum evolutionären Vorteil wurde: Beim Kampf ums Futter ist es günstig, sich in sozialen Einheiten zu organisieren, statt zur Keule zu greifen und sich gegenseitig die Schädel einzuschlagen. Das Zusammenleben in größeren Gruppen führte wiederum dazu, dass wir anfingen, so etwas wie Fürsorge zu entwickeln, und lernten, uns um unsere Artgenossen zu kümmern.

Wenn das stimmt, ist es der beste Witz der Geistesgeschichte: Die Väter des Humanismus waren die Hunde!

NEW YORK

Der durchschnittliche New Yorker ist kein Plauderer. Alles, was man über diese Stadt wissen muss, davon jedenfalls sind ihre Bewohner fest überzeugt, ist mit wenigen Sätzen gesagt: Östlich des Central Park wohnen die, die reich geboren worden sind. Auf der anderen Seite des Parks, in der Upper West Side, findet man das liberale Establishment. In Chelsea sind jene zu Hause, die sich die Upper West Side nicht leisten können. In den ehemaligen Vierteln der Boheme, in SoHo, Tribeca, East Village, wohnen jetzt die reichen Investmentbanker. Ein paar Künstlertypen gibt es zwar noch in der Lower East Side, aber die Avantgarde ist längst weitergezogen – nach Williamsburg, nach Astoria, in die Bronx, Gegenden, die vor zwanzig Jahren noch als Herz der Finsternis galten. Für New Yorker besteht das Universum aus New York. Im Süden irgendwo ist Florida, im Westen liegt Kalifornien, alles östlich der Hamptons ist ein schwer definierbarer Mischmasch aus Europa und Asien, über den man nicht mehr weiß als das, was man gelegentlich in der «Times» liest.

Damit ist alles gesagt. Die Menschen hier hassen Smalltalk. Sie plaudern nicht, sie lästern. Wer sich zum Beispiel erfreut über das Wetter äußert, wird für schwachsinnig gehalten. Fremde Menschen anzusprechen, etwa im Fahrstuhl oder auf einer Party, endet in der Regel mit einer Klage wegen sexueller Nötigung.

Für Nicht-New-Yorker ist das natürlich höchst unbefriedigend. New York ist für uns die magische Stadt schlechthin, der einzige Ort auf der Welt, an dem man wenigstens einmal im Leben gewesen sein sollte. In Urzeiten muss Babylon so eine Stadt gewesen sein. Später Athen. Danach Rom. Zum Zeitpunkt, da dieses Buch gedruckt wird, ist New York die Stadt der Städte, die Hauptstadt der Welt. In einigen Jahren wird es vielleicht einmal Schanghai sein. Aber noch gehört ein gewisses Basiswissen über New York zur Grundausstattung des Smalltalk-Profis. Und zwar unabhängig davon, ob man dort war oder nicht.

Was also muss man wissen?

Der Mythos New Yorks beruht wahrscheinlich darauf, dass die Stadt einen uralten, sehr menschlichen Traum verkörpert: die Sehnsucht, die Welt zu gestalten. Sich als Mensch zum Schöpfer aufzuschwingen, ist natürlich ein zutiefst aufrührerischer Akt – eine Auflehnung gegen Gott selbst. Wie der Feuerdiebstahl des Prometheus. Oder der Turmbau zu Babel. Baute man die Wolkenkratzer in New York deshalb so hoch, um sich als ein modernes Babel neu zu erfinden? «Manhattismus» nennt der niederländische Architekt Rem Koolhaas den Geist New Yorks, dessen Programm darin besteht, «in einer völlig von Menschenhand geschaffenen Welt zu leben».

Die Religion New Yorks ist der Kapitalismus. Kaufleute – nicht Eroberer! – waren die Gründer Neu-Amsterdams, wie die Stadt ursprünglich hieß. Der Seefahrer Henry Hudson war im Auftrag holländischer Kaufleute unterwegs, als er 1609 als erster Europäer an der Südspitze des heutigen Manhattan festmachte. Über die Begrüßung durch die Indianer vom Stamm der Algonquin notierte einer seiner Offiziere: «Es waren achtundzwanzig Kanus, voll mit Männern, Frauen und Kindern, die sich über unsere Ankunft sehr zu freuen schienen.» Den Seeleuten war sofort klar, was diesen Ort so wertvoll machte, nämlich dass «der Hafen guten Schutz vor Wind und Wellen bot». Hudson und seine Leute hatten den größten natürlichen Hafen der Welt entdeckt, eine Bucht, die perfekt vor dem offenen Meer geschützt war. Angeblich luchsten die Kaufleute den Indianern die Insel Manna-hata («Hügeliges Land») für sechzig niederländische Gulden ab. Egal, ob die Geschichte stimmt oder nicht, sie bringt die Mentalität dieser quintessenziellen Handelsstadt auf den Punkt. Wenn von New York die Rede ist, wird gern über Freiheit und Bürgerrechte philosophiert, in Wahrheit aber verdankt die Stadt ihren wirtschaftlichen Aufstieg dem Handel – genauer: dem Sklavenhandel. Dank des lukrativen Geschäfts verwandelte sich Neu-Amsterdam unter Peter Stuyvesant, Gouverneur von 1647 bis zur englischen Übernahme 1664, von einer eher unbedeutenden Siedlung zur Wirtschaftsmetropole.

Andere über den Tisch ziehen zu können, das ist in der DNA der New Yorker angelegt. Genau wie die Gangstermentalität. Denn neben Huren und Waisen bestand das Gros der Einwohnerschaft in den Anfangsjahren aus Kriminellen. Sosehr sich die Niederländische Westindien-Kompanie auch um seriöse Siedler bemühte, die für den Aufbau der Kolonie dringend notwendig waren (die Überfahrt war umsonst, man bekam sogar ein Stück Land geschenkt), im wohlgeordneten Holland wollte niemand an den Rand der bekannten Welt ziehen. In einem Akt der Verzweiflung wurden schließlich ganze Gefängnisse, Armen- und Waisenhäuser zwangsumgesiedelt.

Als die Engländer 1664 die Stadt – kampflos – eroberten und aus Nieuw Amsterdam New York machten, war die Stadt bereits ein Ort, an dem sich Menschen aus aller Welt, Menschen aller Kulturen und aller Hautfarben auf engem Raum konzentrierten. Das und eine gewisse Aufgeschlossenheit prägten den Geist der Stadt seit jeher. Einer der ersten britischen Gouverneure, Lord Cornbury, war dafür bekannt, dass er – für sittenstrenge Protestanten ungewöhnlich – in seinem Amtssitz gern in Frauenkleidern herumlief. In der New York Historical Society hängt ein Porträt, das er von sich in Auftrag gab und ihn als Frau zeigt. Als er dann durch eine Schmierenkampagne verunglimpft wurde, ließ er ausrichten, er vertrete eine Frau (nämlich seine Cousine Anne, Königin von England), und daher versuche er, «ihr in jeder Hinsicht so ähnlich wie möglich zu sein». Ein New Yorker ist eben eigenwillig und selbstbewusst.

So wie Dorothy Parker, das größte Lästermaul in der Geschichte dieser Stadt, der Gegenentwurf zur Welt der knapp angebundenen Geschäftstüchtigen. Wenn ich in New York bin, wohne ich im Hotel Algonquin in der 44. Straße, das nach dem einst hier ansässigen Indianerstamm benannt ist. Erstens weil es Journalisten und Autoren traditionsgemäß Rabatt gewährt. Zweitens weil es ein bisschen heruntergekommen und daher eleganter ist als all die Hotels moderner Ketten. Und drittens weil das Gefühl, Teil der intellektuellen Boheme zu sein, hier im Zimmerpreis inklusive ist. Lange wohnte im Algonquin ein Kater. Er bewegte sich völlig frei, wurde vom Personal gefüttert und galt als heimlicher Herrscher des Hotels. Legendärer noch als der Kater aber ist der berühmteste Langzeitgast im Algonquin, jene Dorothy Parker.

Sie war die berühmteste Theaterkritikerin ihrer Zeit, der

zwanziger bis fünfziger Jahre des vergangenen Jahrhunderts. Wenn man New York begreifen will, sollte man in den Oak Room des Algonquin gehen und das Bild betrachten, das dort an der holzgetäfelten Wand hängt und sie im Kreise ihrer Freunde zeigt, die sich hier täglich zum Lunch trafen. Diese Lunchrunde, der Round Table, war in den Zwanzigern das intellektuelle Epizentrum der Stadt. Keiner, der ihm angehörte, konnte sich das Mittagessen hier leisten, aber der Hoteldirektor nahm in Kauf, auf horrenden Rechnungen sitzenzubleiben. Er ahnte, dass der Ruf seines Hauses von diesen Schnorrern auf lange Sicht profitieren würde. Die ganzen zwanziger Jahre hindurch wohnte Dorothy Parker im Algonquin. Mit einer eigenen Wohnung und der Herausforderung, einen Haushalt zu führen, wäre sie (obwohl mehrfach verheiratet) restlos überfordert gewesen. In ihrem ganzen Leben hat sie wahrscheinlich nicht ein einziges Mal heißes Wasser, geschweige denn ein Bett gemacht. Und wo immer sie wohnte, stets hatte sie Haustiere. Einer ihrer Papageien hieß Onan. Eine Ironie, die nur für Bibelfeste ersichtlich ist. Einmal fand sie in einem Taxi zwei junge Alligatoren, nahm sie zu sich und hielt sie – zur Verzweiflung des Personals – in der Badewanne ihres Hotelzimmers. 1929 musste sie der Stadt vorübergehend den Rücken kehren, um in Hollywood als Drehbuchautorin Geld zu verdienen. Für sie ein Albtraum. Die Insel Manhattan war der einzige Ort auf der Welt, den sie einigermaßen ertragen konnte. Als sie nach knapp zehn Jahren aus dem Algonquin auscheckte, schuldete sie dem Hotel so viel Geld, dass sie sich mit dem Direktor Versteckspiele lieferte, um ihm ja nicht in die Arme zu laufen.

Heute denkt man bei schreibenden Frauen in New York

wahrscheinlich an Carrie Bradshaw aus «Sex and the City». Dabei ist Carrie ein Bauerntrampel verglichen mit dieser wirklich geistreich-bösen Zeitungskolumnistin. Die Zeit, in der Dorothy Parker für ihre Theater- und Romankritiken berühmt wurde, war eine Zeit, in der das geschriebene und gedruckte Wort eine Verehrung genoss, wie sie heute im Zeitalter der Onlinemedien kaum noch vorstellbar ist. Eine einzige Silbe konnte ein intellektuelles Erdbeben auslösen, Wohl und Segen ganzer Broadway-Produktionen (das Kino war gerade erst im Entstehen begriffen) hingen vom Urteil der Kritiker ab. Diese wiederum schrieben, in vollem Bewusstsein der Bedeutung ihrer Worte, mit äußerster Vorsicht und nach genauester Abwägung. In diese beschaulich-konservative Szene platzte in den zwanziger Jahren der Sarkasmus der Dorothy Parker. Wenn sie ein Theaterstück nicht mochte, schrieb sie in der «Vanity Fair», später im «New Yorker» und im «Life»-Magazin Dinge wie: «Wenn Sie das Beste aus diesem Abend herausholen wollen, dann verlassen Sie das Theater nach dem ersten Akt, machen einen erfrischenden Spaziergang durch die Gegend und kommen erst dann zurück, wenn der Vorhang zum letzten Akt aufgeht.» Oder: «Wär die Hauptdarstellerin nicht durch eine glückliche Fügung des Schicksals von einem Mitspieler erwürgt worden, hätte ich mich zur Bühne vorgekämpft und die Sache selbst in die Hand genommen.» Über Katharine Hepburn, damals nahezu unbekannt und noch nicht die meistgekrönte Oscar-Gewinnerin aller Zeiten, schrieb sie im «New Yorker»: «Mrs. Hepburn beherrscht die ganze Bandbreite der Emotionen – von A bis B.» Auf dem Partyparkett war sie gefürchtet. Die Lieblingsobjekte ihres Spottes: die Ladies-who-lunch-

Brigade der Upper East Side. Sie konnte einer jungen Frau mit einem «Ach, lassen Sie uns doch bald mal telefonieren» ins Gesicht lächeln und, sobald sie sich umgedreht hatte, für alle hörbar murmeln: «Acht Sprachen spricht diese Frau. Aber ‹nein› sagen kann sie in keiner davon.»

Dorothy Parker und die Sprüche des Round Table zu zitieren, war damals die beliebteste Indoor-Sportart New Yorks, sagte der Humorist Corey Ford später. Heute sind, bis auf Dorothy Parker, die meisten der Mitglieder dieses Kreises vergessen.

Dorothy war, und auch das ist typisch New York, voller Widersprüche. Sie liebte das süße Leben, hegte eine Bewunderung für den Glamour einer Jackie Kennedy und die New Yorker High Society. Gleichzeitig verachtete sie die oberflächlichen Damen der Gesellschaft, deren Lebenszweck mit Lunchen und Shoppen erschöpft war. Später wurde sie eine leidenschaftliche Linke und hatte in der McCarthy-Ära Berufsverbot. Ihren Nachlass und somit das Recht an ihrem Werk vererbte sie Martin Luther King und der National Association for the Advancement of Colored People (NAACP). Sie konnte reiche Menschen nicht leiden, war aber immer pleite und daher darauf angewiesen, sich von wohlhabenden Gönnern durchfüttern zu lassen, die sie wiederum als Attraktion in die Salons ihrer Landhäuser einluden, wo sie dann trinkend Hof hielt und pflichtgemäß alle und jeden beleidigte.

Am Ende ihres Lebens gab ihre Freundin Gloria Vanderbilt noch einmal ein rauschendes Fest für sie. Bis heute spricht man in der Stadt über diesen Abend im März 1967. Es war einer der letzten großen Momente der alten New Yorker

Society. Man putzte sich heraus, um sich vor der unvergleichlichen Verächterin ein letztes Mal zu verneigen. Dorothy muss damals schon ziemlich verbittert gewesen sein, einsam, krank und missgünstig. Aber diesen finalen Auftritt wird sie wie eine Königin genossen haben, obwohl sie sicher wusste, dass ihr Reich längst untergegangen war. Gehüllt in einen langen Kaftan aus goldenem Brokat (gespendet von Gloria Vanderbilt), betrat sie den Ballsaal des Waldorf Astoria, erblickte all die Damen mit ihren funkelnden Juwelen, die Tische mit den gestärkten Tüchern und den festlichen Kerzenleuchtern – und war wahrscheinlich noch einmal glücklich in ihrem Leben. Der Drehbuchautor Wyatt Cooper, einer ihrer letzten Freunde, schrieb 1968, ein Jahr nach ihrem Tod, im «Esquire»: «Als sie den Raum betrat, zitterte sie, aber sie sah phantastisch aus (...). Eine zerbrechliche, vornehme Gestalt (...). Eine Lady, die Anmut und Bescheidenheit ausstrahlte und sich dennoch ihrer Bedeutung wohl bewusst war.»

Drei Monate nach diesem legendären Fest starb sie im Alter von dreiundsiebzig Jahren. Bis heute prägen ihr Schreibstil, ihr Sarkasmus, ihre Mischung aus dem Hang zum Luxus und linker Weltanschauung den intellektuellen Stil dieser Stadt. Setzt man sich in die Eingangshalle des Algonquin, wird man, wenn man Glück hat, stundenlang nicht mit der Frage belästigt, was man trinken wolle, und kann in Ruhe in dem Buch «The Portable Dorothy Parker» lesen, das ihr der Penguin-Verlag gewidmet hat, in dem die schönsten, die traurigsten, die witzigsten und zärtlichsten ihrer Kurzgeschichten, Kritiken und Gedichte enthalten sind. Durch diese Lektüre lernt man mehr über die Stadt, als einem womöglich lieb ist. Dorothy Parker ist New York. New York ist Dorothy Parker. Sie liebte diese Stadt und konnte es kaum ertragen, länger als ein paar Wochen woanders zu sein. Immer wenn sie zurückkehrte, war sie, für kurze Zeit wenigstens, glücklich. Kein Mensch hat diese Stadt besser erkannt als sie. «Das ist das Besondere an New York», schrieb sie, «jeder neue Tag hier ist definitiv ein neuer Tag. Jeder neue Morgen scheint zu sagen: ‹Na los, wir packen's noch mal an.›» New York, vielleicht ist dies allein schon das Geheimnis, ist die einzige Stadt, deren Name ein Versprechen enthält – das sie immer wieder aufs Neue einlöst.

Angeblich hat Tony Scott sich umgebracht, weil er unter einem bildungsbürgerlichen Minderwertigkeitskomplex litt. Er konnte es nicht mehr ertragen, dass ihm als Regisseur von kommerziellen Blockbustern («Top Gun», «Beverly Hills Cop II») zeitlebens die Anerkennung versagt blieb, mit der sein Bruder Ridley Scott («Blade Runner», «Alien», «Thelma & Louise») überhäuft wurde. Das ist tragisch (hier passt das Wort tatsächlich), weil inzwischen in der Fachwelt Einigkeit darüber herrscht, dass Tony der bedeutendere Filmemacher der beiden war. Nicht nur, dass Ridley seinem jüngeren Bruder handwerklich unterlegen war, nicht nur, dass Tony eine Freude am Schauspielerischen, am Ausleuchten von Charakteren hatte, die Ridley fremd ist. Tony Scott, der sich am 19. August 2012 mit einem Sprung von der Vincent Thomas Bridge im Hafen von Los Angeles das Leben nahm, gilt mittlerweile als der wichtigste Regisseur der Postmoderne schlechthin. Er war derjenige, der mit seinen Filmen die Grenzen zwischen Ernst und Unterhaltung einriss – und zwar ohne jede Koketterie, stattdessen aber mit einer der Zeit angemessenen Selbstverständlichkeit. Beide Brüder studierten an Kunsthochschulen, kamen aus einem Elternhaus mit hohem Bildungsanspruch, aber während Ridley sich stets mühte, noch dem größten Unsinn irgendeine Tiefe zu geben, seine Filme krampfhaft mit philosophischem Subtext überfrachtete und immer nach dem Wohlwollen der Kritiker schielte, war Tony Scott ein wahres Kind der Postmoderne. Weil er schlicht nicht mehr zwischen Schund und Hochkultur unterschied. Für ihn galten nur die Kategorien «Scheißc» und «großartig».

Warum das alles? Sollte hier nicht von Quentin Tarantino die Rede sein? Warum sprechen wir stattdessen von Tony Scott?

Weil man zu Tarantino, diesem in voller Länge und Breite ausgetretenen Allwetterthema, nichts halbwegs Erhellendes mehr hinzufügen kann. Außer man hat etwas Schlaues zum Scott-Tarantino-Nexus beizutragen. Damit findet man – eventuell – noch Gehör. Dabei ist die Frage, ob es Tony Scott war, der damals, Anfang den Neunziger, Tarantino entdeckt hat, gar nicht entscheidend. (Manche behaupten, es sei Harvey Keitel gewesen.) Schon interessanter ist die Pointe, dass der beste Tarantino-Film gar nicht von Tarantino gedreht wurde, sondern eben von Tony Scott. Tarantino schrieb nur das Drehbuch. Herrlich: Brad Pitt als verblödeter Kiffer. Perfekt: Gary Oldman als ein weißer Zuhälter, der sich wie ein Schwarzer fühlt. «True Romance» ist der ideale Film, um über die Fusion von Tarantinos treffsicherer Dialogkunst und Scotts virtuoser Inszenierungskunst zu fachsimpeln.

Wenn Sie dann auch noch die berühmte sizilianische Szene rezitieren können, sind Sie in puncto popkultureller Kompetenz kaum noch zu toppen. «True Romance» handelt von einem Jungen, der sich in eine Prostituierte verliebt. Die beiden heiraten, und um zu beweisen, dass er seine Frau beschützen kann, begibt er sich zu ihrem Zuhälter und tötet ihn. In der Hektik schnappt er sich in der Wohnung des Zuhälters statt der Klamotten seiner Frau einen Koffer, randvoll mit Kokain, und wird nun von Polizei und Mafia gejagt. In besagter sizilianischer Szene foltert der Mafiaboss (gespielt vom großen Christopher Walken) den Vater des flüchtigen Jungen, um dessen Aufenthaltsort herauszubekommen. Der Vater (gespielt von Dennis Hopper) quatscht die Mafiosi einfach zu (darunter übrigens James Gandolfini, der spätere Tony Soprano!), er hält einen Monolog, wie ihn nur Tarantino zustande bringt. Dass er gern lese, am liebsten Geschichtsbücher, in einem stünde zum Beispiel, dass die Sizilianer von Nordafrikanern abstammen würden. Ursprünglich seien sie nämlich ein blondes Volk gewesen, nur hätten die Mauren nach der Invasion dort so wild rumgevögelt, dass sie das sizilianische Erbgut verfremdeten und alle Sizilianer deswegen von schwarzen Bastarden abstammten. Er beleidigt seine Peiniger so gründlich, dass sie ihn letztlich erschießen und er sich einen grausamen Foltertod erspart. Tarantino selbst hätte die Szene nicht besser drehen können. Manche sagen, sie sei eine der bestinszenierten Dialogszenen der jüngeren Filmgeschichte, die beste der Neunziger ist sie auf jeden Fall.

Tarantino erzählte Jahre später, die Geschichte mit den Sizilianern hätte er einmal von einem Schwarzen beim Kiffen gehört und sie so geliebt, dass er sich schwor, sie eines Tages in einem Film zu verwenden. Tony Scott kostete den für die damalige Zeit – wir schreiben das Jahr 1993 – überaus gewagten Dialog mit fast kindlicher Begeisterung aus. Nie wäre es ihm in den Sinn gekommen, sie irgendwie abzuschwächen. Im Gegenteil. Laut Tarantino habe sich Scott von der für die Altersfreigaben zuständigen Motion Picture Association etliche Kompromisse aufzwingen lassen, er ließ sich angeblich sogar in Handlungsstränge reinreden – alles nur, um die «Sicilian scene» unangetastet zu lassen.

Wenn das Thema Tarantino aufkommt, kann man natürlich auch erörtern, inwiefern Tarantinos inflationärer Gebrauch des «N-Worts» eine Form von Ironie ist oder doch eher eine Form von verbaler Gewalt. So wie überhaupt Gewalt in seinen Filmen derart überzogen dargestellt wird, dass man nicht mehr weiß, ob sie wie in einem Comicheftchen ihren Schrecken verliert oder den Zuschauer – wegen der spielerischen Selbstverständlichkeit – in menschliche Abgründe blicken lässt.

Aber diese Diskussion wurde achtmillionenmal geführt und ist deshalb langweilig. Ebenso banal ist es, sich als Kinofeinschmecker zu geben und wortreich an all den Tausenden Zitaten aus der Filmgeschichte zu delektieren, die Tarantino in seinen Filmen unterbringt. (Mein persönlicher Favorit ist die Szene in «Jackie Brown», in der beiläufig ein Film mit Helmut Berger im Fernsehen läuft.)

Statt sich über all das ausführlich auszulassen, äußert man lieber irgendetwas Lapidares, zum Beispiel, dass man diese ultragewalttätigen Typen, die in skurrile Situationen geraten und dabei über popkulturelle Dinge vor sich hin quatschen, langsam nicht mehr ertragen kann, weil sie zu oft kopiert worden sind. Der Erfinder dieses Stilmittels ist übrigens nicht Tarantino, sondern der Schriftsteller Bret Easton Ellis. In «American Psycho» von 1991 philosophiert der Wall-Street-Yuppie vor, während und nach seinen Gewaltorgien auch ständig darüber, welche Schuhe und welche Hemden die einzig wahren sind und warum ihm Whitney Houston auf die Nerven geht. Quentin Tarantino war der Erste, der diese Masche für den Film übernahm. Seitdem ist sie allerdings unzählige Male kopiert worden. Spätestens als Til Schweiger seinen ersten Film produzierte («Knockin' on Heaven's Door») und darin seine kriminellen Helden in einem fort quasseln ließ, wusste man: Jetzt ist die Sache durch.

Tarantino war vielleicht nicht der Erfinder der sogenannten «wisecrack»-Dialoge, er ist aber ihr unbestrittener Großmeister. Sie können, um Ihre Kennerschaft zu belegen, zwei weitere frühe Beispiele nennen. Entweder die großartige, in ihrer Stringenz fast überzeugende Philippika gegen Trinkgeld von Mr. Pink in Tarantinos erstem eigenen Film «Reservoir Dogs» oder, besser noch, den subtilen Streit in «Crimson Tide» über die Herkunft der Lipizzaner-Pferde. Damit signalisieren Sie wirklich, dass Sie eingeweiht sind in die Dialogkunst des Quentin Tarantino. Die wenigsten wissen nämlich, dass Tarantino ein zweites Mal für Tony Scott arbeitete. Scott wollte «Crimson Tide» unbedingt verfilmen, einen Thriller aus dem Kalten Krieg über die Meuterei auf einem Atom-U-Boot der Amerikaner. Er mochte die Geschichte, fand die Dialoge im Drehbuch aber dröge. Er bat also Tarantino, sie ein wenig zu pimpen. Wer den Film heute sieht – er ist immer noch phantastisch –, hört Tarantino deutlich heraus. Der Konflikt zwischen dem Kommandanten des U-Boots (Gene Hackman) und seinem Ersten Offizier (Denzel Washington) deutet sich schon sehr früh dadurch an, dass die beiden sich nicht einig werden, woher die Lipizzaner-Pferde stammen. «Aus Portugal», behauptet der Kommandant. «Aus Spanien», widerspricht sein Erster Offizier. Leider löst Tarantino nie auf, dass beide falschliegen (vielleicht wusste er es selbst nicht): Die Pferderasse, für die die Wiener Hofreitschule berühmt ist, stammt aus Libica im heutigen Slowenien.

Kurz nach Scotts «Crimson Tide» kam 1994 Tarantinos «Pulp Fiction» in die Kinos. Es war sein großer Durchbruch, brachte ihm Oscar, Goldene Palme, BAFTA-Award, César, Golden Globe ein. Tarantino stieg zum Don des zeitgenössischen Films auf. Seine Verdienste um die Ironie, seine Meisterschaft, völlig unkomische Dinge komisch zu erzählen, sind unbestritten.

Wenn Sie aber richtig Eindruck schinden wollen, müssen Sie Tarantinos Zugehörigkeit zum postmodernen Dekonstruktivismus in Zweifel ziehen. Tarantino sieht sich selbst zwar als großen Revolutionär, der «E» und «U» virtuos vermengt. Nur: Dadurch, dass er dem «Trash» so bewusst und sichtbar huldigt, zeigt er, wie rührend konservativ er eigentlich ist, dass er eben doch – wie sich das hierzulande offiziell nur noch eine Handvoll tapferer Deutschlehrer zu tun traut – zwischen «Hochkultur» und «Trash» unterscheidet. Schillers «Wallenstein» mit dem gleichen Ernst zu sehen wie «Rambo», das ginge ihm zu weit. Die Vermengung zwischen High und Low würde sonst viel beiläufiger geschehen – eher wie bei Tony Scott. Tarantino würde intelligente Blockbuster drehen statt ironische, von Intellektuellen geliebte Meisterwerke. Aber vielleicht hat Tarantino recht. Tony Scott wurde mit seinen Blockbustern, wie erwähnt, nicht glücklich. Das gute, alte, wohlig nach staubigen Büchern riechende und sehr deutsche Prinzip von «Bildung» (ein Wort, das übrigens ähnlich wie «Blitzkrieg», «Angst» und «Kindergarten» ins amerikanische Vokabular übergegangen ist) scheint auch in der Postmoderne noch eine sehr hartnäckige Anziehungskraft zu genießen. Vielleicht ist Tarantinos Verehrung für Christoph Waltz deshalb so groß. Weil er vor dem, was er als ach so postmoderner Dekonstruktivist angeblich in Frage stellt, in Wahrheit großen Respekt hat.

SKIFAHREN

Das letzte Mal, als mich jemand fragte, wo ich die Skiferien verbracht habe, musste ich antworten: «In Detmold.» In Berlin gibt es ja tatsächlich eigens «Skiferien» – und die haben wir zuletzt genutzt, um mit den Kindern Verwandte im ostwestfälischen Flachland zu besuchen. Mein Gegenüber blickte betreten. Als würde er mich bemitleiden. Wer nicht von kürzlich erlebten Abenteuern in alpinen Regionen zu berichten weiß, gilt schnell als sozial benachteiligt.

Da hilft nur Bullshitting!

Schwärmen Sie über die Piste, die im savoyischen Les Arcs von Aiguille Rouge über 2126 Höhenmeter hinunter nach Villaroger führt. Dies sei mit Abstand die schönste Skipiste Europas, vielleicht nicht so anspruchsvoll wie die Abfahrtsklassiker Lauberhorn und Schilthorn (mit der Inferno-Strecke) im Berner Oberland – aber dafür in puncto Abwechslungsreichtum kaum zu überbieten: schwierige, hochalpine Hänge oben, sanfte Waldpassagen zum Ausklang. All das könne man natürlich nicht vergleichen mit dem jungfräulichen Tiefschnee und der kilometerlangen, vertikalen Fluffy-Stuff-Mulde im Heliskiing-Gebiet der kanadischen Cariboos … Wenn Sie Ihr Gegenüber derart beeindruckt haben, wird es Sie hoffentlich mit seinen banalen Berichten aus einer der Bettenburgen am Obertauern in Frieden lassen.

Option B: einfach freimütig eingestehen, seit Jahren nicht mehr auf der Piste gewesen zu sein!

Ich jedenfalls habe nur verschwommene Erinnerungen an meinen letzten Aufenthalt in einem Wintersportort. Es war in St. Moritz, und ich entsinne mich dunkel an einen Abend im Hause Niarchos, in dessen Verlauf mir ein wenig schwindlig wurde. Ich verspürte ein dringendes Bedürfnis nach frischer Luft, weshalb ich mich vor dem Chalet meiner Gastgeber im Smoking in den Schnee legte und die leise auf mich niederrieselnden Flocken als große Wohltat empfand. Mein Bruder, der mich dort fand, erzählte mir später, als ich wieder klaren Geistes war, ich sei bereits von einer dünnen Schneeschicht bedeckt gewesen. Meine Erinnerungen an St. Moritz sind insgesamt also etwas vage. Sportliche Betätigungen müssen definitiv vorgekommen sein, aber das Bild, das ich vor Augen habe, ist eigentlich immer nur dieses: das Innere der Skihütte, die ein Nachtlokal namens Dracula behaust. Und die imposante Halle des Palace-Hotels. Eine Art luxuriöser Zirkus, wo scheinbar nur die schönsten und wohlhabendsten Menschen der Welt Zutritt hatten. Italienische Gräfinnen mit lässig über die Schultern geworfenen Kaschmirpullovern, englische Gentlemen mit silbernem Haar, die an ihren Sesseln offenbar festgewachsen sind und stoisch die «Financial Times» lesen, Backgammon spielende griechische Milliardäre, sportliche Erben deutscher Stahldynastien mit ihren neuesten Eroberungen im Arm, alle in einem leisen Plauderton vereint, als gäbe es eine heimliche Allianz gegen Lärm und allzu lautes Gelächter, dazwischen diskret umhereilende kleine Kellner, allesamt Italiener, die die Gesellschaft mit duftendem Tee, frischen Gurkensandwiches und Zigarren versorgen. Im Hintergrund das gemütliche Geräusch knisternder Kamine, all das vor dem Panorama des prachtvollen, tannenbewaldeten Alpenkamms, denn die riesigen Fenster lassen die Gäste – bis am Abend die schweren Vorhänge behände zugezogen werden – am kinohaften Lichtschauspiel der Berge teilhaben. Eine einzige konsequente Steuerfahndung in dieser Hotelhalle, und die EU könnte sich die Aufnahme von drei weiteren ehemaligen Ostblockstaaten leisten.

Friedrich Sieburg hat in den fünfziger Jahren einmal die davor parkenden Autos beschrieben und damit alles Wesentliche über die Stimmung im Palace-Hotel gesagt: «Manche von ihnen sind unter einer Last von Schnee begraben, die gerade noch ihre Umrisse ahnen lässt, aber wenn man durch ein frei gebliebenes Stückchen Scheibe hineinblickt, sieht es im Innern ganz gemütlich aus. Auf dem schottisch gemusterten Hintersitz liegt gar ein Damenhut aus rosa Filz oder ein roter gerollter Regenschirm oder eine angebrochene Schachtel Pralinen, alles Dinge, die man im Hotel nicht braucht. (...) Besonders gefällt uns ein Wagen, der weder vereist noch mit Schnee bedeckt ist, sondern wie immer zur Abfahrt bereitsteht. Es ist ein Rolls-Royce von gewollt konservativen Umrissen, schwarz und silber, nie alternd, aber auch nie jung gewesen, geradezu entsetzlichen Reichtum ausstrahlend. Seine Schilder verraten, dass er einem in Kopenhagen tätigen kolumbianischen Diplomaten gehört. Wer verfiele da nicht in tiefe Träumerei! Das Leben der Männer, die in der dänischen Hauptstadt für die außenpolitischen und wirtschaftlichen Belange Kolumbiens kämpfen, muss aufreibend, ja verzehrend sein. Da ist ihnen eine kleine Ausspannung im Engadin wohl zu gönnen.» Der Artikel hieß übrigens – Vorsicht, schöner geht's nicht – «Parfümierter Schnee» und erschien damals in der «Frankfurter Allgemeinen Zeitung», deren oberster Literaturkritiker Sieburg war.

Hier, in St. Moritz, wurde – so lautet eine weitverbreitete These – das Skifahren erfunden. Wie jeder andere Sport natürlich von gelangweilten Engländern. Die dritten oder fünften Söhne reicher englischer Großgrundbesitzer hatten ja traditionell wenig zu tun. Also fingen sie im neunzehnten Jahrhundert an, das europäische Festland zu bereisen, erst Griechenland und Italien, irgendwann entdeckten sie dann die Berge. Allein schon aus logistischen Gründen bereiste man alpine Regionen damals jedoch nur im Sommer. Der später legendäre Hotelier Johannes Badrutt schloss im Sommer 1864 mit sechs englischen Gästen eine Wette ab: Er garantierte ihnen, dass sie auch im Winter bei Sonnenschein hemdsärmelig auf seiner Terrasse sitzen könnten. Falls nicht, seien sie für die komplette Dauer ihres Aufenthaltes eingeladen, zusätzlich werde er die gesamten Reisekosten übernehmen. Wenn er aber recht behalte, müssten sie ihm versprechen, in ihren Londoner Klubs von den Vorzügen des Engadins im Winter zu schwärmen. Da Engländer der Upper Class sich lieber enthaupten lassen würden, als eine Wette auszuschlagen, gingen sie darauf ein und verbrachten schon den nächsten Winter in Badrutts Pension Engadiner Kulm. Sie kehrten braun gebrannt nach London zurück und erzählten dort begeistert von ihrem winterlichen Abenteuer. Die Invasion unternehmungslustiger Snobs, die bald darauf folgte, ermöglichte es Badrutt, aus seiner Pension eins der führenden Luxushotels Europas zu machen.

Heute würde man ihn wahrscheinlich als «Technikfreak» bezeichnen. Er ließ in der Nähe seines Hotels ein kleines Kraftwerk bauen, an Weihnachten 1878 brannten im Speisesaal des Kulm-Hotels die ersten elektrischen Bogenlampen der Schweiz. Zu einer Zeit, als das selbst in einer Stadt wie New York noch eine Rarität und Familien wie den Vanderbilts vorbehalten war, gab es hier, knapp zweitausend Meter über dem Meeresspiegel, bereits Telefon, Wasserklosetts, hydraulische Lifte und eine Warmluftheizung.

Skilaufen tat man damals aber nicht. Man vertrieb sich die Zeit an der frischen Luft mit Curling und Hockey, die Damen ließen sich in Pferdeschlitten über den zugefrorenen See ziehen. Irgendein naseweiser Brite muss dann gesehen haben, wie die Eingeborenen mit seltsamen Brettern an den Füßen durch den Schnee glitten, und dann gegenüber Herrn Badrutt darauf bestanden haben, so etwas auch einmal auszuprobieren. Waldarbeiter und Förster bewegten sich damals so durch den tiefen Schnee. Die Skier zum Vergnügen zu benutzen, das wäre der alpinen Bevölkerung nie in den Sinn gekommen. Auf Rumantsch, der Ursprache des Tals (ein Überbleibsel des gesprochenen Lateins und eines keltischen Dialekts), raunten sie sich irgendetwas Verächtliches über die seltsamen Ausländer zu – und verkauften Badrutt ein paar ihrer Bretter.

Das Oberengadin war der erste Ort auf der Welt, wo Skifahren als Vergnügungssport betrieben wurde, und ist bis heute die Nummer eins der Society. Nicht zuletzt dank seiner einmaligen Lage. Das Engadin liegt auf der Südseite des Alpenkamms, das beschert der Region ein fast südländisches Klima, aber es liegt hoch genug, um schneesicher zu sein. Für ein hochalpines Tal ist es außergewöhnlich weit und offen, die umliegenden Gebirgszüge sind schlicht bombastisch.

Nach den Olympischen Winterspielen von 1948 war

St. Moritz für alteingesessene Snobs aber schlicht zu populär geworden. Die Flucht der Stammgäste vor unerwünschten Neulingen, das Bedürfnis, sich abzugrenzen, ist nun mal ein Motor touristischer Expansion. Also spaltete sich in den fünfziger Jahren eine kleine elitäre Gruppe ab und schwor plötzlich auf ein Dorf im Saanenland namens Gstaad, das bis dahin eher ein Geheimtipp war. Während St. Moritz immer moderner wurde und die schöne Landschaft teils durch planlose Bautätigkeit verschandelt wurde, durfte man (und darf man bis heute) in Gstaad ausschließlich im Skihüttenstil bauen. Ein Standortvorteil für Gstaad war das nahe gelegene Eliteinternat Le Rosey, das hier auch heute noch zur körperlichen Ertüchtigung des High-Society-Nachwuchses traditionell sein Winterquartier aufschlägt. Der Schah von Persien ging dort zur Schule, König Juan Carlos von Spanien, Prinz Rainier von Monaco, Karim Aga Khan. Dementsprechend ausgesucht ist auch das Publikum in Gstaad. Gstaad ist also elitärer und zugleich weniger prätentiös als St. Moritz. Als Skigebiet kann es aber nicht mit dem älteren Cousin im Engadin mithalten. Die höchsten Gipfel hier liegen gerade mal so hoch über dem Meeresspiegel wie die unterste Einkaufsstraße von St. Moritz.

Allerdings ist Gstaad sympathischerweise ein Dorf geblieben. Man ist «unter sich», trägt Norwegerpullover statt Kaschmir. Ich habe hier einmal einen Abend im Chalet von Liz Taylor verbracht. Sie klagte bitterlich darüber, dass man nirgends seine Juwelen ausführen könne und dass es in ihrem Chalet keinen einzigen Raum gäbe, der groß genug ist, um ihre Abendkleider darin aufzuhängen. Ohnehin sei es Unsinn, Abendkleider nach Gstaad mitzunehmen: «Alle laufen rum wie Hirten!» Das war Koketterie. Sie liebte das Saanenland. Für sie war Gstaad die perfekte Kulisse für ihren Traum von Bergidylle. Ski gefahren ist sie hier selbstverständlich nie.

STEUERMORAL

Will man plaudern, ohne etwas zu sagen, redet man am besten über Steuern. Da kann jeder mitjammern. Und sich mitempören. Steuern sind das Wetter der Besserverdienenden. Man kann sich über die aufregen, die noch besser verdienen – «die da oben mit ihrer laxen Steuermoral können den Hals nicht vollkriegen». Tja, und «die da unten» sind bekanntlich auch nicht besser. Schwarzarbeit, Versicherungsbetrug, Schwarzfahren, falsch abgerechnete Belege. Nerviger als die Wehklagen über die allseits fehlende Moral sind nur die Ausreden der Erwischten. Unten auf der sozialen Leiter betrügt man angeblich, weil die Bonzen es einem vormachen. Oben ehrpuseln sie vom Akt des zivilen Widerstands gegen den verschwenderischen Staat. Oder, noch großkotziger, sie tun so, als hätten sie die Million in der Schweiz schlicht vergessen.

Wie erlösend wäre es, wenn endlich ein Ertappter sagen würde: «Dumm gelaufen. Ich habe einfach gehofft, nie erwischt zu werden.» Alle würden applaudieren. In der berühmten «Bienenfabel» beschreibt der holländische Arzt Bernard Mandeville (1670–1733) eine Gesellschaft, die deshalb perfekt funktioniert, *weil* alle lügen und betrügen. Die Reichen bereichern sich, die Armen klauen, die Advokaten betrügen, die Ärzte tricksen, die Politiker lügen. Die Gesellschaft blüht, alles läuft prächtig. Bis sie vom moralischen Eifer gepackt wird und das Ideal der Rechtschaffenheit und Sparsamkeit entdeckt. Die Wirtschaft kollabiert, die Gesellschaft geht zugrunde. «Stolz, Luxus und Betrügerei / muss sein, damit ein

Volk gedeih», reimt Mandeville. Das muss auf die frühbürgerliche englische Gesellschaft mit ihren Moralaposteln eine ungemein befreiende Wirkung gehabt haben. Die «Bienenfabel» kam als eines dieser Sixpencehefte auf den Markt, wurde aber – unfehlbarer Beweis für Popularität – tausendfach als Raubdruck weiterverbreitet. Mandeville, der die Geschichte eigentlich als krude Satire entworfen hatte, beeinflusste mit seiner Groteske als eine Art «Anti-Rousseau» Ökonomen von Marx bis Keynes. Ein vergleichbares Werk, notfalls auch im Ratgeberformat («Der ganz neue Konz! Tausend illegale Steuertricks für jedermann»), würde uns heute guttun.

Eine wichtige Regel für das Thema Steuermoral in Gesellschaft: Man sollte seine Äußerungen exakt so justieren, dass sie zur Einkommensklasse passen, in der man verkehrt. Das Spektrum reicht idealerweise von Proudhon («Eigentum ist Diebstahl») bis zur libertären Lesart der amerikanischen Tea Party («Besteuerung ist Diebstahl»).

Ist man unter Zahnärzte geraten, kann man sich mit einem Schwank über den EU-Kommissionspräsidenten Juncker beliebt machen. Geburtstagsparty des damaligen Finanzministers Theo Waigel, Helmut Kohl hält eine Rede: «Lieber Theo, sogar unser Freund Jean-Claude Juncker ist gekommen, um dir zu gratulieren. Nur schade, dass unsere Leute ihr Schwarzgeld bei ihm in Luxemburg bunkern.» Lacher. Darauf Juncker: «Lieber Helmut, hättet ihr in Deutschland eine bessere Finanzpolitik, würden die Luxemburger ihr Geld bei euch anlegen.» Noch mehr Lacher.

In linken Kreisen kommt die Geschichte mit dem Tulpenwahn gut an. Sie illustriert, was geschieht, wenn kleine Eliten über zu große Finanzreserven verfügen und nicht mehr wissen, wohin mit ihrem Geld. Da reiche Menschen meist untereinander verkehren und sich zudem gern miteinander vergleichen, führen aufgeblähte Finanzreserven zu volkswirtschaftlich schädlichen Investitionsblasen. Dann sind nämlich gewisse «commodities» vorübergehend angesagt, man muss sie haben, um dazuzugehören. Internet-Start-ups oder moderne Kunst zum Beispiel. Oder, wie in Holland im siebzehnten Jahrhundert, Tulpen. Ein gewisser Herr Busbeck, Gesandter in Konstantinopel, hatte diese Blume aus dem Orient mitgebracht, und sie wurde zum Statussymbol schlechthin. Wer reich war, zeigte das nicht mit Juwelen, sondern mit Tulpen. Die Preise stiegen und stiegen und stiegen, ganze Vermögen wurden in den Tulpenmarkt investiert. Bis die Blase im Jahr 1637 platzte. Aus ganz banalem Grund: Ein Großkunde war unzufrieden mit seiner Fracht und schmiss sie unterpreisig auf den Markt. Das führte zu einer Panik, alle verkauften, die Tulpen waren plötzlich wertlos, ganze Unternehmerdynastien gingen unter und mit ihnen Abertausende Existenzen. Und all das, weil die Reichen zu reich waren und sich Überinvestitionen leisten konnten.

Gibt es beim Thema Steuer so etwas wie einen goldenen Mittelweg?

Leider nein.

Das Weltwirtschaftsforum Davos veröffentlicht alljährlich eine Untersuchung der Wettbewerbsfähigkeit von 144 Ländern. Immer ganz vorne: die Schweiz, Singapur, Finnland, Schweden. Vier Länder, die steuerpolitisch kaum Gemeinsamkeiten haben. Was wir daraus lernen? Das Funktionieren der Wirtschaft hat relativ wenig mit der Höhe des

Steuersatzes zu tun. Viel wichtiger sind verlässliche Institutionen, das Vertrauen in Wachstum – und Fragen der Mentalität.

In Griechenland ist es egal, wie niedrig die Steuer ist, zahlen tut sie eh keiner. Nicht aus Niedertracht, sondern aus gesundem Misstrauen gegenüber den staatlichen Institutionen. Jeder weiß, dass die Behördenapparate aufgebläht ist, dass sich die Staatsbeamten gegenseitig Pfründe zuschanzen, dass Nepotismus und Korruption herrschen, dass mit dem Steuergeld die Privilegien der Elite finanziert werden. Warum also Steuern zahlen? In Schweden wiederum herrscht trotz relativ hoher Abgaben eine vorbildliche Steuermoral. Weil die Bürger den Verwaltungen trauen, die Beamten freundlich und unbestechlich, die Schulen vorbildlich, die Infrastruktur intakt sind. Wo die Menschen das Gefühl haben, in einem Gemeinwesen zu leben, das sein Geld wert ist, zahlen sie gerne Steuern.

Steuerpolitik kann also weder die Wirtschaft retten noch zerstören. Und noch eines kann das Steuersystem nicht: für wirkliche Steuergerechtigkeit sorgen. Man kann, wie es derzeit angesagte Ökonomen fordern, radikale Vermögenssteuern einführen, aber das trifft nur die Wohlhabenden, deren Wirtschaftskraft man eigentlich nicht schwächen will, die wirklich Reichen bekommen das nicht einmal mit. Konfiskatorische Besteuerung hat nur im alten Griechenland geklappt. Mit der sogenannten Liturgiesteuer mussten die Reichsten der Stadt damals für die großen religiösen Feste zahlen, wurden dafür zum Teil enteignet. Aber der antike Grieche konnte seine Geschäfte damals auch nicht von einem Briefkasten auf den Virgin Islands führen.

Die Starken haben die Last für die Schwachen mitzutragen. Aber Fleiß und das Schaffen von Eigentum müssen sich genauso lohnen. Wenn man die Aufgabe, das auszutarieren, dem Markt überlässt, wird das Ergebnis ungerecht. Also übernimmt es der Staat. Nur muss der Staat auch um das Vertrauen seiner Bürger kämpfen, damit sie das gute Gefühl haben, dass das Geld auch zu unser aller Gunsten verwendet wird. Hier die ganze Steuerdiskussion in einer Nussschale:

«Steuern sind der Preis, den wir für eine zivilisierte Gesellschaft zahlen», so steht's gemeißelt über dem Eingang der obersten amerikanischen Steuerbehörde.

Steuern gab es immer. Die ersten Belege dafür stammen aus dem alten Ägypten. Und es wird sie auch immer geben, da sie nun mal die Haupteinnahmequelle des Staates sind. Und solange der seine Aufgaben wahrnimmt, hat man sie gefälligst auch zu zahlen («Gib dem Kaiser, was des Kaisers ist …»). Aber: Auch der Widerstand gegen Steuern hat eine hehre Tradition. Historiker vermuten inzwischen, dass der Anlass der Varusschlacht im Teutoburger Wald, des vielleicht deutschesten aller deutschen Mythen, nichts anderes war als eine banale Steuerrevolte. Die Römer wollten Steuern erheben – Hermann und seine bärtigen Gesellen wussten das auf die ihnen eigene brachiale Art zu verhindern. Der Ort dieser Schlacht liegt heute übrigens im Zuständigkeitsbereich des Finanzamts Osnabrück-Land mit Sitz in Quakenbrück. Ein Teil der dort erhobenen Mittel landet – via Hannover, Brüssel und dem Europäischen Sozialfonds – inzwischen in Rom und den Regionen südlich davon. Ein später Triumph für Varus und seine besiegten Mitstreiter.

ZUKUNFT

Ein Thema gibt es noch, über das wir sprechen sollten. Es ist das beste Smalltalk-Thema überhaupt. Denn über nichts kann man sich besser auslassen, ohne auch nur die geringste Ahnung davon zu haben. Ich kenne zwei sehr geistreiche Sätze über die Zukunft. Einen von Friedrich Nietzsche. Und einen noch besseren von Mark Zuckerberg. Nietzsche sagte: «Allem Zukünftigen beißt das Vergangene in den Schwanz.» Und jetzt der von Zuckerberg: «Nothing is the future forever.»

Der Satz fiel in einer Podiumsdiskussion mit Finanzstrategen, darunter auch sein Freund, der Risikokapitalkönig Marc Andreessen. Der hatte einst den Internetbrowser Netscape mitbegründet, was ihn schon mit Ende zwanzig zum Multimilliardär machte, er sitzt inzwischen im Aufsichtsrat von Facebook und gilt als einer der wichtigsten Köpfe im Silicon Valley. Diskutiert wurde über Facebooks Zukunftsmärkte. Andreessen vertrat – es war das Jahr 2011 – die These, mobile Endgeräte wie Tablets und Smartphones seien die Zukunft des Internets. Zuckerberg teilte die Meinung seines Freundes nicht. «Ja», sagte er, «jetzt sind mobile Endgeräte die Zukunft. Aber nichts ist für immer die Zukunft.» Was ihn aber *wirklich* umtreibt, ist die Frage, was *nach* dem Smartphone kommt. Ein Jahr später zahlte Zuckerberg knapp eine Milliarde Dollar für Instagram, noch mal zwei Jahre später unfassbare neunzehn Milliarden Dollar für WhatsApp, zwei Programme, die Facebook den Weg vom Desktop-Computer auf das Handy bereiteten.

Google und Facebook liefern sich bereits seit Jahren einen Futterstreit um die allerneuesten Technologien, schmeißen geradezu erratisch mit Milliarden um sich und schnappen sich gegenseitig die innovativsten Garagen-Start-ups weg. Apple und Amazon verfolgen eine etwas diskretere Strategie, dort werkeln die bestbezahlten Entwickler der Welt in geheimen Laboren an der digitalen Zukunft. Aber alle treibt die Sorge um, «the next big thing» zu verpassen. Wie quicklebendig übrigens der Mythos der Garagengründungen ist, zeigt einer der jüngsten Sensationskäufe von Mark Zuckerberg: Dem einundzwanzig Jahre alten Gründer von Oculus zahlte Facebook im März 2014 mehr als zwei Milliarden Dollar (also gut doppelt so viel wie einst für Instagram). Palmer Luckey, so der treffende Name des nun jüngsten Silicon-Valley-Milliardärs, hat mit bloßer Do-it-yourself-Tüftelei in der Garage seiner Eltern etwas entwickelt, woran Softwaregiganten wie Microsoft und Sony seit Jahren mit enormem Aufwand forschen – und sie dabei dennoch überholt: Virtual Reality, kurz VR. Die von seiner Firma entwickelte Oculus Rift gilt als der Rolls-Royce unter den Virtual-Reality-Brillen, sie hat ein großes Sichtfeld und enorm schnelle Bewegungssensoren. Bei Videospielen hat der Brillenträger die fast unheimliche Illusion, «mittendrin» zu sein. Und Oculus forscht schon am nächsten großen Schritt: die Integration von GVS, das steht für «Glavanic Vestibular Stimulation» und bedeutet, dass Elektroden an den Kopf des Nutzers angeschlossen werden, um seinen Gleichgewichtssinn zu manipulieren. Damit hätte man etwa bei einem Kampfpilotenspiel tatsächlich das Gefühl, sich im Sturzflug zu befinden oder sich seitlich zu überschlagen.

Tech-Analysten, die geglaubt hatten, VR sei ein Nischenmarkt, wurden von Facebooks Oculus-Ankauf kalt erwischt. Wird es in Zukunft möglich sein, virtuell beim Geburtstag der Großmutter dabei zu sein, auch wenn man Tausende Kilometer weit weg ist? Wird man irgendwann Erlebnisse «virtuell» teilen können, statt nur Fotos von Erlebnissen? Mark Zuckerberg geht sogar noch weiter. Nach dem Kauf von Oculus sagte er: «Dies ist unser Wetteinsatz darauf, dass virtuelle Realität eines Tages zum täglichen Leben gehören wird.» Zuckerberg glaubt, dass irgendwann sogar Arztbesuche und Geschäftsessen in der Virtual Reality stattfinden werden.

Während Facebook seine Milliarden in VR (und im Stillen auch in die Entwicklung neuer Datenübertragungswege) investiert, geht Google andere Wege in die Zukunft. Die Jungs in Mountain View kaufen seit einiger Zeit so ziemlich alles auf, was im Bereich Robotik nennenswert ist. Allein für Nest Labs, die «lernfähige Haushaltsgeräte» herstellen, zahlte man 3,2 Milliarden Dollar. Zuvor hatte sich Google bereits Redwood Robotics und DI-Guy einverleibt, Spezialisten für die Simulation von Menschenmengen. Und natürlich Boston Dynamics, die Herrchen von «Big Dog», einem hundeähnlichen Androiden, der wie derzeit kein zweiter Roboter mit unebenem Gelände zurechtkommt. Für Google – aber auch für Amazon, das längst mit Robotern und Drohnen experimentiert, die in Warenlagern und beim Transport Menschen ersetzen sollen – sind autonome Robotersysteme eindeutig «die Zukunft». Schon jetzt nehmen uns intelligente Geräte so viele wichtige Dinge ab, dass wir ein geradezu zärtliches Abhängigkeitsverhältnis zu ihnen entwickeln. Die Althistorikerin Susanna Elm vergleicht unsere Beziehung zu elektronischen Gadgets mit der der alten Römer zu ihren Sklaven.

Roboter haben, was technologische Zukunfts(alb)träume angeht, sicherlich den längsten Stammbaum. Die Vorstellung, ein künstliches, dem Menschen nachempfundenes Wesen zu erschaffen, ist vermutlich mehr als tausend Jahre alt. Der Golem, jenes aus Lehm geformte, menschenähnliche Wesen, das Befehle befolgen, aber nicht sprechen kann, taucht in jüdischen Legenden schon im zwölften Jahrhundert auf. Goethe ließ sich 1797 von dieser Geschichte zum «Zauberlehrling», Mary Shelley zum «Frankenstein» (1818) inspirieren. Ganz zu schweigen von Isaac Asimovs «Ich, der Robot» von 1952.

Seit sie den Weg aus der Welt der Phantasie in die Realität geschafft haben, sind Roboter allerdings eine Enttäuschung. Bislang. Sie tun bereits Dinge, die Menschen nicht können, zum Beispiel auf dem Mars nach Gesteinsproben suchen. Oder sie erledigen das, worauf die Menschen keine Lust haben, Bomben entschärfen oder Staubsaugen etwa. Auch in der Automobilindustrie sind die Helferlein inzwischen sehr beliebt. Aber noch haben sie allesamt ein großes Handicap, sagt Scott Hassan, einer der Google-Manager der ersten Stunde: «Sie sind dumm wie Stroh.»

Hassans Firma Willow Garage hat einen «PR» (Personal Robot) entwickelt, der in der Branche als Pionierleistung gefeiert wird, weil er einem tatsächlich lästige Tätigkeiten wie zum Beispiel die Müllentsorgung abnehmen kann, selbst seinen Weg durch die Wohnung findet und sogar Drinks servieren kann – aber manchmal reicht er das Glas eben nicht den

Gästen, sondern dem Kleiderständer. Auf dem Gebiet der künstlichen Intelligenz wurden seit den sechziger Jahren zwar faszinierende Fortschritte gemacht, Roboter können inzwischen sehen, sie können Schach spielen. Aber dann scheitern sie plötzlich an simpelsten Aufgaben, für die der Verstand eines Käfers ausreichen würde. Allein ihnen beizubringen, auf unebenem Boden nicht einfach umzukippen, hat Jahrzehnte gedauert. Einen Roboter so zu programmieren, dass er Dinge vom Boden aufhebt, die dort nicht hingehören, ist noch immer nicht gelungen. Dazu müsste der Roboter selbständig denken können. Die Forschungsabteilung des US-Verteidigungsministeriums veranstaltet alljährlich in Florida eine Art Robotikweltmeisterschaft, um bei der Lösung solcher Probleme voranzukommen. Die Sieger in den jeweiligen Kategorien (zum Beispiel eine Leiter hinaufzusteigen oder ein Auto zu steuern) erhalten ein Preisgeld von einer Million Dollar, um ihre Erfindungen weiterzuentwickeln und im Jahr darauf erneut antreten zu lassen.

Solange Maschinen aber nur unsere Küchenböden wischen oder in großen Fabriken, Lagerhallen und Krankenhäusern logistische Aufgaben übernehmen, selbst wenn sie uns eines Tages vielleicht tatsächlich durch die Welt kutschieren, stellen sie allenfalls auf dem Arbeitsmarkt eine Bedrohung dar. Die Urangst aber, dass Roboter, würden sie tatsächlich eines Tages mit Intelligenz gesegnet werden, uns den Garaus machen könnten, sitzt tief (weshalb ihre Dummheit ziemlich beruhigend ist). Als der tschechische Schriftsteller Karel Čapek den ersten literarischen «Roboter» schuf, beschrieb er Maschinen, die ihren Schöpfern anfangs die Arbeit abnehmen, sich dann aber gegen sie wenden, um sie schließlich auszurotten. Solche und ähnliche Visionen haben unsere Sicht nachhaltig geprägt.

Mittlerweile gibt es aber Szenarien, die sich selbst Großmeister des Horrorgenres nicht hätten ausdenken können: im Labor kreierte Menschen, Mischwesen zwischen Computer und Mensch. Der Jerusalemer Geschichtsprofessor Yuval Harari beschreibt in seinem Buch «Eine kurze Geschichte der Menschheit», wie die Wissenschaft es dem Menschen erlaubt, biologische Grenzen zu sprengen. Er macht sich die Welt untertan. Harari nennt etwa das Beispiel von Alba, einem fluoreszierenden grünen Kaninchen, das brasilianische und französische Bioingenieure im Labor geschaffen haben, indem sie Gene einer Qualle in einen Kaninchenembryo implantierten. Die wissenschaftliche Revolution, schreibt Harari, könnte sich als die wichtigste seit Beginn des Lebens auf Erden herausstellen. Nach vier Milliarden Jahren natürlicher Auslese steht Alba am Beginn eines neuen Zeitalters, in dem Leben nach Bedarf konstruiert wird – «Intelligent Design». Als Atheist formuliert er es so: «Die Geschichte begann, als die Menschen die Götter schufen, und sie endet in dem Moment, da sie sie selbst zu Göttern werden.»

Keiner weiß, was die Zukunft bringt: Virtual Reality, Artificial Intelligence und Intelligent Design sind schon Gegenwart. Ebenso wie die enge emotionale Verbindung zwischen Mensch und Maschine. Ich jedenfalls freue mich auf meine Apple Watch wie über ein neues Familienmitglied. Werden uns in Zukunft vielleicht nicht nur Smartphones und Smartwatches trösten, sondern Emo-Roboter wie die künstliche Robbe «Paro»? Die kommt bereits in vielen Pflegeheimen in Japan und den USA als künstliches Haustier zum Einsatz, weil sie besonders auf Demenzpatienten erwiesenermaßen beruhigend wirkt. Werden uns eines Tages in unseren letzten Stunden etwa Maschinen die Hand halten, weil es nicht genügend Pflegekräfte für eine überalterte Bevölkerung gibt? Ist das schlimmer, als ganz allein zu sterben? Fragen, die auf uns zukommen könnten. Bei einer Roboter-WM des Pentagons eroberte kürzlich ein Humanoid namens Hubo, geschaffen in den Laboren mehrerer amerikanischer Universitäten, die Herzen der Zuschauer. Nachdem Hubo erfolgreich einen Jeep gelenkt, Hindernisse beseitigt und Werkzeuge benutzt hatte, geriet er am Ende eines umjubelten Parcours auf der letzten Sprosse einer Leiter ins Wanken – wegen eines hundsordinären Windstoßes. Als er stürzte, ging ein enttäuschtes, fassungsloses «Oooohhh» durch das Publikum, eine echte empathische Reaktion. Das lässt erahnen, dass zum Verhältnis Mensch–Maschine noch lange nicht alles gesagt ist. Mit den Worten von Doris Day:

Que sera, sera
Whatever will be, will be
The future's not ours to see
Que sera, sera
What will be, will be.

ABSCHLIESSENDE RATSCHLÄGE

Manch einer liest Bücher von hinten. Hört sich unanständig an, ist aber ganz harmlos. Es ist nur ein Beweis dafür, dass man unter Informationsüberflutung leidet. Für die Betroffenen, also vor allem für jene, die den Großteil des Tages vor kleinen Bildschirmen hängen, die eine Anleitung, wie man IRL kommuniziert, wirklich gut gebrauchen könnten, für jene Leser habe ich die Quintessenz dieses Buches in knappen Stichworten zusammengefasst, um ihnen die gesamte Lektüre zu ersparen:

Zehn goldene Regeln für jede Cocktailparty, jeden Empfang, jedes Fest:

1. Steh aufrecht! Geh aufrecht!
2. Lass dir niemals ansehen, dass dich dein Gegenüber langweilt. Halte niemals über seine Schulter hinweg Ausschau nach anderen!
3. Sei interessiert! Tu es wie Großmeister Clinton. Oder der Botschafter Liechtensteins in Berlin. Wenn man mit denen spricht, vermitteln sie einem geradezu das Gefühl, sie seien heute Morgen nur aufgestanden, um genau dich kennenzulernen.
4. Vernichte Gesprächspausen! Sag notfalls: «Was war heute dein schönstes Erlebnis?»
5. Sei nicht unterwürfig. Widerspreche!
6. Sei nicht überheblich. Gib deinem Gegenüber recht!

7.Sei immer freundlich zum Personal!
8. Beleidige niemals die Mutter. Oder den Hund.
9. Lege niemals dein Handy auf den Tisch.
10. Höre zu!

Themen, die auf gesellschaftlichem Parkett zu umschiffen sind:

* Intimrasur
* Kündigung
* die Größe von Omis Tumor
* der Mittlere Osten
* Deos
* Bilanzen
* Scheidung
* Verschwörungstheorien
* Verdauung
* Herpes
* Poststrukturalismus
* Waldorf-Schulen
* Diät-Wahn
* das Sterben der Printmedien
* Wladimir Putin
* das Alter der Gastgeberin
* Schönheitsfarmen
* Erbschaftssteuer
* das Bouquet des Weins
* das Bouquet Ihres Gegenübers

Themen, die auf gesellschaftlichem Parkett immer gehen:

* die Blazerknöpfe des Gegenübers
* die Schuhe der Dame da drüben

* die neue Ausstellung im Whitney Museum
* die «Vogue»
* das Aussterben ausgedehnter Mittagessen
* der Schwarzmarkt für Klaviere
* München in den Siebzigern
* Gerüchte
* das Menü im Londoner Lokal Rawduck
* das Verschwinden von Alltagsobjekten (Telefonzellen, Reiseschreibmaschinen) im Zeitalter der technischen Revolution
* Skipisten
* das neue Buch von Faramerz Dabhoiwala
* Maria Furtwängler
* Ayurveda
* Olivenöl von der Insel Lesbos
* Einkaufsstraßen

Womit man nie prahlen sollte:

* dass man seine Post nicht öffnet
* dass man sein Auto tadellos sauber hält
* dass man nicht weiß, wie viel Geld man auf dem Konto hat
* dass man mehr als einen Liebhaber hat
* dass man im Hotel die Pantoffeln mitgehen lässt
* dass man im Jimmy's in Monte Carlo immer einen Tisch bekommt
* dass man mit Ayesha al-Gaddafi befreundet ist

Womit man prahlen darf:

* dass man Mittagsschläfchen hält
* dass man gern Zug fährt
* dass man sich gern herausputzt
* dass man gern alleine ist
* dass man gern in Gesellschaft ist

Worüber man sich nie beschweren sollte:

* das Essen
* das Fernsehprogramm
* das Klo im Kaffeehaus Hawelka in Wien
* die Kosten für das Internat der Kinder
* das Personal
* seinen Chef
* Ehepartner
* das Piercing
* Angela Merkel

Worüber man sich beschweren darf:

* die Temperatur des Champagners
* seinen Anwalt
* die Taxis in Hamburg
* seinen Kunstberater
* die Schlange vor Mustafas Döner in Kreuzberg
* den Kaffee an Bord von Air Berlin

Brauchbare Gesprächsouvertüren:

1. «Haben Sie schon gehört, dass Breguet neuerdings poloniumsichere Armbanduhren hat?» (Wenn Sie unter russische Oligarchen geraten sind.)

2. «Was war die längste Zeit, die Sie jemals ohne Schlaf verbracht haben?» (Im Gespräch mit Soldaten oder am Rande der Tanzfläche vom Berghain.)
3. «Wenn Sie eine Straftat begehen könnten, ohne erwischt zu werden, welche wäre es?» (Wenn Sie mit einem Unternehmensboss reden.)
4. «Wer ist Ihr Lieblingsphilosoph?» (Im Gespräch mit Modeleuten.)
5. «Wann haben Sie das erste Mal gemerkt, dass Sie außergewöhnlich sind?» (Im Gespräch mit Egomanen. Ist ein Geheimtipp, funktioniert immer.)

Die sieben größten Irrtümer, die auf Cocktailpartys in Umlauf gebracht wurden:

1. Von Marie Antoinette stammt der Satz: «Wenn sie kein Brot haben, warum essen sie dann keinen Kuchen?» Oft sind frei erfundene Geschichten näher an der Wahrheit als manch buchstäblich Wahres. Nicht so in diesem Fall. Die letzte Königin Frankreichs war keine herzlose Person. Besagte Worte kamen nie über ihre Lippen. Wahrscheinlich gehen sie auf eine Mätresse Ludwigs XIV. zurück. Verbürgt ist hingegen, dass Marie Antoinette ihren Henker höflich um Verzeihung bat, als sie ihm auf dem Weg zur Guillotine auf den Fuß trat.
2. Wir benutzen nur zehn Prozent unseres Gehirns. Das ist völliger Quatsch. Das zeigen Studien mit bildgebenden Verfahren einwandfrei. Je nach der Anforderung sind allerdings unterschiedliche Regionen mehr oder weniger aktiv.
3. Dom Pérignon (1638–1715) hat den Champagner erfunden. Falsch. Dass Fermentierung Wein zum Blubbern bringt,

wusste man längst zu seiner Zeit. Die «méthode champenoise» wurde in England schon Mitte des sechzehnten Jahrhunderts angewendet. Was die Welt dem Benediktinermönch allerdings verdankt, ist die Entdeckung, dass der Wein an Qualität gewinnen kann, wenn man verschiedene Rebsorten miteinander vermischt.

4. Hitler war Vegetarier. Sämtliche Biographen berichten von Hitlers Vorliebe für Würste, wegen Verdauungsproblemen wurde ihm allerdings zeitweise fleischlose Kost verschrieben. In Wirklichkeit war Himmler der Vegetarier.
5. Das Lieblingsgetränk von James Bond ist Dry Martini. Bond trinkt in allen Ian-Fleming-Romanen zusammen hundertundeins Gläser Scotch – aber nur neunzehn Martinis.
6. Die Saiten von Violinen wurden früher aus Katzendarm gefertigt. Unsinn. Dieses Gerücht haben Geigenspieler gezielt verbreitet, um ihre Instrumente vor Diebstahl zu schützen (eine Katze zu töten, bringt bekanntlich Unglück).
7. Austern sind ein Aphrodisiakum. Leider nein. Zumindest haben sie keine unmittelbare Wirkung. Austern sind voller Kalium, Phosphor, Natrium, Calcium, Magnesium, Eisen, Kupfer sowie Vitamin A, B, D und E. Austern haben allerdings auch einen hohen Zinkgehalt, der tatsächlich die körpereigene Produktion von Testosteron unterstützt. Wirksam ist das alles aber nur bei regelmäßiger Zufuhr. Casanova aß angeblich täglich zwei Dutzend.

Orte, an denen man kein Gespräch beginnen sollte:

* in der Schalterhalle der Deutschen Bank in Vaduz (Liechtenstein)
* im Notarztwagen
* im Verhörraum der CIA
* in einer Gefängniszelle
* auf Toiletten
* im Helikopter
* im Fanblock des Westfalenstadions
* in der Sauna (und im Ruhebereich!)
* im Warteraum der Agentur für Arbeit
* auf der Herbertstraße
* unter dem Dach einer kleinen Kapelle bei Platzregen
* im Aufzug
* im Wartezimmer der «Praxis» von Dr. Mang am Bodensee

Orte, die zu erwähnen immer gut ankommt:

* Peter Luger's Steakhouse in Brooklyn
* der Jazzclub Brown Sugar in Bangkok
* die Bahnstrecke zwischen Turin und Nizza
* der Garten der japanischen Botschaft in Berlin
* die Frühstücksterrasse des Mandarin Oriental in San Francisco
* die Buchhandlung Felix Jud in Hamburg
* das Chesa Veglia in St. Moritz
* der Klenderhof auf Sylt
* der Business-Class-Terminal in Istanbul
* Gstaad
* das Richbaby in Schanghai (180 Maoming Nan Lu)

Womit man sich auf gesellschaftlichem Parkett garantiert beliebt macht:

* die Rechnung übernehmen

Getränke, die man nicht bestellen sollte:

* Campari Orange
* amerikanisches Budweiser
* ein Pikkolöchen
* rosa Champagner
* einen Latte mit Sojamilch
* überhaupt: Sojamilch (wenn schon, dann: Mandelmilch)

Getränke, die man bestellen sollte:

* Ristretto
* doppelter Espresso
* Bollinger 1978
* Queens Park Swizzle (wenn man sich einen Kater erlauben kann)
* Old Fashioned (wenn man ihn vermeiden muss)
* Frozen Daiquiri (wenn man's drauf ankommen lassen will)
* Bloody Mary (bei leichtem Kater)
* Prairie Oyster (bei schwerem Kater)

Drei goldene Regeln für Besäufnisse:

1. Wenn man sich betrinkt, dann in voller Absicht.
2. Zwischendrin ein Glas Wasser trinken.
3. Alles, was gesagt wurde, egal was, muss am nächsten Morgen vergessen sein. Sprich deine Kompagnons niemals auf die Nacht an. Niemals.

Drei wichtige Regeln für eine Dinnerparty:

1. immer fünfzehn Minuten zu spät kommen
2. nie als Letzter gehen
3. nicht übers Essen reden

Exkurs zum Thema Anstoßen:
Der alte Gregor von Rezzori wurde gefragt, ob es etwas gebe, das er niemals auf einer Party machen würde, selbst wenn es alle täten. Er überlegte eine Weile und antwortete dann: «Ich würde nie ‹Prost› sagen oder jemandem zuprosten.» Wie er denn reagiere, wenn man ihm zuproste? «Kurz freundlich nicken. Notfalls sage ich Skål oder na sdorowje, aber Prost bringe ich einfach nicht über meine Lippen. Ein Mann hat das Recht, in Ruhe seinen Drink zu trinken, ohne dass ständig Aufmerksamkeit darauf gelenkt wird.»

Dinge, die man als Gastgeber immer parat haben muss:

* Eiswürfel
* Paracetamol
* Aktivlautsprecher
* Schlangenschnaps
* Gras (Weizengras! Für die Smoothies!)
* die Nummer der Taxizentrale
* die Nummer des Chiropraktikers

Essen, das man lieber nicht servieren sollte:

* Avocado mit Krabben
* Soufflés
* frische Seeigel
* Spaghetti aglio e olio

* Kalbsleber
* betrunkene Garnelen
* Spargel

Dinge, die man unbedingt servieren sollte:

* Gänseleber (es sei denn, Alexandra von Rehlingen ist dabei)
* vegetarisches Fingerfood
* Wodka
* Sorbet

Exkurs zum Thema Gastgeschenk:

Muss ich den Gastgebern etwas mitbringen? Nein. Schenken Sie Blumen! Aber lassen Sie sie am Tag *nach* der Einladung der Gastgeberin zustellen. Mit einem kurzen, handgeschriebenen Dankesbrief. Bei großen Festen war es früher übrigens üblich, die Gäste zu beschenken. Beim «dîner» fand man eine Aufmerksamkeit, ein Erinnerungsstück wie einen eigens für den Abend gefertigten Aschenbecher oder ein kleines Schmuckstück, an seinem Platz. Früher war es an königlichen Höfen üblich, an großen Festtagen wertvolle Münzen prägen zu lassen und als Erinnerungsgaben zu verschenken. Heute nennt man so was Goodie Bag und kennt es nur noch von Kindergeburtstagen und großen Firmenveranstaltungen.

Typen, die auf gesellschaftlichem Parkett zu meiden sind:

* Politiker
* BND-Mitarbeiter
* FDP-Mitglieder
* Anhänger des Kalifats

* Redakteure der Zeitschrift «Closer»
* Prostituierte
* den Ex der besten Freundin
* ehemalige Banker, die jetzt Kunstmäzene sind

Dinge, die eine hervorragende Hochzeit ausmachen:

* sie finden auf dem Land statt
* witzige (aber keine vulgären!) Reden
* die Braut-Soirée (Party) findet am *Vor*abend der Trauung statt
* man landet mit einem Hochzeitsgast im Bett
* man erlebt die Trauung verkatert und nach wenigen Stunden Schlaf, sitzt in der Kirche mit Blume im Knopfloch und verquollenem Gesicht
* die Damen tragen Hüte
* die Herren tragen Cut bzw. Morning Suits (aber keine albernen bunten Westen)
* es ist heiß
* es gibt gut gekühlten Champagner
* man liest eine Woche später darüber in der «Bunten» und im «Point de Vue»

Dinge, an denen man eine misslungene Hochzeit erkennt:

* sie wird in einer Großstadt gefeiert
* ein gemieteter Rolls-Royce
* die Zeremonie findet im Standesamt statt
* Konfetti
* Smoking bei Tageslicht
* der Bruder der Braut macht irgendwas mit In- und Export.

Namen, die man fallenlassen können muss:

* in Berlin: Boris Radczun
* in Düsseldorf: Alexander Gorkow
* in Hamburg: Julia Jenisch
* in London: Konstantin Bismarck
* in München: Jacob Burda
* in Moskau: Dasha Shukova
* in Paris: Ondine Rothschild
* in Salzburg: Thaddaeus Ropac
* in Wien: Christopher Wentworth-Stanley
* in Zürich: Dieter Meyer

Namen, die man besser nicht fallenlassen sollte:

* in Berlin: Nicolas Berggruen
* in Düsseldorf: Helge Achenbach
* in Hamburg: Jürgen Harksen
* in London: Goga Ashkenazi
* in München: Fincki
* in Moskau: German Khan
* in Paris: Bernd Runge
* in Salzburg: Helmut Berger
* in Wien: die Stronachs
* in Zürich: Stephan Schmidheiny

Pflichttermine:

* Salzburger Festspiele
* Bayreuther Festspiele
* Oktoberfest-Anstich
* Kunstbiennale Venedig
* Wahl der Miss Corviglia in St. Moritz

* Rennwoche Baden-Baden
* Verleihung des Bayerischen Filmpreises
* die Hochzeiten in der Familie Oetker

Unbedingt meiden:

* Life Ball in Wien
* Rosenball in Monaco
* Wahl der Miss Sunshine in Magaluf auf Mallorca
* Nachtklub-Eröffnungen in Moskau
* Berlinale
* die Hochzeiten der Brenninkmeijers

Die drei wüstesten fremdländischen Beleidigungen, die so böse sind, dass man sie nicht übersetzen darf, die kein Mensch versteht und daher geeignet sind, größtmöglichen Zorn diskret zum Ausdruck zu bringen:

1. «Glirit mortin hed sarma shinem.» (Armenisch)
2. «Afatottari.» (Isländisch)
3. «Sa-mi bagi mana în cur şi sa-mi faci laba la cacat!» (Rumänisch)

Gruppen, über die man keine Witze reißen sollte:

* Ostdeutsche
* Wiener
* Transsexuelle
* Hartz-IV-Empfänger
* Printjournalisten
* Hebammen

Gruppen, über die man in jedem Fall Witze reißen sollte:

* Banker
* Transvestiten
* Berner Oberländer
* Berliner
* Hamburger
* Steuerzahler

Fertig, das war's. Jetzt darf sich die junge Generation wieder ihren elektrischen Geräten zuwenden. Den Rest der Leser, jene also, die so geduldig sind, mein Buch wirklich bis zum letzten Satz zu lesen, werde ich nun mit der Enthüllung eines Geheimnisses belohnen. Ein Geheimnis, das Lesern von Lebenshilfebüchern wie diesem üblicherweise vorenthalten wird. Es lautet: Du musst dich nicht ändern. Du bist genau so gut, wie du jetzt gerade bist! Begreife das, und du musst nie wieder einen Ratgeber kaufen. Wenn du versuchst, dich zu ändern, wird nichts draus. So löblich nämlich die Absicht ist, sich ändern zu wollen, sie gründet auf einer falschen Prämisse – dem Wunsch, ein anderer zu sein, als man ist. Klar, man kann immer das eine oder andere Detail des eigenen Verhaltens korrigieren, aber die eigentliche Herausforderung besteht darin, sich mit seiner Natur zu versöhnen. Nur wer zu sich steht, nur wer so ist, wie er ist, und versucht, das hinzunehmen, hat – so paradox es klingen mag – überhaupt eine Chance, sich zu ändern. Allgemeinverständlich formuliert: Yo, chill!

Generell sind wir viel zu kritisch mit uns selbst. Und zollen uns zu wenig Anerkennung. Deswegen gibt es Bücher wie diese. Unser aller Handicap: unser europäisches Erbe. Unsere ganze christliche Kultur (wie auch die muslimische) basiert auf der Forderung: Du musst anders sein, als du bist! Vermutlich haben wir das wiederum unseren mosaischen Wurzeln zu verdanken. Das Judentum ist die Religion der großen Propheten, und die hatten es nun mal an sich, die Menschen ständig zu ermahnen. Das hat einen selbstskeptischen Geist hervorgebracht, der auch in der heutigen religionsfernen Welt fortwirkt. Davon sollte man sich zunächst befreien, um überhaupt eine Chance auf das zu haben, wonach sich scheinbar alle sehnen: Selbstoptimierung.

Um diese weitreichende Überlegung nun wieder sanft auf den frisch gebohnerten Boden des gesellschaftlichen Parketts zu bringen: Die angenehmsten Leute im Umgang sind jene, die mit sich im Reinen sind. Nur wer mit sich im Einklang ist, nur wer sich mag (oder es versucht), ist in der Lage, andere zu mögen, ist auch im gesellschaftlichen Umgang anziehend. Wer sich so gibt, wie er ist, wer sich nicht verstellt, wer anderen nichts vormacht, ist per se schon einmal ein angenehmer Mensch. Leute aber, die sich Mühe geben, gehen jedem auf die Nerven. Ob sie sich bemühen, die richtige Krawatte zu finden, das Richtige zu sagen, sich zu benehmen, ein Bild von sich zu entwerfen, das ist vollkommen egal. Jemandem dabei zuzusehen, wie er sich bemüht, ist eine Qual. Virtuosität, egal, ob im Beruf, beim Klavierspiel oder auf dem gesellschaftlichen Parkett, hat immer den Anschein von Leichtigkeit. Wem's nicht leichtfällt, der sollte wenigstens so tun, als ob. Fake it, 'til you make it. Tu so, als sei es leicht, dann fällt's dir hoffentlich auch irgendwann leicht! Im Kern ist dies doch ein zivilisatorischer Grundgedanke: Wir streben danach, unsere Grobheiten zu zähmen, das Leben angenehmer, den Umgang liebenswürdiger zu gestalten – und das ohne Schwere und Zwang. So wie die Dinge derzeit stehen, wird sich deswegen das westliche Lebensmodell auf Dauer durchsetzen. Weil es sich auf unschlagbare Attraktivität beruft, auf das Versprechen von Lebensqualität, Lebensfreude und Liebenswürdigkeit. Dieses Buch sollte einen kleinen Beitrag dazu leisten.

STATT EINER BIBLIOGRAPHIE

Eigentlich habe ich dieses Buch geschrieben, um Ihnen die Lektüre vieler anderer zu ersparen. Wer will schon in Zeiten schrumpfender Aufmerksamkeit dreihundert Seiten über Fußball oder Fernsehserien lesen? Wenn Sie aber doch über ein Thema gestolpert sind, das Sie unbedingt vertiefen wollen, gebe ich gern darüber Auskunft, bei welchen Büchern ich mich bedient habe, um meine Halbbildung in eine gediegene Dreiviertelbildung zu verwandeln.

Wer sich für zivilisierten Umgang, also Benimm an sich, interessiert, dem ist durch die Lektüre von Büchern allein vermutlich nicht zu helfen, leider. Dennoch will ich nicht verschweigen, dass mir zwei großartige diesbezügliche Bücher bekannt sind: Zum einen Asfa-Wossen Asserates «Manieren» (Eichborn, Frankfurt a.M. 2003). Mein Hauptexemplar nutze ich als Nachschlagewerk und zu meiner Unterhaltung so oft, dass es inzwischen vollkommen zerlesen ist und ich mir ein zweites für rein dekorative Zwecke angeschafft habe. Großartig ist zum anderen «Vom Mandarin zum Gentleman», ein Buch des alten britischen Diplomaten Harold Nicolson. Es ist eine Art Kulturgeschichte der guten Sitten, die den ganzen Globus und drei Jahrtausende umspannt. 1958 hat es C.H. Beck auf Deutsch herausgebracht, es ist antiquarisch relativ einfach erhältlich.

Wen das Thema Adel und Königshäuser umtreibt, dem

empfehle ich das 2008 bei Rowohlt · Berlin erschienene Buch «Alles, was Sie schon immer über Könige wissen wollten, aber nie zu fragen wagten» von Alexander von Schönburg. Es ist das Standardwerk schlechthin. Kleiner Scherz. In Wahrheit rate ich von Büchern über «den» Adel ab. Die meisten (außer meines natürlich) sind leider unseriös. Es gibt ein paar Ausnahmen, dazu gehört der 2004 bei DuMont erschienene, sehr kompakte und sehr präzise «Schnellkurs Adel» von Wilfried Rogasch. Weniger sachlich, dafür amüsanter ist Ghislain de Diesbachs «Les Secrets du Gotha» (im Original bei René Julliard, Paris, und auf Deutsch 1966 unter dem Titel «Die Geheimnisse des Gotha» beim Paul Neff Verlag in Wien erschienen). Wen die sehr spezifische Rolle des Hochadels im deutschsprachigen Raum interessiert, muss sich das 1964 erschienene Buch «Die Standesherren» von Heinz Gollwitzer besorgen. Wer einen groben Überblick über den Adel im postfeudalen Zeitalter in ganz Europa erhalten will, dem empfehle ich Dominic Lievens «The Aristocracy in Europe 1815–1914» (1995 bei S. Fischer unter dem Titel «Abschied von Macht und Würden» auf Deutsch erschienen). Um den Anspruch zu verstehen, den Adelige (so sie sich denn nicht völlig assimiliert haben) an sich und ihre Lebensführung stellen, muss man die Ansprachen von Papst Pius XII. an das Patriziat und den Adel von Rom lesen. Eine kommentierte Sammlung dieser legendären Ansprachen ist 1993 in mehreren Sprachen von der Österreichischen Gesellschaft zum Schutz von Tradition, Familie und Privateigentum (TFP) herausgebracht worden und meines Wissens im normalen Buchhandel kaum erhältlich. Wer es haben will, muss die TFP im Internet finden und um die Zusendung eines Exemplars bitten.

Bücher zum Thema amerikanische Außenpolitik zu lesen kann ich wirklich nicht empfehlen. Ich glaube, man erfährt mehr über die Mentalität der Amerikaner, die es ihnen unmöglich macht, humanitäre Verbrechen im fernen Ausland einfach hinzunehmen, wenn man sich Filme wie «Der Soldat James Ryan» oder «Black Hawk Down» ansieht. Will man sich aber tatsächlich in das Thema einarbeiten und auch den historischen Zusammenhang begreifen, ist das Buch des smarten britischen Historikers Niall Ferguson «Das verleugnete Imperium» (2004 bei Propyläen auf Deutsch erschienen) ein guter Ausgangspunkt. Es beschreibt sehr eindrucksvoll, wie eine Welt ohne Weltpolizei von einer humanitären Katastrophe in die nächste schlittert. Das eigentliche Drama, so Fergusons These, bestehe darin, dass die USA die Rolle des Weltpolizisten nur unwillig wahrnehmen würden und dadurch ein Vakuum entstehe.

Oder ist so etwas wie eine Weltregierung genau das, wovor wir uns am meisten fürchten müssen? Wer sich für das Thema Apokalypse interessiert, wird jedenfalls an diesem Gedanken nicht vorbeikommen – und auch nicht am 1907 erschienenen Roman «Lord of the World». Der englische Geistliche Robert H. Benson zeichnet darin die liberale Weltherrschaft als Schreckensszenario. Das Buch hat George Orwell und seinen Roman «1984» wesentlich beeinflusst. Benson beschreibt einen (amerikanischen!) Politiker, dem es gelungen ist, den Weltfrieden durchzusetzen, und der in der Folge und kraft seines Charismas weltweit als Autorität anerkannt wird. Er glaubt an einen universalen Humanismus und lehnt alles Denken, das diesem allgemeingültigen, wissenschaftlich-vernünftigen Weltbild entgegensteht, als antiliberal ab. So stirbt im Namen der Toleranz natürlich auch die Toleranz gegenüber denen, die nicht dem liberalen Weltbild folgen. Bensons «Der Herr der Welt» ist mehrfach auch auf Deutsch verlegt worden, zuletzt 1990 vom Würzburger Verlag Johann Wilhelm Naumann. Nicht weniger unheimlich ist das Buch des Zisterziensermönchs Dominicus Trojahn «Der Antichrist». Während bei Benson der «Herr der Welt» mit großem Trara die Weltherrschaft erringt, gibt das nüchterne Sachbuch von Pater Dominicus zu verstehen, dass dies auch sehr viel stiller und subtiler vonstattengehen könnte, dass wir uns vielleicht sogar, ohne es zu merken, schon längst mitten in der Apokalypse befinden. Trojahns Buch ist 2010 im Augsburger Sankt Ulrich Verlag erschienen und für jeden, der sich ernsthaft mit diesem Thema beschäftigt, ein Muss. Will man aber ein Buch lesen, das alles Wesentliche zusammenfasst, muss es «Wie kommt das Ende der Welt?» von Klaus Berger sein (Gütersloher Taschenbuch Verlag 2002). Ein theologisch schmalbrüstiges, aber unterhaltsames populärwissenschaftliches Buch zum Thema Weltuntergang ist Simon Pearsons «The End of the World» (2006 in England bei Robinson erschienen). Eine eher literarisch-kulturhistorische Herangehensweise hat Gerhard Henschel in «Menetekel – 3000 Jahre Untergang des Abendlandes» gewählt, das 2010 bei Eichborn erschienen ist.

Leseempfehlungen zum Thema Buddhismus sind sehr viel komplizierter. Entscheidend für mein Verständnis war «Zen in der Kunst des Bogenschießens» (1929) von Eugen Herrigel. Er war einer der ersten Europäer, die sich mit Zen beschäftigten, sein Buch ist ein Klassiker. Um mehr über das buddhistische Lehrsystem und den historischen Buddha zu erfahren, habe ich die Bücher Hans Wolfgang Schumanns genutzt, der Jahrzehnte in verschiedenen akademischen und diplomatischen Missionen in Indien, Burma und Ceylon zugebracht hat. Am unterhaltsamsten und vielleicht sogar am lehrreichsten war aber das Buch «Die Kuh in der Parklücke» von Leonard Scheff und Susan Edmiston (2011).

Mit vollem Mund zu reden, ist unhöflich. Und beim Essen lesen? Wenn es «An Edible History of Humanity» von Tom Standage ist, müsste es erlaubt sein. Das großartige Buch kam 2009 bei Walker & Company heraus, auf Deutsch ist es 2011 unter dem Titel «Der Mensch ist, was er isst» bei Artemis & Winkler erschienen. Erst durch die Lektüre dieses Buches habe ich begriffen, welchen Einfluss das Essen auf die Geschichte, auf die Wirtschaft, ja, auf unser Denken und die Entstehung des Homo sapiens insgesamt hatte. Ein absolut faszinierendes Buch. Sehr empfehlenswert ist auch die 2009 in der Beck'schen Reihe erschienene «Kleine Geschichte des Essens und Trinkens» von Klaus E. Müller.

Wer beim Essen liest, darf sich nur nicht wundern, wenn er von Franzosen verachtet wird. Um die Franzosen – und Frankreich – zu verstehen, genügt die Lektüre des Kapitels über Johanna von Orléans, die französischste aller Französinnen, in Friedrich Sieburgs Klassiker «Gott in Frankreich?». Viele von Sieburgs Gedanken sind in dieses Kapitel eingeflossen. In seinem 1929 erschienenen Buch ist alles, was über Frankreich zu sagen ist, gesagt. Für den, der es gern wissenschaftlich fundiert hat, sind Fernand Braudel und sein «L'identité de la France» (von 1986) unumgänglich. Klett-Cotta hat es 2009 unter dem Titel «Frankreich» in drei Bänden herausgebracht. Wer sich dem Thema eher von der humoristischen Seite nähern und zugleich Fundiertes über Land und Leute erfahren will, muss sich ein oder zwei Bücher von Stephen Clarke besorgen, zum Beispiel «1000 Years of Annoying the French» (Bantham Press 2010), auf Deutsch ist von ihm 2009 «Überleben unter Franzosen» bei Piper erschienen.

Zum Thema Fußball gibt es eine ganze Reihe hervorragender Bücher. Das in meinen Augen literarisch eindringlichste ist «Spieltage» von Ronald Reng (Piper 2013). Wenn ich auf eine einsame Insel müsste und nur zehn Bücher mitnehmen dürfte, wäre dieses Buch dabei. Es ist das Porträt eines Fußballtrainers, aber auch der Bundesliga, des Ruhrgebiets, Deutschlands, des Menschen. Wer tiefer in Taktik und Spielphilosophie einsteigen und sich ernsthaft mit dem modernen Fußballgeschäft befassen will, für den gibt es zurzeit nur ein Buch: das 2014 bei Rowohlt erschienene «Die Wahrheit liegt auf dem Platz – Warum (fast) alles, was wir über Fußball wissen, falsch ist» von Chris Anderson und David Sally. Es ist von Raphael Honigstein, einem der besten deutschen Sportjournalisten, kongenial ins Deutsche übersetzt worden. Um sich dem Thema kulturhistorisch zu nähern, empfehle ich «Samstags um halb vier: Die Geschichte der Fußballbundesliga» von Nils Havemann. Das weitaus wichtigste Buch aber ist das 1982 erstmals erschienene «Quest for Excitement – Sports and Leisure in the Civilizing Process», das der große, 1990 verstorbene Soziologe Norbert Elias gemeinsam mit seinem Kollegen Eric Dunning verfasst hat. Dank des Suhrkamp Verlags gibt es dieses Buch seit 2003 auch auf Deutsch: «Sport und Spannung im Prozess der Zivilisation». Warum lieben wir Sport? Welche seelischen Bedürfnisse werden durch ihn befriedigt? Wie ist die Gewalt am

Rande von Sportereignissen zu erklären? Nach der Lektüre dieses Buchs bleibt keine Frage mehr offen.

Sekundärliteratur über Fernsehserien? Ist das nicht ein wenig dekadent? Der diaphanes Verlag hat die wichtigsten Pop-Theoretiker unserer Zeit gebeten, ausführliche Analysen der wichtigsten Serien unserer Zeit zu verfassen. Aber muss man wirklich lesen, was Diedrich Diederichsen über «The Sopranos» zu sagen hat? Dietmar Dath über «Lost»? Stefanie Diekmann über «Six Feet Under»? Dafür muss man schon ein ziemlicher Nerd sein. Nicht so akademisch überhöht und dafür informativer ist Alan Sepinwalls 2012 erschienenes «The Revolution Was Televised» (auf Deutsch als «Die Revolution war im Fernsehen» 2014 bei Luxbooks erschienen). Sepinwall ist einer der einflussreichsten Fernsehkritiker Amerikas, er war der Einzige, dem David Chase, der Schöpfer der «Sopranos», einmal ein ausführliches Interview gewährt hat. Sein Buch wurde von der «New York Times» als eines der besten Bücher 2012 ausgezeichnet und ist eine kluge Kulturgeschichte der seriellen Fernsehunterhaltung. Anhand von TV-Dramen wie «24» und «Breaking Bad» erklärt es, wie die Serienmacher das Erzählen an sich revolutionierten. Aber lesen muss man es dennoch nicht.

Das Thema Gender ist zu umkämpft, um gefahrenfrei Leseempfehlungen auszusprechen. Eines der wichtigsten Bücher der Gender-Mainstreaming-Bewegung ist natürlich das im entsprechenden Kapitel erwähnte Buch «Das Unbehagen der Geschlechter» von Judith Butler (Suhrkamp 1991). Der englischsprachige Originaltitel lautet «Gender Trouble» (erschienen 1990). Um wiederum das Unbehagen an der Einebnung der Geschlechter zu verstehen, muss man «Die globale sexuelle Revolution» von Gabriele Kuby und Robert Spaemann (fe-Medienverlag 2012) lesen.

Das Kapitel über Gottesteilchen und jenes über Zeit konnte ich, der ich den Physikunterricht in der Schule irgendwie komplett verpasst zu haben scheine, nur schreiben, weil mir auf meiner langen Suche nach einem Buch, das physikalische Geheimnisse einigermaßen verständlich erklärt, irgendwann die Bücher von Jim Al-Khalil in die Hände fielen. Ich hatte zuvor wirklich alles probiert. Am Ende griff ich sogar zur «Sendung mit der Maus» und «Wissen macht Ah!»-Podcasts, weil mir selbst die grundlegendsten Dinge nicht einleuchten wollten, ich also an Zusammenhängen scheiterte, die selbst meine Kinder längst begriffen zu haben schienen. In meiner Verzweiflung fuhr ich (mit meinen Kindern) sogar ins von mir aus gesehen nahe gelegene Sacrow (in dem Haus, in dem Einstein wohnte, ist heute ein kleines Museum untergebracht), in der Hoffnung, dass mir der berühmte Genius Loci beim Verständnis der Relativitätstheorie weiterhelfen würde. Ich traf in Sacrow zwar wirklich besagten Genius Loci, er war auch sehr freundlich, aber ein zumindest rudimentäres Verständnis für manche Fragen der modernen Physik (zumindest eines, das mir ein paar Minuten quasigelehrtes Dozieren auf gesellschaftlichem Parkett erlaubt) gewann ich erst durch ebenjene Bücher von Jim Al-Khalil. Er hat selbst kleine Kinder, ist also in der Kunst, Dinge anschaulich auf den Punkt zu bringen, trainiert. Wirklich phantastisch ist sein Buch «Paradox – The Nine Greatest Enigmas in Physics» (Bantam Press 2012). Auf Deutsch gibt es von ihm das ebenso hilfreiche «Quantum – Moderne Physik zum Staunen» (Spektrum Verlag 2005). Erst später entdeckte ich, dass es auch eine deutsche Autorin gibt, die hohe Physik verständlich erklären kann: Brigitte Röthlein. Ihr Buch «Die Quantenrevolution» (dtv 2004) ist eigentlich sogar noch besser als das zuletzt erwähnte Buch von Al-Khalil. Die Wissenschaftsjournalistin Brigitte Röthlein verfügt über die geniale Fähigkeit, komplexe wissenschaftliche Fragen präzise und verständlich zu erklären.

Sie wollen das Phänomen Helmut Schmidt tiefer ergründen? Dann möchte ich nur eine einzige Buchempfehlung aussprechen: Jost Kaisers «Als Helmut Schmidt einmal … Kleine Geschichten über einen großen Mann» (Heyne Verlag 2012). Es ist das aufschlussreichste und unterhaltsamste Buch, das mir über Helmut Schmidt bekannt ist.

Um über Homosexualität halbwegs seriös schreiben zu können, war für mich der Aufsatz «Jene Menschen» von Gustav Seibt in der «Süddeutschen Zeitung» vom 11. Januar 2014 entscheidend. Alles, was ich danach zum Thema las, erhielt durch Seibts Aufsatz eine neue, eine andere Plausibilität. Während des Studiums hatte mich mein Geschichtsprofessor zur Lektüre von John J. Winklers «The Constraints of Desire» (Routledge 1989) überredet, aber nach Seibts Essay konnte ich es wieder zur Hand nehmen und mit neuem Blick darin blättern. Das Gleiche gilt für das im Text erwähnte Buch aus dem Jahr 1922 «Von Fürsten und anderen Sterblichen», das ich vor Jahren eher als Unterhaltungslektüre verschlungen hatte, ohne über die Kultur des Denunziantentums nachzudenken, die der berüchtigte Paragraph 175 einst bei uns in Deutschland offenbar entfesselt hat.

Um hinter die Kulissen der Hotellerie zu blicken, sollte man Romane lesen statt Sachbücher. Die, die sich wirklich auskennen, Zimmermädchen und Concierges, schreiben keine Enthüllungsbücher. Die halbseidene Stimmung in Grandhotels wird etwa in Thomas Manns «Felix Krull» beschrieben, und natürlich in Vicky Baums Klassiker «Menschen im Hotel». Aktueller aber ist der Tatsachenroman «Hotel Babylon» der englischen Journalistin Imogen Edwards Jones. Die deutsche Ausgabe ist 2005 im Europa Verlag erschienen. Um die Historie der europäischen Luxus-Hotellerie, betrachtet aus der Perspektive eines großen Hoteliers, zu verstehen, haben mir die Memoiren von Max Keller sehr geholfen. Er führte große Häuser in Hongkong, St. Moritz und Wien, arbeitete in Luxushotels auf der ganzen Welt, er weiß also, wovon er spricht. Sein Buch «Via St. Moritz nach Hongkong und zurück» ist 2007 im Verlag der «Neuen Zürcher Zeitung» NZZ Libro erschienen. Das großartigste Buch, in dem ein Hotel im Mittelpunkt steht, ist aber mit Abstand «The Hotel on Place Vendôme: Life, Death, and Betrayal at the Hotel Ritz in Paris». Tilar J. Mazzei hat zuvor schon faszinierende Bücher über die Erfindung des Champagner («The Widow Clicquot») und über das berühmteste Parfüm der Welt («The Secret of Chanel No. 5») geschrieben, aber die Geschichte des Ritz in Paris ist ihr absolutes Meisterwerk. Es erzählt die Geschichte der deutschen Besatzung von Paris aus der mondänstmöglichen Perspektive, nämlich von besagter Place Vendôme aus.

Das Kapitel «Hunde» konnte ich nur schreiben, weil mir mein Jack Russell Terrier Beppo geholfen hat. Und Konrad Lorenz mit seinem «So kam der Mensch auf den Hund» (erstmals 1950, heute bei dtv), obwohl es ja, wie man inzwischen weiß, eher andersherum war. Und natürlich Erhard Oesers großartiges Buch «Hund und Mensch» (2009 von der Wissenschaftlichen Buchgesellschaft verlegt), außerdem Jürgen Christens wunderschöne Sammlung von Texten, in denen Schriftsteller über die Beziehung zu ihren Hunden erzählen, das Buch heißt «Schriftsteller und ihre Hunde» (Autorenhaus Verlag 2008). Mein Vater hatte übrigens einen Hund namens Hadschi Halef Omar Ben Hadschi Abul Abbas Ibn Hadschi Dawuhd al Gossarah, einen Kurzhaardackel, den wir alle nur Hadschi nannten. Es war sein Jagdhund. Was zum nächsten Thema führt: der Jagd.

Zunächst sollte man das Jagdmuseum in Münchens Fußgängerzone aufsuchen. Und dann sollte man José Ortega y Gassets kleines, 1943 erstmals erschienenes Bändchen «Meditationen über die Jagd» lesen. Ein unterhaltsames, antimodernistisches Plädoyer für alles Archaische ist das Buch «Jagen, Sex und Tiere essen» von Florian Asche (Neumann-Neudamm Verlag 2012).

Um die Grundlagen des Kapitalismus zu verstehen, muss man bei «Der Aufstieg des Geldes» (Econ 2009) des bereits erwähnten Historikers Niall Ferguson beginnen, eine Art Grundkurs in Wirtschaftsgeschichte. Wer die Zockermentalität der Investmentbanker verstehen will, muss die Bücher des Wall-Street-Aussteigers Michael Lewis lesen, das berühmteste ist das 1989 erschienene «Liar's Poker» (deutsch: «Wall Street Poker», Econ 1991). «The Big Short: Wie eine Handvoll Trader die Welt verzockte» (Goldmann 2011) ist eher eine Reportage über die Hintergründe der Immobilienkrise, die 2007 zum Zusammenbruch von Lehman Brothers führte und eine weltweite Kettenreaktion auslöste. Wenn man sein 2014 erschienenes Buch «Flash Boys. Revolte an der Wall Street» liest, sehnt man sich geradezu nach den Gordon-Gekko-Typen aus seinen frühen Werken zurück, denn die Rolle der gierigen Spekulanten haben jetzt längst Maschinen übernommen. Man erfährt zum Beispiel, dass Goldman Sachs Mikrowellentechnik einsetzt, um im computerisierten Hochfrequenzhandel gegenüber der Konkurrenz Vorsprünge im Nanosekundenbereich zu haben. Die nächste Krise werden also Computer auslösen und keine Menschen mit gelackten Haaren und Hosenträgern – und das ist eigentlich noch viel besorgniserregender. Wer das alles gelesen hat und sich verängstigt fühlt, dem empfehle ich als Gegengift das 1998 erschienene Buch «Against the Gods – The Remarkable Story of Risk» von Peter L. Bernstein (auf Deutsch als «Wider die Götter», 2004 im Murmann Verlag erschienen). Bernstein erklärt, dass Risiko die Grundlage jedes wirtschaftlichen Handelns darstellt und die Sehnsucht nach einem risikolosen Wirtschaftsleben letztlich illusorisch und sogar gefährlich ist. Risiken – und vor allem das Scheitern – seien im Kern sogar die Triebfeder wirtschaftlichen Fortschritts, das lehrte auch der große Salonbolschewist Joseph Schumpeter. Um dessen Lehren und die der großen Ökonomen unseres Zeitalters zu verstehen, muss man unbedingt «Mr. Smith und das Paradies – Die Erfindung des Wohlstands» lesen (Berenberg 2013). Geschrieben hat es der in München tätige Philosoph und Finanzverwalter Georg von Wallwitz. Die Lektüre seiner Bücher half mir über sechs Semester Wirtschaftsgeschichte an der University of London. In regelmäßigen Abständen veröffentlicht Wallwitz übrigens das sehr lesenswerte «Börsenblatt für die gebildeten Stände». Seinen Büchern verdanke ich so manche Einsicht, die in die Kapitel über Kapitalismus, soziale Gerechtigkeit und Steuermoral eingeflossen ist.

Für mein Kapitel über Kriminalfälle war die Lektüre eines Buches besonders hilfreich: «Das ganz normale Böse – Warum Menschen morden» (Rowohlt 2011) des Wiener Psychiaters Reinhard Haller, der als Forensiker unter anderem mit dem Fall Jack Unterweger und dem Amoklauf von Winnenden befasst war. Auch sein zweites, 2012 bei Rowohlt erschienenes Buch «Die Seele des Verbrechers – Wie Menschen zu Mördern werden» ist sehr empfehlenswert. Hallers Verdienst ist, dass er dem Leser des wohligen Gefühls beraubt, die Verbrecher, die «Irren», das seien immer «die anderen».

Moderne Kunst? Wer «Die Geschichte der Kunst» (1950 erschienen, hundertmal wiederaufgelegt) des großen Ernst Gombrich liest, der in den dreißiger Jahren von Wien nach London emigrierte, darf dies als abgeschlossenes Kunstgeschichtsstudium betrachten. Ein gutes Buch über die absurde Welt der Art-High-Society ist Sarah Thorntons «Sieben Tage in der Kunstwelt» (S. Fischer 2009). Es ist gerade deshalb lesenswert, weil es überraschend unpolemisch ist. Die Journalistin hat die wichtigsten Auktionshäuser und Kunstmessen besucht, sie hat Händler und Künstler interviewt. Sie erzählt von der Parallelwelt Kunst, ohne sie quasireligiös zu überhöhen oder mit der albernen Das-kann-ich-auch-Attitüde zu verarschen. Ein wirklich informatives, lehrreiches Buch. Wer tieferen Einblick in die Mechanismen des Kunstmarktes verlangt, der besorge sich das im Juni 2014 bei Palgrave Macmillan (London) erschienene «The Supermodel and the Brillo Box» von Don Thompson. Das Buch geht auch der Frage nach, warum die Menschen überhaupt Kunst sammeln, man lernt dort zum Beispiel die syrisch-jüdische Familie Mugrabi kennen, die unter anderem allein achthundert Werke von Andy Warhol besitzt und einen Teil des Kunstmarktes in der Hand hält. Außerdem findet man darin Listen der wichtigsten Sammler, der wichtigsten Galerien und, interessanter noch, eine Übersicht über die höchstgehandelten Künstler der Jahre 2013/2014 im Vergleich zu jenen aus dem Jahr 2008 (mit überraschend wenig Überschneidungen). Wer sich weniger mit dem Markt als mit der Kunst selbst beschäftigen will und eine handfeste Polemik sucht, greift nach wie vor am besten zum antimodernistischen Klassiker von Hans Sedlmayr «Verlust der Mitte» (1948 erschienen). Es darf in der Bibliothek eines *ernsthaften* Moderne-Kunst-Verächters nicht fehlen. Für «Rowohlts deutsche Enzyklopädie» hat Sedlmayr übrigens auch einen sehr prägnanten Beitrag verfasst, das Büchlein (aus dem Jahr 1955) heißt «Die Revolution der Modernen Kunst».

In meinem Kapitel über New York geht es ja eigentlich gar nicht um New York, sondern um Dorothy Parker. Ich hätte es nicht schreiben können, wenn ich vorher nicht eine phantastische Parker-Biographie gelesen hätte: «Noch ein Martini und ich lieg unterm Gastgeber». Geschrieben hat dieses wunderbare Buch die Journalistin Michaela Karl (Residenz Verlag 2011).

Für das Kapitel über Pferderennen waren für mich «orale Quellen» entscheidender als schriftliche. Alles, was ich über dieses Thema weiß, hat mir mein Freund Christopher Wentworth-Stanley beigebracht. Um das noch einmal nachzulesen, habe ich das Buch «Horsemanship – The Horse in the Service of Man» (Crowood Press 1991) zur Hand genommen.

Aufmerksam wurde ich auf dieses Buch im Salon von Windsor Castle. Ein Buch, das in diesem Haus voller Vollblut-Pferdenarren gelesen wird, muss ein guter Ausgangspunkt sein. Der Autor Tom Coombs hat zwanzig Jahre in der Leibkavallerie (Household Cavalry) der Queen gedient und die Reitschule der Britischen Rheinarmee geleitet. Ein sehr amüsantes Buch über den Galopprennsport ist «Bloodlines» (Vintage Books 2006) von Maggie Estep, eine Anthologie wahrer, fiktiver und halbfiktiver Geschichten aus dem Reitsport.

Eines der wenigen Gebiete, über die ich beschämenderweise kenntnisreich schreiben kann, ohne mich auf Literatur stützen zu müssen, ist das Thema Prominenz. Ich habe, als ich nach Material für dieses Buch suchte, in meinen eigenen alten Essays abgeschrieben. Wem das, was ich hier zu Papier gebracht habe, nicht genügt, genießt mein tiefempfundenes Mitgefühl. Und meine Bewunderung. Denn wer das Thema durch weitere Lektüre vertiefen will, hat offenbar nicht nur einen unbändigen Wissensdrang, sondern vor allem sehr viel Zeit. Hier meine Leseliste, geordnet nach Priorität: «The Importance of Being Famous» der «Vanity Fair»-Autorin Maureen Orth (Henry Holt & Company 2004); Enno Patalas, «Sozialgeschichte der Stars» (Schröder Verlag 1963); Chris Rojek, «Fame Attack – The Inflation of Celebrity and its Consequences» (Bloomsbury 2012); «R.S.V.P. – Elsa Maxwell's Own Story», die Autobiographie der berühmten amerikanischen Klatschkolumnistin der Fünfziger. Das war's (hoffe ich für Sie!) dann aber auch.

Auch die Zahl von Büchern über Quentin Tarantino ist einigermaßen erschreckend. Für Filmstudenten ist die tiefere Beschäftigung mit einem noch jungen Regisseur, der (hoffentlich) noch nicht einmal den Zenit seines Schaffens erreicht hat, nachvollziehbar. Für den Rest von uns nicht. Die Einsichten, die in meine Zeilen über ihn eingeflossen sind, verdanke ich zum größten Teil meinem Vetter, dem Drehbuchautor Sebastian Henckel von Donnersmarck. Aber es gibt tatsächlich *ein* Buch, das ich zu dem Thema empfehlen kann. Es beschäftigt sich nicht so sehr mit Tarantino selbst, sondern eher mit den ethischen und ästhetischen Implikationen seiner Filme. Geschrieben haben es Richard V. Greene und K. Silem Mohammad, es heißt «Quentin Tarantino and Philosophy» (Open Court 2007).

Sex ist bekanntlich ein weites Feld. Bitte erwarten Sie jetzt keine ausufernde Liste mit Leseempfehlungen. Leute, die viel Zeit damit verbringen, über Sex zu lesen, sind mir per se suspekt. Das viel gelobte Buch des Oxforder Historikers Faramerz Dabhoiwala mit dem Titel «The Origins of Sex» («Lust und Freiheit», Klett-Cotta 2014) habe ich zum Beispiel nicht gelesen. Zu haarsträubend war schon die im Vorwort vertretene These, bis zur Befreiung von den kirchlichen Moralvorstellungen habe Sex allein dem Zweck der Fortpflanzung gedient, Lust dabei zu empfinden, sei verpönt gewesen. Das in meinen Augen wichtigste Buch über Sex ist eines von Johannes Paul II., der einzige mir bekannte Autor, der plausibel nachgewiesen hat, warum Sex von Liebe zu trennen nicht nur aus ethischer, sondern auch aus genießerischer Perspektive ein Problem darstellt. Die Thesen des 2005 verstorbenen und 2014 heiliggesprochenen Papstes zum Thema Eros sind in dem Buch «Die Theologie des Leibes» (EOS Verlag 2014) zusammengefasst worden. Es ist natürlich nicht illustriert, was womöglich auch erklärt, warum es nicht so populär ist wie vergleichbare Schriften etwa über Tantra. Das einzige andere Buch, das ich empfehlen möchte (und das mir auch beim Verfassen meines Textes geholfen hat), war Daniel Bergners «What Do Women Want?» (Ecco 2013), weil es sexualwissenschaftlich mit einigen langgehegten Vorurteilen aufräumt. Für die Passagen, die sich weniger mit Sex als vielmehr mit legendären Liebhabern befassen, war die Lektüre eines Buches hilfreich, das mein leider verstorbener Freund Wilfried Rott geschrieben hat: «Das süße Leben der Playboys – Geschichte einer Kultfigur» (FAB Verlag 1998).

Das Kapitel über Witze hätte ich nicht schreiben können, wenn ich nicht vorher Jim Holts kleine Kulturgeschichte «Stop Me If You Heard This – A History and Philosophy of Jokes» (Profile Books 2008) gelesen hätte. Noch hilfreicher (und vor allem auch viel witziger!) war aber Hellmuth Karaseks Buch «Soll das ein Witz sein?» (Quadriga Verlag 2011).

Den Entschluss, für das Kapitel über Zigeuner tatsächlich den Begriff «Zigeuner» zu verwenden, verdanke ich Rolf Bauerdick. Bevor ich für eine Reportage nach Rumänien aufbrach, bat ich ihn um Rat, las ich seine Artikel und sein Buch «Zigeuner – Begegnung mit einem ungeliebten Volk» (DVA 2013). Neben diesem Buch möchte ich einen (auf DVD erhältlichen) Film empfehlen, nämlich «Die Zeit der Zigeuner» des serbischen Regisseurs Emir Kusturica. Die dort erzählte Geschichte eines Jungen, der ins kriminelle Milieu abrutscht, ist zwar fiktiv, aber dennoch, soweit ich das beurteilen kann, realistischer als jeder Dokumentarfilm. Wer sich auch für die Geschichte des geheimnisvollen Volkes der Roma interessiert, der muss Roger Moreaus «Kinder des Windes» (Scherz Verlag 1999) lesen.

Bücher über die Zukunft haben in der Regel eine geringere Halbwertszeit. Um sich einen Eindruck zu verschaffen, wie sich die Herrscher des Silicon Valley unsere Zukunft ausmalen, ist das Buch von Eric Schmidt und Jared Cohen «Die Vernetzung der Welt» immer noch aktuell, obwohl es in dem inzwischen in ferner Vergangenheit liegenden Jahr 2013 erschien (in Deutschland bei Rowohlt). Das Beängstigende ist, dass die Herren des Netzes uns dort etwas als Verheißung verkaufen, was zutiefst bedrohlich ist: die Erleichterung des Lebens durch komplette, informationelle Verknüpftheit. Schmidts dort formulierter Dreisatz «Wir wissen, wo du bist / Wir wissen, wo du warst / Wir können mehr oder weniger wissen, was du gerade denkst» gilt bereits als einer der zentralen Sätze der Neuzeit, historisch relevant wie «I have a dream» – nur eben als Albtraumfassung. Eine aktualisierte und nicht ganz so euphorisch-verherrlichende Fassung der «Vernetzung der Welt» hat inzwischen Patrick Tucker vorgelegt: «The Naked Future – What happens in a world that anticipates your every move?» (Penguin Current 2014). Tucker ist Tech-Experte des sicherheitspolitischen Fachmagazins DefenseOne.com, sein Blog www.wfs.org/blog/91 sollte jeder bookmarken, der sich für neue Technologien und deren politische und wirtschaftliche Implikationen interessiert. Die wichtigsten Bücher der Internetdebatte sind aber nach wie vor diese drei: Jaron Laniers «Wem gehört die Zukunft?» (Hoffmann und Campe 2014), Evgeny Morozovs «Smarte neue Welt» (Karl Blessing Verlag 2013) und Frank Schirrmachers «Payback» (Karl Blessing Verlag 2009). Wer sich wiederum mit dem aktuellen Stand der Forschung zum Thema Robotik und Artificial Intelligence befassen will, muss sich «Pardon the Disruption: The Future You Never Saw Coming»

(Wasteland Press 2013) von Clayton R. Rawlings, James Randall Smith und Rob Bencini besorgen. Oder, noch besser, regelmäßig lesen, was Stuart Russel und Jitendra Malik dazu zu sagen haben. Die beiden lehren Informatik an der University of California in Berkeley, ihre Vorlesungen werden von der Universität regelmäßig im Internet veröffentlicht.

Und dann gibt es noch ein Buch, das die Lektüre der meisten hier erwähnten ersetzt. Es ist «Eine kurze Geschichte der Menschheit» (DVA 2013) von Yuval Harari. Die gesamte Geschichte des Homo sapiens von der frühesten Steinzeit bis zu den Cyborgs von morgen in einem furiosen, mitreißenden Monolog, eine höchst amüsante und lehrreiche Achterbahnfahrt für den Kopf. Wenn Sie nach Hararis Buch nur einen Bruchteil davon parat haben, sind Sie für mehrere Inkarnationen mit Smalltalk-Material ausgestattet.

* * *

Alle diese Bücher haben mir geholfen. Mein Dank gilt aber vor allem Menschen. An erster Stelle Marion Horn, die mich durch die Erfindung der «Smalltalk»-Kolumne in der BILD dazu ermutigt hat, mein oberlehrerhaftes Wesen journalistisch auszuleben. Ohne sie wäre ich nie auf die Idee gekommen, mein Halbwissen in ein Buch zu gießen, und es wären nach wie vor meine Kollegen, meine Frau und meine Kinder, die meine Bildungshuberei ertragen müssten. Dankbar bin ich auch denen, die sich die Mühe gemacht haben, meine Texte nach Ungenauigkeiten zu durchforsten, und mir wertvollen Input geliefert haben, allen voran meiner Lektorin Hanna Schuler. Auch danke ich Fritzkarl Stumpf, einer sogenannten Zufallsbegegnung, die kein Zufall war, zu dem ich wohl eine Freundschaft entwickelt hätte, wenn es mir vor seinem Ableben vergönnt gewesen wäre; Christian Kassung, Professor für Wissensgeschichte an der Berliner Humboldt-Universität, den ich mit Fragen der Physik belästigen durfte; meinem Kollegen Konstantin Sakkas, dessen Zuarbeit ich das Kapitel über Helmut Schmidt verdanke, meinem Vetter Sebastian Henckel von Donnersmarck, der mir bei cineastischen Fragen zur Seite stand, und meinem Freund und Kollegen Daniel Haas, der die Geburt des Buches von der ersten Stunde an begleitet hat. Viele Erfahrungen und Begegnungen, mit denen ich im Buch prahlen konnte, habe ich wiederum nur deshalb gemacht, weil mir von meinen großen Schwestern Maya und Gloria sowie von meinem verstorbenen Schwager Johannes und meinem ebenfalls verstorbenen Freund Carl Laszlo Türen geöffnet wurden. Deshalb gilt auch ihnen mein innigster Dank.

***

Übrigens: Die Dinge, die mich beschäftigen, trompete ich gelegentlich auf www.OnAlexandersMind.blogspot.de hinaus. Und auf Twitter@AlecSchoenburg.

MIX
Papier aus verantwortungsvollen Quellen
FSC® C083411

Das für dieses Buch verwendete FSC®-zertifizierte Papier
Schleipen Werkdruck liefert Cordier, Deutschland.

MIX
Papier aus verantwortungsvollen Quellen
FSC® C083411

Das für dieses Buch verwendete FSC®-zertifizierte Papier *Schleipen Werkdruck* liefert Cordier, Deutschland.